本书为“陕西省百名优秀中青年作家艺术家扶持计划”
2014年扶持项目《西部影像新力量：访谈与研究》，项目号065 的结项成果。
本书由“陕西省百名优秀中青年作家艺术家扶持计划”、陕西师范大学支持出版。

属我的观看

——与12位青年影像人的对话

马聪敏 著

中国电影出版社

目录

序一

说起西安，脑袋里常常会冒出一个成语，陈陈相因。据说出自《史记·平准书》，原意是指皇仓之粮逐年增加，陈粮上面压着陈粮。后世多用来比喻沿袭老一套，无创造革新。西安皇天后土，王朝就摞了13层，最上面的，还被称为一座废都。好像谁都能一屁股坐在上面，扪虱而谈，说短道长。

陈陈的优势是积淀深厚，所以，西安的俗语里便透着一种旷达：从小卖蒸馍，啥事没经过。比如说皮影戏是电影的祖宗，红唇上下几番，戏说便成了故事，有了论证，卢米埃兄弟据说气得在棺材里乱翻跟头，也没影响西安人又豪横了一把。鲁迅给西安秦腔题了“古调独弹”，阿Q的精神胜利法也在古都扎了根。不稀罕，历史上曾经如何如何，祖先曾经如何如何，引经据典，于是，一切新生事物的凶猛的势头便削弱了三分。西安城里的温水里舒舒服服煮着青蛙，不知道究竟是福音，还是咒语。

陈陈的劣势是出头太难。据江湖大仙推断，西安，在全国居中，金木水火土，东西南北中，西安属中央土，诸势围攻，层层叠压，相互消解，出头最难，所以西安的人才只有出走才能出头。你看上世纪西影在电影界狂飙突起，一伙年轻人，硬硬是把天捅了好几个窟窿，礼花般的辉煌。然后，都背井离乡，四散各地，成就了几位大师。让故乡人只能踮脚眺望。

西安有句骂人话，叫“生生子”，说谁是“生生子”，就证明你是不成熟，不懂事，不解风情，不会办事等等。话语带着轻蔑和世故，透着一股酸腐气味，却形成了陈陈相因的生态。据说中国共产党第一次党代会，12位代表平均年龄26岁，那才真是一群生生子，硬是把天地翻了个个儿。生生子，不按规矩出牌，不按戏路唱戏，就是想活出自己的精彩。即使摔个跟头，抓把泥，眨巴眼，又活蹦乱跳地窜了出去，让人惊叹，什么叫后生可畏。

熬成婆的女人也都是从小媳妇过来的。每个人都有青涩，每个人都有青春，为他们鼓与呼，是这座城市的未来。打不出少林就踩死你，冲得出去就眼巴巴地仰望星空，这就是世态，想跳龙门的年轻人也应该有足够的心理准备。

这书里面介绍的12位青年影像人，我曾与几位相识，投过张琦拍的电影，听过张珂讲剧本，王乐涛眉飞色舞的推广过自己的项目，这是一批生龙活虎的青年，性格各异，但韧劲十足，小马老师把他们集合成册，仿佛是为他们的足迹立碑，组织师团进攻，彰显西安新生力量，为他们的理想扩音呐喊，实在是功德无量。

也许过了数年，我们会仰望他们，加油！

赵安

陕西省电影家协会副主席

电视剧《白鹿原》总制片人

西安光中影视董事长

序二

《属我的观看》的著者嘱我写序，我踌躇再三才动笔。该书即将付梓之际，我先睹为快，读后思绪涌动胸中，汇聚笔端，流泻成文。我阅读其中，似乎也介入到专访之列，近距离对谈，袒露心声，触发真情，催人奋进。

本书著者马聪敏，真乃敏聪也。她采用访谈的形式，拟定发问题目，考虑问题切入角度，去重新审视摄影与个人、社会、历史、文化、教育、传播等的关系，给了人们一个更为开阔的视野。

本书受访的六位青年影像人——张辉、苏晟、王伟涛、袁柳、张强、汤勇。他们头上都冠以许多头衔和光环，实为陕西青年摄影才俊。我与他们中的人大都相熟，有的还是我的学生，他们的成才经历与蜕变令我大喜过望，他们骄人的成绩很值得参照和借鉴。

这里由于篇幅所限，不能对他们的作品详鉴评价。然而，通过与他们的对话，所挖掘出的对摄影的深切感悟和精到见解，值得剖析。张辉《蓝调唐陵》给人留下极深的印象，那冷色调的蓝，将主题深化至久远的幽静的世界里，意味深长。这蓝调看似简单，可谓来自美术功底的随意性，但追根他的独到见解："我的作品创作和我自己的生活息息相关。”“我最喜欢唐代。”“我的根脉在这儿……”苏晟则认为摄影一定是通过现实生活中的一些奇遇来获得的才会有力量。他忙里偷闲地去“扫街”，记录圈在屋里的“中国式儿童”，这些独生子女孤独无奈的表情，令人既爱且感。他认为用影像来观察人生感到挺过瘾的。王伟涛通过在西藏执教几年的磨砺，使他更加深切地体会到：只有真正地融入他们，才可以拍摄出最真实、最打动人的作品。他的西藏小学生的现场人物是他主观经营与客观选择的结果，达到了“语不惊人死不休”的地步。袁柳说不要放弃对摄影的思考，有勇气观察社会。她通过观察周围的研究生，创作出《艺术专业研究生》的纪实之作，在第三届“中华美·海峡情”摄影大赛中荣获金奖。张强是位生态摄影家，他通过五年与野生动物打交道，摸索出了门道，那就是：拍摄野生动物一定要了解它的生活规律，并需要我们去尊重它们。《可可西里藏羚羊》等作品，见证他“最终的心愿就是用影像去保护野生动物”。汤勇以他社会生活、生存、奋进的人生感悟，道出他的心声：一个人热爱摄影最大的原因首先是热爱生活。因此，他的镜头聚焦真善美。《冬雪》《牧羊》表现了他一向寄情于人与自然之情的关怀。

综上所述，不难看出这六位青年影像新锐有着共同的创见。首先，他们对艺术都有一种像对宗教般的虔诚，都有一种锲而不舍的追求力；其次，他们植根于西部，骨子里蕴含着一种坚韧不拔的原动力；同时，不断承袭传统文化，努力构建创造性思维；不断践行在传统与创新中寻求从“必然”到“自由”的广阔摄影天地，因此，才有可能登上一个又一个高峰。愿我们不断自我更新，勇于在扬弃和超越中去探索！

赵硅

著名摄影理论家，《陕西摄影史记》作者

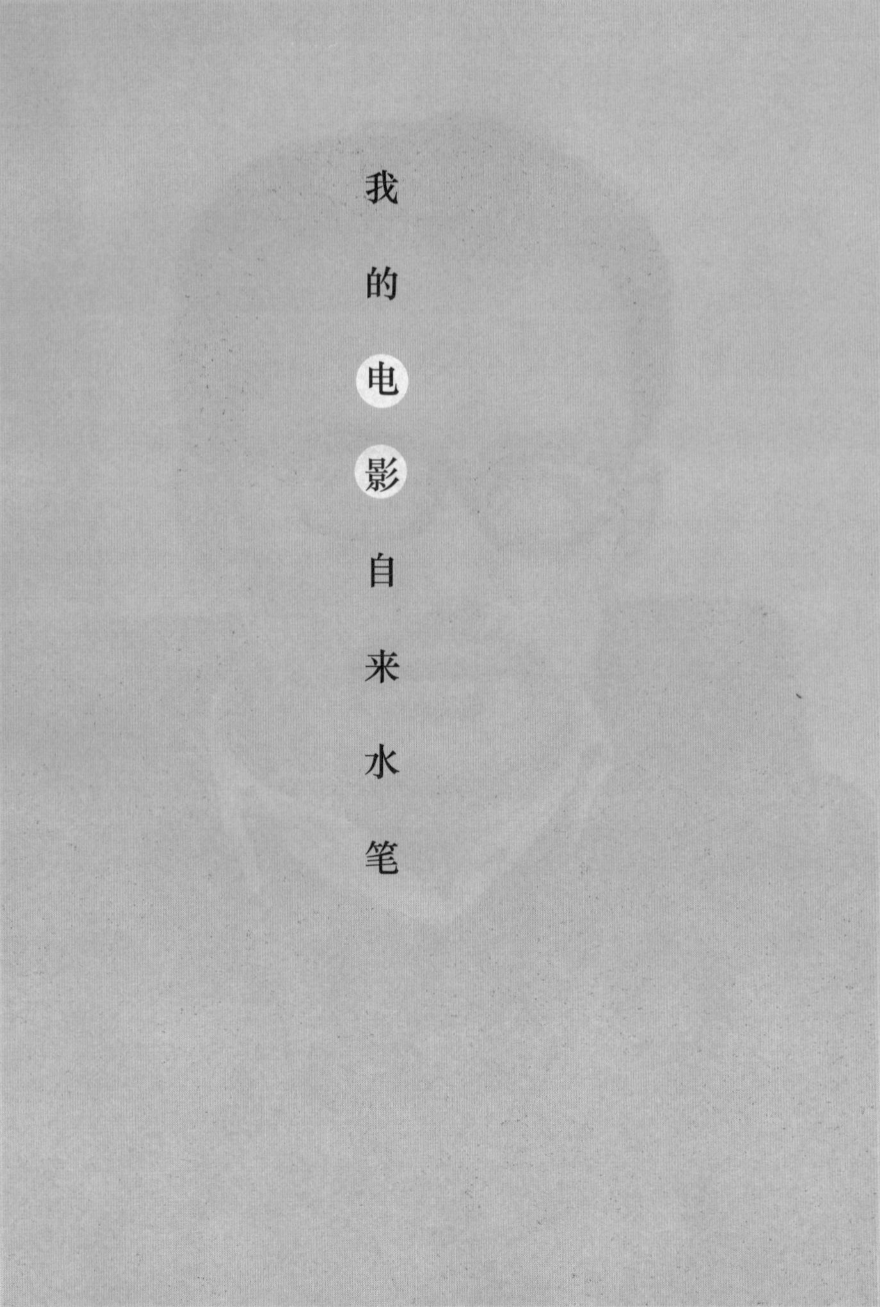

我的电影自来水笔

杜海滨

独立纪录片导演

1972年，出生于陕西。

2000年，毕业于北京电影学院摄影学院。

1999年，独立纪录片《窦豆》拍摄了一个青年同乡在城市里漂泊不定的生活。

2000年，独立纪录片《铁路沿线》再现铁路沿线流浪汉的生活和状态。获中国首届独立映像展最佳纪录片和日本山形国际纪录片电影节特别奖。

2002年，独立纪录片《高楼下面》讲述居住在地下层的阿毅和阿彬的故事。

2003年，剧情短片《北京纪事》。

2005年，独立纪录片《人面桃花》关注成都某同志酒吧的反串演员。

2006年，纪录片《石山》聚焦东北农民工在石山上的采石生活。

2007年，纪录片《伞》，入选2007威尼斯国际电影节地平线竞赛单元、荷兰阿姆斯特丹国际纪录片电影节“最佳纪录片单元”、获法国国际真实电影节评委会特别奖等。

2009年，纪录片《1428》，获第66届威尼斯电影节“地平线竞赛单元”最佳纪录片奖。

2015年，纪录片《少年小赵》讲述90后爱国少年小赵的故事。

自由主宰镜头

您是陕西人，出生于宝鸡，在西安长大，能和我们谈谈您在这两座城市的成长历程吗？

我出生在宝鸡，因为父亲家在西安所以半岁就来到西安。我父亲毕业于汉中大学化学系，毕业后去宝鸡建设化工厂，在那儿认识我母亲。父母工作都很忙，我出生后，他们把我送回西安，于是我就在西安同奶奶一起生活。

您少年时在陕西成长，您对陕西的印象是什么，可以用几个词概括一下吗？

陕西是我的故乡，谈到所有关于故乡的概念时我只能联想起西安和宝鸡。但是很奇怪的是我从小就不会说陕西话，因为我在工厂里长大，工厂里面有来自全国各地的人，大家都讲普通话。由于我奶奶家周围河南人比较多，我小时候一直以为河南话就是陕西话，我长大后才发现有陕西话的存在，以至于我在高中的时候老觉得西安有一种陌生感。

由于家庭原因，生活环境的变化以及自己的成长历程，我觉得我这代人有一种“拉扯”的感觉。我在宝鸡出生，我的很多朋友同学都在宝鸡，高中时期经历的一些大的事情也都是在宝鸡。1992年我20岁的时候，考了三年的美术学院，屡挫屡败。在第三年考上了陕西师范大学，但在朋友和一起考试的同学的影响下，还是于1993年7月30日毅然去了北京。从那以后，再回家的意义就是归乡、探家。当时走的时候都没有意识到那次走就是一种真正意义上的“离开”。

您从小学习绘画，后来又学习图片摄影，之后又从事纪录片拍摄，您能和我们谈谈这三者的联系吗？

这三者是有联系的。最初的绘画就是临摹。从小奶奶教我画国画，现在回想起这件事情，觉得对于一个孩子来讲挺重要的。因为它赋予你一个角色，让孩子有一个特长，一个标签。后来我在学校里学习绘画的时候，已经是从自学状态到正规学习的状态，我开始用具体的方法去学习绘画。但是绘画只是你从小的一个爱好，一个标签，我却一直没有找到绘画和我生命之间的必然联系。高考前，我遇到了一位老师，在相处过程中他问过我一个问题：“你为什么画画？”我当时无法回答，因为我只是把画画当做眼前需要做的一件事。而像梵高那样用生命感受色彩，可以为绘画而死，是我始终找不到的一种感觉。

20世纪90年代的中国，绘画更多的是一种实用美术，其中和理想有关的事物非常有限。绘画和我的外部世界是脱钩的，我始终找不到创作和现实部分的联系。记得当时看到德国画家科勒惠兹的传记，在他的传记中读到当时一些画家的生活和创作的联系，他们靠卖画为生，虽然画作往往会卖不出去，但他们的生活和绘画产生着直接的联系。可我们的绘画往往是为了考试，我就有些怀疑自己学画的意义到底是什么。

到北京的第一年，那时我20多岁，住在中央工艺美术学院的地下室，作为20多岁的年轻人当时有想要入世的愿望，所以到了北京的第一年，为了考试我还是继续学习画画。我住的地下室的隔壁宿舍有个男生是学摄影的，在和他们接触的过程中，摄影一下就吸引了我。拍照片，可以让你和现实世界之间产生一种关系，有种让你实现价值的可能性，所以很快我就自己买了一个相机（海鸥DF300）开始拍摄。这就是我从绘画过渡到摄影的实际过程。1996年，我顺利考上了北京电影学院的绘画和摄影专业，我认为我没办法建立像梵高那样和他的作品之间的关系，于是我就选择了摄影，和绘画做了一个了断。

我所学的摄影专业在电影学院属于比较边缘的专业，加上其他种种原因，我们的定位是报社、杂志社需要的图片摄影人才。在学习摄影的过程中我发现自己只对纪实摄影感兴趣，我认为人物摄影和风光摄影更多的是技术含量决定的，但纪实摄影需要你去观察社会，需要思考。于是我看了很多国际上著名纪实摄影家的作品，都很喜欢。

还没有进入北京电影学院以前，我已经开始看电影了，但从来没想过自己以后会成为一个电影的制作者。在电影学院那样的环境里，你很快就会发现电影本身具有的巨大吸引力，你的所有的功课都和电影有关，也需要经常看电影。最早的《艺术概论》课，我们接触到很多电影，其中就有纪录片。再加上后来拍摄设备的更新，我就决定自己去做纪录片。在我第一次拍完片子之后，我就找到了特别自由的创作感觉。后来我看到法国电影评论家亚历山大·阿斯特吕克提出的“摄影机——自来水笔”的理论，我就有一种要做不同于工业生产的艺术的东西的自觉。

我觉得我所要追求的我和我作品之间的联系被打开了，是在我的第一部作品《窦豆》之后。我找到了这个位置，我要把它继续下去，这会是一个相对来说比较自由的状态。我只要有机器有电池我就可以自己拍，就像梵高画画一样，机器变成了手中的一支笔。当时也有一些我认为非常腐朽的观念，例如"只有胶片才是电影"，我认为这是不合理的。我用DV拍摄，找到了坚持绘画很多年都没有找到的我和我的作品之间的联系。

您能谈谈在上北京电影学院的时候，对您帮助最大的老师或者朋友吗？

我在电影学院看的第一部艺术电影，是在崔卫平老师课上看到的戈达尔的《芳名卡门》，当时就很震惊于电影怎么可以这样拍，怎么会有这样的"形式"。因为之前看的主要是中国电影和好莱坞电影，如《沉默的羔羊》《与狼共舞》等等，《芳名卡门》带给我一种全新的体验。在正式进入电影学院后看过一次侯孝贤导演的影展，那次影展对我影响比较大。就像自己有个东西被翻开了一样。每个人都有过往的很多经历，突然好像有一天在大荧幕上看到了自己，就会一面思考这些能成为电影吗，但却又在电影结束的时候被深深地感染。在那之前我并不了解侯孝贤，我看的他的第一部电影是《冬冬的假期》，与当时看到的大多好的电影都是国外的需要看字幕不同，这部电影和你讲的是同样的语言、表达的是和你共通的情感，就勾连出很多自己的过往。记得那一晚我们看完电影去吃夜宵，一路上我们都在呐喊。还有一次也是在崔卫平老师的课上，我们看了《暴雨将至》，崔老师让我们写影评，当时对于学图片专业的我来说，面对好电影却有一种表达的无力感，就像被一根针扎到一样感受到那种刺痛感。这件事情之后，我就觉得必须要做两件事情，第一是自己去重读一遍电影史，第二是把电影史上提到的重要的影片细读一遍。当然最最重要的还是电影的氛围。北京电影学院有一种电影氛围，尽管大家喜欢的不一样，专业也有区别，但大家都在做与电影有关的事。就是这样一个整体氛围，让每个人都不敢做和电影无关的事去浪费时光。

您是什么时候开始有“纪录片”这个概念的？

就是在电影学院的课堂上。那时有一些电视栏目，并不是一个完整的纪录片作品，而是一个电视台的产品。像国内电视台的海外中心专门制作的去海外评奖的纪录片，这其中有一些很优秀的制作者，如段锦川、康健宁、孙增田、梁碧波等，虽然是体制内的作品可是跟我们过去所看到的是不一样的。

我之所以开始动手拍纪录片，是因为我们有一次集体合作失败了，后来我就抛开了这些复杂的事情，尝试自己一个人去拍。有一件很受鼓舞的事情，我和我的同学朱传明，我们租了一台电视台的快要淘汰的机器，分别拍了一部作品，并都带到了山形电影节。我们本身觉得能去就已经很不错了，结果他的影片《北京弹匠》还获得了奖项，这对我产生比较大的刺激，有了一种自信。

您在记录这些被摄对象的故事时，他们是否愿意您对他们进行拍摄？在他们不愿意的情况下，您是怎样与他们沟通的？

这是个经常会被问到的问题。我曾经试图寻找这里面的规律，我觉得更多的是一种现实的社会交往。有时是一些机缘巧合，有时是一些现场的、临时的、机动的反应，促成了一些关系，促成了一些可能性。在我的个人经验里，我最初在做这件事情的时候，我找到我的价值并且承载了社会责任。那时候我是没有个人私欲的，完全是为了一个社会目的，我看到这样的人和事，我要去追究背后促成他命运形成的因素等。基于这样的背景，我认为和拍摄对象沟通并没有那么难。我的视角具备责任感，代表了一种社会的良知和姿态，是对外的，而自己是藏起来的。当然我也思考过如果我面对的是自己或者自己的亲人，我是不是还可以那么从容。当这些调转过来的时候，你可能更多的是要去发现一些内在的，自我的东西，或者是通过呈现个人内心而去构架起来一些东西。虽然我现在还没开始做这样的尝试，但我已经在考虑这样的一个角度当它反转过来的时候可能产生的变化。

有人认为传统的纪实摄影的语言以及表现力不如纪录片丰富，您怎么看待？

纪实摄影与纪录片的本质是相通的。纪实摄影更在乎的是对社会质感的把握，在风光摄影以及人物摄影上如构图等方方面面传统上的框架，在纪实摄影这里并没那么重要，纪实摄影在美学上是另外的一套标准。纪录片，虽然是电影，但它追求的也是生活的质感，所以在本质上和纪实摄影是相通的。

您与其他的许多纪录片导演有很相似的背景，都是从绘画，从摄影改换成做纪录片，这是个挺有意思的现象。

画画是一个纯手工的艺术，你最多用到的是颜料和笔。但摄影或者纪录片的创作则让一个人开始和现代技术发生关系。不管是摄影，还是摄像，你所有的工作是建立在工业系统下的，相机、摄影机都是工业产品。绘画，是人和一个很自然的东西打交道，而摄影或者纪录片创作则要求你和一个人工的产品打交道。当你开始掌握摄影机的时候会发现它会更复杂、更有趣。因为照相机记录的图片世界是个无声的世界，它高度凝练了现实世界。但有的时候你会觉得现场的信息更加丰富更加有趣，它其实是一种电影的方式，在这两者之间对于很多人来说可能是个鸿沟，但在电影学院这样的环境中就很容易跨越。过去的照相机就是照相，摄影机就是摄影，现在的照相机可以拍视频，摄影机可以拍图片，拍照拍视频这件事情变成一件特别容易的事情，只要你愿意就可以去尝试。我觉得这个时候人的兴趣人的创作欲望就会被最大程度地释放出来，我觉得这不仅仅是过去很多人有这样的背景，现在的人不需要这样的背景，只需要有一个手机，就可以进行图片和视频的拍摄，可以进行艺术的创作。

在纪录片的创作中，您怎样把握艺术呈现与个人隐私之间的界线？

这是关于纪录片创作的非常传统的问题，其实我觉得我的创作一开始就有这样的问题，我也从我的前辈包括一些国外的导演中借鉴了许多经验，好在今天已经有那么多前辈走过那么多路，我们不是在拓荒，有很多东西是有一些定论的。

我在《窦豆》的拍摄过程中其实已经遇到这样的问题。《窦豆》的主角是我的好朋友，我们关系很好，有着很多相似的经验，我们之间可以说是没有隐私的。当我要把他当作一个拍摄对象的时候，他是完全敞开的，他知道我不会去伤害他。但在拍摄的过程中还是出现了一些问题，比如会拍到一大早起床的样子，会拍到他背着他女朋友做的一些事情，等等。我拍着的时候就想这个片子他的女朋友到时候也会看到，我会不会成为他的“同谋”并且带来一系列的连锁反应。虽然这些内容对于影片来讲都是不错的素材，可是我在思考拍了之后能不能用，斟酌再三我还是决定不拍了。

《铁路沿线》中涉及的也是别人的身世，但是他们愿意讲，我认为是一种倾诉和倾听，这也构成了社会对这样的人的一种抚慰，但是当你给更多的人看的时候，有人就向我提出了这样的问题，你会不会跟你的拍摄对象说你有一天带着这部作品去跟全世界的陌生人见面，而他不在场。当时就引起我的思考，但我在铁路边拍摄的时候我没有考虑过这些，在后面我慢慢注意到这个问题，却又没有更好的解决方法。我发现我在拍摄他们的困境，他们的苦恼，所有的这些东西我是没有办法帮他们改变的。在拍摄完剪辑完之后，突然就有一种失落感，自己花了很长的时间很多的心血做了一个片子，但是却发现对他们一点意义（现实意义）也没有，我甚至不知道怎么跟他们看片子。从那次开始我就在想纪录片到底可以做什

《少年小赵》剧照：小赵大学期间去支教

《少年小赵》剧照：小赵家的房子被强拆后的废墟

么，它是不是可以让我一直顶着一个所谓的社会责任感走下去，后来我就慢慢降低社会责任这方面的定位，更多的变为我的一个个人的表达。个人表达是建立在学术系统或者纪录片系统上的，能够对被摄对象做尽可能的保全。包括像《少年小赵》中的小赵，他们家里有一些很复杂的事情，虽然小赵完全信任我，但我思索再三还是放弃了那部分。

您的片子里有很多从现实的世界里抽离出来的隐喻的东西，这样的创作是自觉的吗?

如果你不把纪录片当成一个现实世界有什么你才拍什么，而是认为一定程度上后期制作可以让影片创作变得更加自由，就会觉得隐喻是一个特别自然的电影方法。以前我是在拍东西，现在可以通过后期做出东西，拍一半，剩下的可以通过后期合成的方式将它创造出来。电影的符号由来已久，我也比较喜欢，但我也用得很谨慎。

您在拍摄纪录片的时候是更多的作为一位观察者记录者，还是会对被摄对象进行一定的引导呢？

我在拍摄过程中尽可能不去引导被摄对象，尽可能地降低对拍摄对象的影响。比如在对40岁或者60岁的成年人进行拍摄的过程中不一定是我影响他，有可能是他影响我，但是拍一个像小赵这样20岁的年轻人时，可能他就会被我们这样的拍摄者影响，而我也是尽可能地将我们对他的影响降到最低，但也不能做到完全没有。

如果让您自己解读自己的作品，您认为您作品的独特性是什么？

其实我一直在找属于自己的方法或者是你说的“独特性”，但是想找到它还是蛮难的。在这个过程中我也一直在尝试着各种方法的表达。我的作品大概在2006年之前有一种可以去判断的东西，从2006年之后我有了一种一定要在个人表述方法上尝试新的可能性的自觉。我努力地将我认为有价值有意义的方式嵌入到我的作品中。因为2006年之前的作品大多是我一个人拍一个人剪，我的个人意志会很强烈，我在剪辑完成之前不会给别人看，定剪了之后才会给别人看，他们也会提意见，但是改动的可能性很小。在拍《人面桃花》（2005年）、《石山》（2006年）的时候我已经有了一种比较强的要突破自己的愿望，《伞》（2007年）我觉得是找到了一个当时我认为的恰当的方式，到《1428》（2009年）就在拍摄和现实世界之间有了相对游刃有余的感觉，从拍摄到剪辑的过程中我会把我要的东西恰如其分地嵌入进去。

《铁路沿线》

我一直想知道一个答案，《铁路沿线》里面的“凤翔”曾面对镜头后面的创作者乞求金钱的帮助，您给没给？怎样决定您与被摄对象之间的距离？您会经常反思自己和被拍摄者之间的关系吗？

在那个环境下你首先是一个人，其次你才是拿着摄像机的人。所以，首先是我们之间的真实的交往，一块喝酒一块吃饭。人和人之间有不同的距离，比如有个小孩他经常找我聊天，我也觉得他在那个圈子中为人不错也很老实本分，自然我就会和他近一些。作为我来说我也在感受每个人，我也有我的态度，我也想让观众感受到我的态度。实际上我当然不会给他钱，但我会帮助他。因为他说的是他生病了需要药，我就帮他去药店买药。那时我还没毕业，经济能力也有限，但我第一天去的时候我听到他们说两天没吃饭了，就把口袋所有的钱都给了他们。

有一次北京的一个访谈，就谈到我和我的拍摄对象之间的关系，比如像小赵我们现在就可以通过电话、微信随时联系，但是像我最早那些拍摄对象，《铁路沿线》里的流浪汉，《伞》里面的那些工人，联系都非常少。忽然把你摆到一个拍摄与被拍摄的关系上的时候，你就会有一种另外的思考，会有纪录片的伦理问题。对我个人而言，我通过拍摄他们的生活而变成今天这样的一个导演，我可以拿着这样的片子去参加各种影展，但是他们的生活或许变得还不如这个影片当时拍摄的时候，当然也可能有些人变好了。总之就像当时采访我的一个记者所说，作为一个记者，他们经常采访各种人，但是是在采访他的时候才和他联系，采访之后再也不联系了。我知道他在暗示我什么，其实我很多时候也是这样的，当然我愿意跟我所有的拍摄对象保持一个联系，我不想把他们变成一个利用与被利用的关系，我觉得这个是一个需要时刻警惕的问题。

在拍摄《铁路沿线》的时候再回去看他们的时候他们的生活已经发生了翻天覆地的变化，这可能也是纪录片的一种魅力，您是怎么看的？

其实要说翻天覆地，现在才是翻天覆地的变化。去年的时候在深圳的一个艺术空间放映我的作品，大概有七八部吧，放映就从《铁路沿线》开始。放映后的一个现场提问忽然让我有一个新的意识。提问的那个青年说："我就是1992年出生的，我跟你影片当中的火狐狸一样大。"我当时就想，火狐狸永远定格在一个八九岁的样子，今天一个跟他同龄的一个大学生已经毕业了，站在这个放映厅里面，如果那个大学生就是火狐狸，火狐狸的命运改变了，他在这个放映现场，那么那才叫翻天覆地。但是我们不知道实际的生活当中他经历了什么，你只知道这个国家经历了这么多变化。我们去稍作想象，我想他们的生活也是会有很多很多的变化。

《伞》

您以前的工作方式是一个人拍，一个人剪，但之后您有了相对固定的创作团队。创作方式的变化给您的影片本身带来了哪些变化呢？

我早期的工作方式确实受到法国新浪潮以及更早时期理念的影响，加上当时的技术原因，所以是一个人拍，一个人剪。但到了2006年左右，一个人要在现场把所有的事情扛下来的工作方式遇到了瓶颈。兼顾画面，同时要兼顾声音，要兼顾拍摄的计划，便变得力不从心。到了

2006年的时候，就想找到志同道合的人来合作。这对我来说也是个挑战。我一定会找和我比较近，也比较理解我，同时能够包容我的人。因为我想每个人都会有一些缺点，如果找一个特别挑剔的合作对象，会很麻烦。刚好我在电影学院的同班同学，也就是我现在的摄影师刘爱国，他当时做商业摄影师也做得很无趣，我们就开始尝试合作。

我们两个人之间的关系很好，无话不谈，但是在创作的时候，他是主体，我也是主体，尽管在拍摄之前我们已经共同做了很多准备工作，比如共同拉片，讨论别人的电影，通过这样的事情，让我们的思路和感受能大致走在一起。但是，到了现场，还是会出现很多问题。在现场，是站在摄影机背后的摄影师决定焦点在哪里，我作为导演，我不拿机器，有时候会着急，因为在比较生动的，正在发生的事件的拍摄现场，作为导演，我会看到得更多一点，看的景别会更大一点。但作为摄影师，他不可能是只拍一个广角，他一定是需要焦点的，在现场的时候，当摄影师开始工作了以后，我会很着急，因为我不知道他的大脑中在想什么。比如，我站在全局的角度，觉得摄影师应该把镜头摇过去，或者在现场应该很有机地进行判断，但是当你看到摄影机并没有动的时候，你会着急。特别是在这样的纪录片现场，有很多随机的即兴的东西，我就会去干涉他。他正在集中精力看取景器，我就会去打断他，一次两次，他就忍了。次数多了，他就火了。

您和摄影师刘爱国的合作是从《伞》开始的，在这部片子中，你们之间的合作样态是怎样的？

2006年11、12月份的时候，我们开始出去拍摄，这时两人的磨合就比较集中地发生一些状况，我也觉得不舒服，他也觉得不舒服。本来大家都是为了电影，这应该是一个很好的合作，为什么彼此都觉得不舒服呢？我认为必须要解决这个问题。我们从现场回来以后，他也会很耐心地解释他为什么这样做，为什么他会对我的举动有点反感。我就开始反思自己，我觉得问题出在我身上。如果换位思考，假如我是摄影师，那我也不喜欢一个导演总是在我后面指挥我控制我。在纪录片的现场，应该更多地信任摄影师。我们所有的拍摄在拍摄之前都已经讨论过了，虽然说没有那么明确，但是拍A还是拍B，从A到B怎么拍，之前基本上已经讨论过了。即使他的拍摄过程当中有跟我们最初定的那个方向有点违背的，拍完之后我们回到房间会一起看素材，一起讨论。我们看的时候我就会说这段素材怎么样，我觉得这个很好，或者这个比我在现场看到的更好。因为他是通过摄影机，是从镜头的角度真正创造出了那个影像；我有对整个的现实世界的一个印象，更多的是叙事的角度。后来我觉得他做的是对的。有的时候他的确是关注了一个不重要的拍摄阶段，旁边可能发生更重要、更有趣的符合我们影片的细节，这个时候要调整，他也同意。一来二去，通过共同看素材开始越来越确定摄影师跟我是一条心的，这个信任就建立起来了。

和摄影师刘爱国合作，我觉得我蛮轻松的。因为有些现场，并没有那么重要，所反映的也不是非常核心的人物，我就会把现场直接交给他。有的时候现场太小了我也会直接把现场腾给他，我觉得这样他的导演意识也就出来了。因为我不在他必须要承担这个责任，因为我为了让他能有一个这样安心工作的环境，彻底地退出去了，这时候他另外的积极性也就被调动起来了。所以我觉得一个好的纪录片的摄影师一定是带着导演意识在工作的。

《伞》的剪辑还是您自己完成的?

《伞》当时还是自己剪的，因为可以通过自己的剪辑完成一些前期的构思。那个时期国际上对中国的纪录片普遍有个看法，因为大家制作成本上的限制，基本上都是一个人拍一个人剪，很少去请专门的剪辑师。但是独立纪录片导演基本上都没有经过专业的剪辑训练，有的时候感觉好了就会剪得非常漂亮非常好，有的时候又会大打折扣。纪录片作品经常面临没人剪辑的情况，我的作品也是这样。《伞》的剪辑花费了我非常多的精力，比较符合我前期构思。《伞》参加了威尼斯电影节，电影节结束时主席对我说:“如果我给你找一个剪辑师你愿不愿意跟他合作? ”其实是很委婉地告诉我，他们觉得还可以再修一修，还可以更好一些。

我们知道您经常合作的剪辑师是埃里克·侯麦导演的御用剪辑师雪美莲（Mary Stephen）。您和她的合作就是基于《伞》参加威尼斯电影节时电影节主席“我给你找一个剪辑师”的提议吗?

确实如此，等我从威尼斯回到中国，他们说会找一些跟中国有关系的剪辑师，当时刚好剪辑师Mary Stephen在中国大陆接了一个工作，大概九十月份就要到大陆，然后他们就写了一封信给她，问她愿不愿意在北京见我，之后我们很快就见面了。见面之后我们先看了看片子，她看完之后说可以试一下，然后就把影片交给她了，我就问她大概需要多长时间，她说最多也就十天半个月的时间，她前期可能花了四五天时间，等她真正工作可能就用了一星期的时间。一星期的时间她把我一个130分钟的片子剪到了大概100分钟以内。但是有趣的是她再给我看，第一时间问我的意见的时候，我感觉时间虽然短了，但我要表达的东西全在。而且看不出来哪个地方被减掉，所以我觉得很神奇，那种感觉特别有趣，就像你把自己的孩子交给别人一样，她刚好是个教育家，她把他教育得很好。雪美莲基本上给我上了一课，让我觉得剪辑特别神奇。我在此之前已经有了跟摄影师合作的经历，我很快就接受了由专门的剪辑师来剪辑我的作品，这个过程也很愉快。我说我要再做一个纪录片，我们的合作也一拍即合，很快投入到《1428》的创作。目前我还是会持续团体工作的方式。当然，我觉得这个世界是阶段性的，我可能也不会一直这样持续下去，可能到往后的某一个阶段，我又会想自己拿起机器，作为一种完全的个人书写，未来到底会怎样，要根据自己的状态，总之就是自由一点。

《1428》

《1428》中一直有一个衣衫褴褛的流浪汉不时地间隔出现，他用冷峻的眼光注视着整个废墟，您为什么会选择以流浪汉的视点来贯穿整个结构？

在做《1428》的时候我自己有个改变，在开始的时候我带着特别强烈的主观的东西进去，但到了现实的环境当中你会发现个人的判断变得特别的没有意义。今天我们的世界是一个正常的世界，所有东西隐藏在生活下面，但地震震完的到处都是残垣断壁的社会，真正震出来的是社会问题。你会看到人和人之间的关系，你会看到政府和民众之间的关系，一级一级的权力是如何运作的，等等。这是一个非常特殊的时期。于是我就发现，我的判断变得很幼稚。我们要找的东西跟现实，跟这样的一个灾难之后重建出的状态相比差得很远，这也就是我们经常要向生活学习的原因。所以我开始把我最初的那些主观的想法收起来，我说我要把自己变成一个“无知的人”，我向现实重新学习，这样你也会发现当你变成一张“白纸”时，有些感觉就会回零，你会感受到一点一点来自不同地方的感觉汇集到一起，当这样的感觉清晰化的时候，灾区就像一个疯人院的判断也日渐清晰。我要把这样的感觉传达出来，要把这种复合在一起的感受用影像传达出来，最直接的就是通过人的形象。

在地震刚过的十几天后，会看到大量民众每天扛个大锤头出门，他们过去扛着这个出门是去地里干活，现在是去找各种废墟，把废墟中有用的东西拿去卖钱。我不理解他们的行为，我就问他们，政府承诺在这过渡的几个月每个人都可以有钱领，为什么还要拿着大锤头自己去挣钱，老乡们回答我这几个月有钱领，这几个月之后我吃什么？我想想也对，就像人没有安全感一样，冬天来了你却还没有棉衣。但是那样的景象，让人很难以接受。一个大的挖掘机刚一下来，一群人就不管不顾地冲上去。在那个时刻，我就在想，如果这个地方出现一个人物形象，他是自然的，他就是在这个地方土生土长的，我认为他与我的片子的气质是契合的。

那时候我已经把我的这个想法告诉了摄影师，让他观察留意一下有没有这样的人物。凑巧的是，我们可能再拍两天就要结束拍摄了，有一天，暮色降临，我们当天的拍摄也结束了，摄影师们正在收拾器材，我正用我的机器看别的地方的时候，前面突然就过来一个流浪汉，我拿着摄影机对着他一看，就觉得他简直就是我想象中的那个人。虽然我也不知道我想象的是什么，但我看到他的时候，我觉得这就是上天要给我的那个人。那天就非常兴奋，一直跟着他拍到天黑，我让我们的人员找到他的住址，第二天继续去拍摄。虽然还不知道这样做会有什么样的结果，但我们拍摄了很多与他相关的东西，拍了他的周边，他的邻居，周围的人也提供了很多杂七杂八的说法，比如有人说他是疯子，他为什么疯之类的各种各样的说法，那时候你也不了解这个人，不知道他的亲人在哪，就看他一直在那等。第一次拍摄结束，我回到北京的时候，我把这个想法告诉我朋友，他也看了些素材，但是也是得到剪辑的时候才能决定到底行不行。当时我就觉得如果想用他就会有纪录片本身的道德问题，即便他是这样的一个人物，或者正因为他是这样的一个人物，你就要格外注意。当时已经回到北京，就想先暂时放下，也没有他的联系方式，但是他在我再去拍的计划当中是个非常重要的内容，我要再去就一定要找到他解决这个问题，起码要争得他监护人的同意，起码要找到他的家人，对他有个了解。非常幸运，当我们冬天去的时候就找到了他的父亲以及他的弟弟，就把他整个家庭拍摄出来了。

《1428》的剪辑进行得很顺利，是吗？ 您和剪辑师雪美莲（Mary Stephen）会有意见不一致或者争执的时候吗？

实际上只是在最近的一部影片《少年小赵》里面会有一些，因为拍《1428》我们大概用了一年的时间，拍摄回来之后她刚好在北京，于是她就开始整理素材，我自己也在整理素材，整理好之后我把我整理的时间线交给她。五月份的时候我们就做了一个粗编的东西出来，刚好那时候有电影节的人员过来，到工作室去看，说如果我们能七月份做出来，他们就想出这个电影。所以突然变成只有两个月的工作时间，时间就很紧张。本来她是要回巴黎，然后她也不得已放弃了计划。那段时间是一个高度协调的工作。有意见不同的时候，例如她白天剪掉的东西，晚上她回酒店去休息，我就会在晚上我工作的时候再把它拉回来，想把它再保留一段时间，但她很快就发现了，我们就这件事再一起讨论一下，虽然有时会有些不舍，但是由于时间很紧张，我们也必须在一个短时间内做出决定。

《少年小赵》

《少年小赵》的剪辑情况是怎样的？经过《1428》的磨合，您与剪辑师的合作应该更为顺畅了？

其实到小赵的时候，出现了一个新的问题，因为《少年小赵》是我们做的稍微“狂妄”一点的片子，我们找到了一些资金赞助。法国的国家电影基金以及美国的TOS都愿意帮助这部电影，但是这些资金进入都比较慢，刚好我认为这部片子我也需要时间去观察，所以也就不着急在中国公映。那时候互联网在全球兴起，这也在一定程度上改变了我们的工作方式。比如你有一份素材，我也有一份一模一样的素材，然后我自己设计一个时间线，我只把这个时间线给你，你把这个时间线拉到你的电脑里，把它打开连上你的素材，我们就通过这样的方式工作。

《少年小赵》的合作出现了一些状况，因为我们没有在一起，剪辑师在巴黎，我在北京，我们会约时间，一段时间会开一个会，就这段时间的剪辑做一个讨论，但毕竟不在一起，所以当我们隔一段时间再讨论的时候可能会对个体产生一些记忆上，理解上的偏差等等。过去我们找焦点，感觉调两次就准了，但这次不在一起工作，有的时候调了三次还没准，还是在焦点的周边。你就会觉得有点危险，但你比较着急的时候她却在做别的工作，她要找我的时候我又在别的地方。总之，这样一来二去，我们就只能通过约定好的时间做一次很长时间的沟通，但人的表达也会出现言不及义，很难保证长时间的沟通会达到预期的效果。比如说我想要的是两条并行的叙事线索，或者两条并行线交集了一下又并行了，但粗剪的版本和我想要的不同。正好那段时间，我们也获得了一些基金的支持，就会慢慢地把所有事情都放下，然后专门做这一件事情。那个时候就开始有一些快的推进，但是一分开我从巴黎回到国内又会成老样子，我很焦虑，觉得有一个东西，总是抓不住。当然人跟人之间的沟通是有盲区的，一定程度上可能会进入语言不能表达的阶段，但是那个时候并没有其他人可以代替，只有我跟她，我的制片人也很焦虑，他们也希望我们的每一个阶段都有成果，但是我就觉得这次真的是沟通上出了状况。

我去巴黎去了两三回，第二次去的时候，就觉得必须得把一些事情定下来。她作为我的前辈，她说什么我是得尊重她的，但我的想法和我的表达需要通过一种合适的方式让她接受。所以再去的时候我就直接表达了我的想法，然后我就觉得朝着那个方向的焦点又进了一步。但等我再回来的时候，作品又开始跑到另外的地方。说实话她的工作是一个接着一个的，所以她也只能有一个时间段是集中在这部片子上，当我觉得还没有调到我那个靶心的时候，那段时间里她必须先做别的事情。她也会有点小小的情绪，建议我不要尝试这样子，不要尝试那样子，但对于导演来说肯定是希望有各种各样的可能性，这样到最后你才能知道哪个是最好的。我们俩都很尊重对方，但是又没办法谈下去了，所以最后就把球踢到制片人那边去了。这个阶段过去以后她忙完了她其他的工作，然后再回到片子上来，我就觉得进入到了一个快速通道里面了。基本上我们之前所出现的争执，就很快地达成了一个共识，然后我又去了一次，完成了《少年小赵》的定稿。这个片子完了之后我自己也做了总结，特别是在剪辑方面，我觉得还是应该加强沟通，如果你想尝试剪辑的多种可能性，就特别需要有耐心，需要你真的有一个很豁达的心态，需要你用各种方式去跟对方去交流，不能轻易用情绪去沟通。

《少年小赵》里面有关小赵的感情方面的片段比较少，其实对于了解这样一位90后青年，他的感情也是一个很好的切入点，这部片子为什么对感情方面涉及不多？

首先感情问题是一个比较私人的事情，《少年小赵》不是一个剧情片，在他成长中所遇到的感情方面的事情我也不是特别感兴趣；其次这部影片之所以也涉及他的一些情感部分是因为这些片段有它本身的功能性，它是为小赵整个的生活部分和学习部分来服务的，这是一个恰到好处的程度。

对于《少年小赵》这样的片子，是什么样的一个举动让你觉得这部片子可以结束了，完成了您创作时所要的初衷？

这个蛮难说的，很多人也会问到这样的问题，我觉得在工作中之所以你是导演，你是带着导演的意志在工作，你就会去想拍到什么样的影片可以作为开头、影片的高潮以及结尾。在拍的时候心里大概会有些设想。我个人有一些体验，我觉得拍到一部分可以作为结尾又拍到另外一部分也可以作为结尾，大概有几个段落我认为可以作为结尾的时候，我就会去进行剪辑，毕竟剪辑也是再创造的过程，甚至有时候在所有东西都拍摄完开始剪辑的时候会发现所有的东西都不合适，这时就去重新拍摄。总之创作就是这样，是一个非常实践性的工作，没有什么特别的标准。

您觉得在《少年小赵》的拍摄过程中难度最大的是什么？

我觉得这部片子的拍摄与我过往的许多创作实践是不同的，这部片子观察的是一个人大脑中的东西，小赵也不是每天都“上街”。在365

天之中他可能只有一天或者两天当中有几个小时在街上，剩下的大部分时间他是在日常的生活环境之中度过的。所以高中时代他的生活很多是重复而单调的，我又想在他身上拍出我想要的东西，这时候就只能等，就像我们种下一颗种子你也不知道它何时会发芽，他的高中时期就可以说是比较煎熬的一个时期，我也常常在怀疑是否能够拍成。他不像我以往的创作，我会对拍摄对象或者镜头下的世界有一个相对来说较多的判断，对于小赵我看到的更多的就是一个学生的日常，如果在他的大学阶段没有这么大的反转，这部片子也撑不起来。这部片子最大的困难就是要拍“意识”，这对自己来说也是挺大的一个挑战。

《少年小赵》里您觉得最刺痛的遗憾是什么？

现在看来小赵太清晰太准确了。电影是一个状态，即使我没有想朝着那个方向去，但是真的做出来以后就真的一点多余的东西都没有了，最后就变成了一种看起来很完整很清晰很准确的状态。但我觉得生活并不是这样，所以到现在我还挺喜欢《1428》中的那种复杂和多元。从我的角度，我完全知道自己不可能做那样的一种东西，因为小赵的发展就是朝着他自己的方向发展的。有的时候也跟现实有关系，因为之后你看到的那些事情恰恰是在那些时候发生的，事情就像剧情片一样的。那这些也不是我能够去左右的。另外，剪辑上我觉得还是存在可以商榷的地方的，但剪辑的战线拉得太长了，剪辑上是有一些遗憾的。

从《伞》到《少年小赵》，在您的片子之中经常会看到标语与口号，这些口号带有一些政治倾向也同时代有些紧密的联系，在拍摄过程中您是想通过这些口号或者图式化的东西来达到某种暗示吗？

没有，我只是呈现了我们的现实世界，现实社会。我觉得在我们生活中这些东西从来都没有消失过，或者是它一直以来都在生活中暗示着我们，我只是找到一些关键的、有代表性的呈现出来。我对政治本身没有太多的兴趣，但政治也无处不在，特别是在中国这样的一个国家，口号、街头标语、大众媒体等一系列的途径都会去影响公众，这就是我们的社会。

您在做每部片子之前都会做大量的功课，一般来说都会做什么样的准备？

拍《伞》的时候我们会把当时的中国农村调查的相关成果进行研究，会找一些相关的研究人员去和他们进行沟通探讨，因为我观察的就是这个社会。《1428》面对的是突发性的地震，它将你变成零，你在现场重新去建立体验。理发店里面的头发、餐厅碗中的残羹剩饭、散落在卧室中的东西等等，都会带来和习见不同的新的体验。《少年小赵》是关于爱国主义的，之前我几乎是一个政治上的白痴，这个时候我就需要去读书看资料，之后和有相关背景的人去谈。我认为这个工作是必须要做的。

在创作过程中会遇到自我艺术发现的瓶颈、自我怀疑、自我反思、自我清理的时候，您能和我们谈谈吗？

我觉得我每个阶段都有，而且现在我正处于这样一个时期。我现在马上要做新的片子，我所要做的是和以往完全不一样的。其实《少年小赵》也是和前面完全不一样的，在《少年小赵》之前我是没有做过一个人的纪录片的，都是群像的，这次我要再做的就是彻底没有人，就是有人但不是镜头前集中的人。我这次的创作会和所有我之前的创作有一个分界线，这个也与我现在对纪录片的创作或整个电影的创作的认识有关系。首先我觉得纪录片和剧情片对我来说界限已经不那么清晰，另外我可以在这两者之间游走，并且我对于我过去的创作进行思考，觉得我过去过于倚重现实，现在可能会把镜头调转过来或者要依靠自己进行创作，而不是过多地依赖现实所提供的东西。

你现在回头看自己的作品肯定是不完美的作品，那您觉得最遗憾的地方在哪里？

哪一部都有，每部片子都有遗憾。

您近期的计划和打算是什么？

我想做点不一样的，笼统地讲我之前所有的作品还是建立在对现实的纪录和对现实的呈现上的，但是我之后会做一些比较主观的，可能会创造一些画面一些影像，让影片的形式再变得模糊一些，更多地去关注个人，甚至是我个人的内心世界。我觉得我们经常说我们用镜头去关注别人的内心，关注人物的内心，但是我想可能我们最了解的还是我们自己的内心，在这样一个年纪，在我的创作脉络上，我想做一点我之前没有做过的。

对于以后也想从事纪录片创作的年轻人您有什么寄语吗？

其实也是对我自己的一种寄语，就是要自由。这也是最初我开始拿起摄像机的一个理由。我想要把它变成最初我与我的绘画之间的关系，我和绘画始终就像一个没有了断的事情，需要通过别的方式进行下去。

张　琦

电影导演

1974年，出生于陕西西安。

1993年，考入北京广播学院（现中国传媒大学）电视系电视编导专业。

1999年，任中央电视台12集文献纪录片《共和国外交风云》编导、摄像。该片获2000年度中国电视金鹰奖最佳纪录片奖和最佳纪录片导演奖。

2005年，在北京电影学院导演系2005级进修班学习。

2006年，自编自导电影短片《黑白》(10分钟)，该片获“中国首届手机电影节”最佳导演奖和“搜狐视界天下”网络电影短片大赛最佳导演奖。

2006年，编剧、导演电影短片《罪爱》(28分钟)，该片入围“首届首都高校大学生影视作品大赛”。

2007年，编剧、导演电影处女作《救我》(宋佳主演)。影片于2008年1月1日全国上映，上海国际电影节参展影片。

2010年，编剧、导演电影《夺命心跳》(梁家辉、林熙蕾主演)，影片于2011年7月2日上映，2011年新加坡国际影展开幕电影，2011年上海国际电影节传媒大奖、亚洲新人奖提名影片。2011年第三届澳门国际电影节最佳影片、最佳导演、最佳编剧、最佳男女主角、最佳男配角等六项提名并最终斩获金莲花最佳编剧奖。

2012年，编剧、导演电影《HOLD住爱》（杨幂、刘恺威、周秀娜主演），影片于2012年8月23日七夕档上映，票房近5000万。

2012年，编剧电视连续剧《蝴蝶行动》（唐一菲主演）。

2013年，编剧电视连续剧《我的儿子是奇葩》（宋丹丹、佟大为、关悦主演）。

2015年，编剧、导演电影《睡在我上铺的兄弟》（陈晓、秦岚主演）及同名126集超级网剧。该网剧于2016年2月1日在乐视视频上线播出，电影于2016年4月1日全国上映。

逻辑强迫症与电影故事板

西安是座有灵气的古城，影响和成就了很多的艺术家，无论在生活还是在创作过程当中，您认为这座城市对您有什么启发？

我离艺术家这样的称号还有很远。西安文化气息浓厚。记得我在军工厂的子弟学校上学，但是从小学校就有书法班、话剧班，家长对孩子的艺术教育也比较重视。西安涌现过很多艺术家，而且西安确实出过电影大家，比如已经去世的吴天明导演，国师级导演张艺谋，还有因为第一部电影而跟西安结下莫大缘分的陈凯歌导演，等等。有这么多前辈的力量，我作为一个西安籍的导演，起码要对得起西安的电影传统。

您 19 岁之前一直在西安上学，后来为什么选择去北京求学？

我是厂矿子弟，在西安上的是黄河中学。我上学时属于那种不爱学习的孩子，大的考试前会突击复习，不过成绩还不错。初中、高中的时候是文艺爱好者，在班里搞话剧，跳舞，当文艺委员。刚上高中时没有去北京上学的想法，觉得西安和北京之间特别遥远，不像现在去北京只要四个小时的高铁或者两个小时的飞机，联系也很方便。我们那会还是座机电话，打北京属于长途，信要挂号信，所以觉得北京是特别遥远的地方。

有一次我和家里人出去买菜，有一个人说小伙子你不错，可以演电影，我一下子就懵了，他说他要拍一个电影，问我要不要演，说我长的还蛮有个性，我就跟这个老师开始接触。后来去过一次他家，他家墙上挂的全是摄影照片，他是一个摄影爱好者，想去西影厂发展。当时拍电影很贵，他就用相机拍连环画一样的故事。我就是从那个时候，从那个人开始萌生对电影的兴趣的。那会也喜欢看《超人》这样的好莱坞电影。我们黄河俱乐部放电影的时候，我逃学也要去看。因为我同学的爸爸是放映员，我们有机会可以走进放映室，那么大的一个放映机，一个小窗口给光，几十米外银幕上的人就可以动，觉得特别神奇。到高三的时候，我就想电影可以当一个事情来做，但是不知道去哪里学。我有一个转到西安中学的女同学告诉我她考了电影学院的表演系，因为她知道我还画漫画什么的，问我要不要考导演系，我说好。我连忙查了招生简章，接着又给招办打电话，那时候打电话很困难，都是跑到钟楼打的，电话那头标准的北京腔告诉我考试已经结束了，我问他94年可以考吗？他说不好意思94年没有导演专业，我就问95年有吗，他说95年有广告专业，我就很失落。我同学告诉我还有个北京广播学院，应该也差不多。你先上，大不了就转学，我就真信了。后来就考上了北京广播学院。

我在北京广播学院电视系一直学习纪录片创作，毕业以后也一直在从事纪录片创作。2005年，我31岁，总是想起当时我去钟楼电话电报大楼打电话报考北京电影学院的场景，那场景我忘不了，我还是想做电影，当时我31岁，再大几岁就没有这个机会了，所以我辞掉了所有的与电视有关的工作，去北京电影学院进修了一年。2007我第一次做电影，到现在九年时间拍了四部电影，为了生存也写电视剧，有的收视率还不错。

父母都是西安人吗？家里还有没有其他兄弟姐妹？您小时候喜欢学什么科目？关于考试印象最深的事情是什么？长大之后您对“考试”的定义有没有重新的认识？

我父母都不是陕西人，我母亲是河南郑州人，父亲是河北人，我们家是支援三线才迁到西安的。我们厂是生产雷达的，在北京那叫大院子弟，我们就是军工厂子弟。我小时候喜欢美术，学过基本的东西，也画漫画。后来工作后我发现漫画的最大的好处就是我可以自己画电影的故事板，在镜头的选择上这对一个导演来说是非常重要的。这是小时候不经意培养出来的爱好，小时候捏橡皮人、做雕塑，这对后来也是有影响的。考试现在对我来说就是噩梦，我经常做梦惊醒，不是梦到鬼而是梦到数学考试不及格又得找家长签字，幸好我这个专业上大学的时候不记分，这事也就这么过去了。

您的青春期如果用一个词来形容，您觉得是什么？有没有发生什么记忆犹新的事情？

躁动。年轻的心对这个世界充满了好奇，很多事情我们都没有尝试过，年轻、叛逆、躁动、不服输、直男癌，不过还算蛮讲道理的。偶尔也会沉溺于过去无法自拔，但是时间、空间、场合一变可能一下子就又忘了。我是双鱼座，有点大男子主义，像两条相对而走的鱼，很奇怪，好像有两个“我”。

您对天赋的定义是什么？

创作上天赋是必需的，但并不是必要条件，后天的努力和机会也十分重要。我自己也只有一点点天赋，并不像很多天才级的导演，所以，我认为后天的努力更重要。

您在学生时代有没有最崇拜或者欣赏的导演？你认为他对你日后的创作有没有启发和影响？

上电影学院的时候老师也问过这个问题，我的回答是中国的吴宇森导演，美国导演我喜欢斯皮尔伯格。他们拍的东西我很喜欢，但是他们做的东西我能不能做并不由我。因为我们国家电影的审查包括其他的原因，选择题材势必要谨慎。

您在北京电影学院和中国传媒大学最大的收获分别是什么？

中国传媒大学给我的是大学毕业后安身立命的技能，它养活了我20几岁到30出头这段比较困难的年龄。中国传媒大学也给我的电影工作做了准备。不论是社会资源，还是讲故事的能力，以及视听语言的把握，都起到了基础性的作用。北京电影学院让我接近并实现了我最初的梦想，做电影让我认识了很多老师和同学，让我完成了从纪录片到剧情片的转型。

1999年您才25岁，就担任了《共和国外交风云》的编辑和摄像，您是怎样获得这样的机会的？当时对这份工作有信心吗？

人的发展一方面是才华，一方面是平台和机会。大学毕业前在中央电视台实习了两年，我们那会儿工作是分配的，我就分到了解放军总装备部，就在陆川导演说的749局，在总装备部情报所从事编辑和拍摄工作。我在中央电视台实习的时候遇到一个师哥，他担任了这部纪录片的制片人，他了解我，知道我的能力和判断力，就让我加盟到这个剧组，把我带到了电视行业。很幸运，25岁就接触了很多外交的知识，利用这个片子去国外采访了很多世界级的人物。我一直对历史很感兴趣，《共和国外交风云》属于文献纪录片，因为拍摄需要，有机会看到从日本的档案馆里拿到的《辛丑条约》原件这样的历史实物，很让人着迷。

文献纪录片的拍摄需要广博的知识面和清晰的条理。这些纪录片的拍摄，对我的电影拍摄有很大的帮助，尤其是在视听方面，让我在讲故事的时候有很强的逻辑性，比较真实。

您还保留着第一次构思剧本或者拿起摄像机时的记忆吗？

第一次构思剧本是《救我》。有一天，我开车回家，路上就在想如果我回到家，家里有一个人，我开门进去跟他打招呼，他根本感受不到我，我明明看到他了，跟他交流，但是他却完全没有回应，我拿起水递给他，但是他感受不到。我肯定是着急的，但是对他来说就不是着急，是害怕了。如果一个人在家，尤其是一个女孩子在家的话会很恐怖的。“我在你身边，你却感受不到我”，我就把这个当做了一个构思。《救我》就是从这里萌芽出来的。《睡在我上铺的兄弟》之前的几部片子，我的摄影师相对固定。我自己拍电影时并不怎么碰摄像机，但我的电影百分之八九十的机位都是自己选择的。

您的处女作为什么会选择一部悬疑片呢？网络显示《救我》有365万的票房，这部片子也让您有了一大波铁杆粉丝，您觉得它对于您的光影道路具有什么样的意义？拍摄这部片子遇到的最大困难是什么？

最大的困难是经费比较少，时间不充分，跟我一起做的人中很多都是第一次接触电影，我们都没有太多的经验，全凭一腔热血，咬着牙扛过来的。《救我》的创意全是我自己一个人的想法，在当时来说，这种题材是很新的，像马丁·西·科塞斯导演的《禁闭岛》比我这个片子要晚，其中的创意以及情节有很多和《救我》类似，但因为《救我》影响力不大，被人记住的不多。最遗憾的是创作经验上的不足。前面挖了很多“坑”，片尾没有合情合理地把“坑”填上，没有让观众大呼过瘾。《救我》有很大一部分是幻想也有很大一部分是真实，我想让观众分清楚，但最终让片中的“导师”说出这个结果，我觉得是叙事上的遗憾，应该是一个简短有力的陈述，让观众大呼过瘾。我的第二部片子《夺命心跳》就是在努力地规避上一部片子的遗憾。

在对待自己的作品上，您认为什么样的荣誉才可以被称为真正的荣誉？是票房、口碑、还是同行的肯定？

这些都有。我的片子有的票房尚可，但是口碑一般。我上面也说了我不太有天赋，只是有一点，需要不断进步和学习，需要后天更加努力。我虽然产量不大但是我的四部片子每一个都比上一部好些，不管是从哪个纬度来讲，不管是票房口碑还是演员的层次，都能看到自我的成长。我是做商业片的，当然希望票房越高越好，但是同时我也希望它有艺术价值，不是靠炒作或者噱头，而是口碑，同行看了也会觉得不错，那就是做好了。

很多电影创作者都有所谓的“自我爱好”，你觉得自己更擅长哪一类作品的创作？

我擅长强情节、动作多、逻辑思维比较强的片子。例如风格上比较硬气硬朗的悬疑片或者男性倾向的电影。不太擅长文艺电影，这跟我的性格有很大的关系。其实我认为电影不应该被分为艺术片和商业片，但观众和创作者却会泾渭分明地把它们分为艺术片和商业片，去讨论票房重要还是口碑重要，商业片和艺术片之间是否存在对垒和消解这样的命题。我认为好的电影应该有艺术气息，同时又有商业价值；有回味性，又有观赏性，两者同时兼具。

您的所有影片都是自编自导，对于一部影片的贡献，您认为编剧和导演哪个作用更大？您对自己的定位是什么？更希望在哪方面获得成就呢？

我自己也做编剧，但毋庸置疑是导演对影片的贡献更大。编剧提供一个蓝本，不论是类型方向还是人物、价值观等等，都要在剧本中体现出来。特别难得，但这只是一个开始。对导演来讲，要把剧本呈现在观众面前，这是另外一个难度。如果说编剧最重要那大家可以不用去电影院，读剧本就可以了。但电影是视听结合的，在剧本的基础上给大家提供一个视听的世界，这对导演的综合素质和在各个工种之间的协调能力要求非常高，更具难度。我希望自己成为具有剧本创作能力的导演，更希望在导演方面有更多的成绩。之所以还在做剧本，也是一个没办法的选择，因为我的知名度不高，找过来的剧本也不是很好，有的是我没兴

《HOLD住爱》2012上海国际电影节发布会

趣，有的是剧本的完成度不够，所以自己创作剧本对影片的质量更有保障。但是随着对行业的深入，相信会遇到好的剧本。我写的电视剧剧本很多是委托性质的创作。我希望有朝一日我可以遇到一个很成熟的剧本，不用太多的改动就可以拍摄。我目前的四部片子，每一部我都是主要的创作者，更多的是找合作人，让他们参与策划，偶尔会动笔写，但主要还是我自己写。

目前您最满意和遗憾最多的作品是什么？为什么？

最满意的是《睡在我上铺的兄弟》，因为在最不满意的作品《hold住爱》上摔了一个大跟头，吃了亏，也让我对电影创作有了重新的认识。原来我认为剧情稍微跌宕起伏，用名演员，只要手法不出问题，就会被观众喜欢，但并不是这样。观众并不会被这些打动，能够打动他们的一定是真实的情感以及与自己相关的生活。《睡在我上铺的兄弟》从网剧到大电影的拍摄就是在规避《Hold住爱》的失误。

每一位导演都有对影像的自我解读，对于您来说，您认为自己作品中的独特性是什么？

我是做商业片的，所以不太会在意导演个人风格的确立，因为风格过强和商业性是有冲突的。我是一个有逻辑强迫症的人，所以我认为我的片子的独特性是逻辑性比较强，故事偏硬朗刚健。

《HOLD住爱》2012 北京首映礼

创作对于您来说，应该是随性的天马行空，还是有考量的精细活？这几部剧里遇到的严重的审查部分的事情是什么？

都需要，前期天马行空会比较多，后来在实际操作中会有很多障碍，有些东西就被迫放弃了，再往后就会发现对电影本体的认识提高了之后，逻辑思维进展会很大，从审查到播出方方面面都要考虑到。但是这些东西如果限制了天马行空也是很难受的事。我的电影到目前为止没有遇到过审查的问题。但是每一部都要审很多遍，目前我已经知道我们国家大概的审查重点在哪，这也是个经验。比如第一部片子《救我》剪掉了小宋佳做妇科检查的镜头，虽然镜头是从头后面拍的，还有一个是他导师摸她腿的镜头。《夺命心跳》一点没剪。这部片子里一个很重要的镜头是几百个男生打群架，对抗恶势力，审查意见是让我把这个内容删除了。考虑到视觉和叙事效果，我们保留了这个镜头，并给出了一个合理的法律解释，通过剧中人物的对话交流，把法律依据说出来。目前审查已经逐步放开，但是我觉得创作者可以在最后再做一点突破。我的经验是，我一般会在影片重点的地方设计两个方案，不行我就替换。

您从事影视工作也有数十个春秋了，您觉得自己从最初青涩的学生走到现在，最大的改变是什么？

《夺命心跳》2011年入围上海国际电影节传媒大奖

现在知道真正好的电影应该怎么做了。真正打动观众的电影应该和观众产生情感的共鸣。以前对电影的理解相对粗浅，认为只要自己技能娴熟，找到合适的明星就能拍出好的电影，就是好的作品，但其实不是。当时《hold住爱》的机会很好，大公司，名演员，又恰逢七夕档期，首日票房7000万，现在的七夕档是我的这部片子开创的，但是这部片子后力不足，影响不大，固然有客观原因，例如临时档期上了《蝙蝠侠》《普罗米修斯》，又遇上中国好声音决赛，等等。但最主要的原因还是剧本不好，所以最终票房也不好，影片没有造成大的影响。这部片子之后，我经历了低谷期，很茫然。后来慢慢发现了失败的原因，这对我来说是很关键的一步。

《睡在我上铺的兄弟》之后进一步的打算是什么？

目前还没有更进一步的打算，因为这个事情耗费了我很多的精力。经历了《hold住爱》的冲击，反省之后，这四年时间我也写了一些电视剧，片子就这一部，所以我想做得再精细一点。虽然也有瑕疵，看过我的片子的朋友都说这部片子和其他的有很大的不同，他们看到了我的成长，我自己也觉得我完成了一次修正，我找到了认为对的方向。从张昭总裁，到高晓松、秦岚、陈晓等，为了《睡在我上铺的兄弟》这个片子前前后后忙碌的人没有一千也有五六百了，所以我就想让这部片子尽可能地影响力再大一些。

那您对这部片子的期待应该很高，上映前这段时间会不会比较焦虑呢？

不焦虑，谋事在人成事在天，以前也是有各种各样的经历，这个片子也经历了各种磨难，大家也都努力走到了今天，它该是什么样就是什么样。我们能做的都做到位了，选择权交给观众，我想从观众的眼里看出这部片子到底修正了多少分回来。这次我更注重口碑，大家如果觉得不错也会增强我的信心，这也是一种缘分，比如在生日当天回到我的家乡宣传我的电影，比如和高晓松的歌曲同名并结缘，张总说愿意做一个网剧给这个电影预热，这也都是这部片子的运气。所以是什么就是什么，让片子自己去拼吧。我们期待它有它该有的成绩。

如果用一两个词来表达你和电影之间的关系你会选什么？

梦想和生命，能表现出这个就够了。如果没有电影我都不知道自己要做什么。

赵　乐

（赵允沛）（独立短片导演）

1985年，出生于西安。

2008年，毕业于西安美术学院影视动画系。

2008年，独立短片作品《糖果》，入围62届戛纳国际电影节、第28届夏威夷国际电影节、第11届上海国际电影节。

2008年，独立短片《彩虹》《白》。

2010年，公益纪录片《希望厨房》。孤儿题材公益电影《宝贝别哭》。

2010–2013年，参与制作《玩酷青春》《我知女人心》《201314》《超级保镖》《甜心巧克力》等多部院线商业片。

2013年，地震公益微电影《共和国义工》。

2015年，公益广告《母亲的骄傲》。

2015年，“中国影响力”青年导演14强，著名导演胡玫学员，张艺谋、成龙青年导演训练营成员。

我个人的一种调性

出生在古老的长安，这座城市的历史和文化底蕴以及风土人情，影响着住在其中的每一个人，作为一个影像工作者，您认为这样一座城市带给您什么样的启发？

我是陕西西安长安区人，从小到大上学都在西安，这个城市对我肯定是有影响的，不管是生活习惯，还是从小耳濡目染的一些东西，已经深深地凝固在血液中了。我家里从事的行业和影视还算有点关系，父母开了个照相馆，所以我从小就比其他孩子更早更多地接触了影像。玩照相机、拍照、洗照片，等等。小时候也比较爱幻想，上初中的时候就开始鼓捣拍照片，拿着单反去拍，然后自己洗照片。我家的照相馆就开在长安区的镇上，规模不是很大，装修得也不是很漂亮，技术也比较传统，主要拍一些老照片，但恰恰如此才有一些人文的东西在里面。西安厚重的历史文化对我影响很大，对于创作来说，这种浓浓的地方特色，肯定是摆脱不掉的。我的性格为人也有陕西人的特点。拍片的时候比较实在，比较轴，有时候也挺较真，时髦的说法就是情商不够，就是该是什么就得是什么，不能将就。自己可能感受不到，但我的朋友会有一些反馈，

赵乐工作照

我觉得这方面和老陕的那股劲儿分不开。

您的童年时期有没有什么美好回忆或者有趣的故事？

我小时候大部分时间呆在家里的照相馆。我爷爷当时是做光学研究的，家里很多放大镜、三棱镜、万花筒等等，那时和我同龄的小朋友经常玩的是铁环、陀螺等等，但我玩的都是这些东西。有时候会拿放大镜、三棱镜或者凹凸镜什么的组合起来，攒出一些好看的影子、光线，特别有趣。也可能正因为如此，上大学之前就特别有那种想向视觉、影像方面发展的愿望。

高晓松老师有一首歌叫《旧的童年》，里面有一句歌词是这样唱的："那个戴眼镜的少年静静长大/那些做不完的作业多简单啊/后来没了老师/没人考试/多难啊。"您小时候是个学习很好的孩子吗？长大之后您对"考试"的定义有没有重新的认识，特别是在专业领域方面？

我小时候比较不爱学习，以前不爱写字，学校前一天布置的作业第二天我总是做不完，去学校就得罚站，经常没法按时回家吃饭，我妈又操心我的学习又心疼我，老是到学校给我送饭。那时候我就不是个常规的孩子，不过后来上初中有段时间我在班里成绩挺好。我个人并不太在意"考试"这个事儿。觉得"考试"就是到了那个阶段，就会有一种莫名的力量牵引你。就像高考的时候，我补习了一年，当时就不自觉地特别用功，不管是专业课还是文化课，现在想想都特别不可思议。这是我有史以来对"考试"感受最深刻的一次。后来去电影学院进修班，工作以后也经历过大大小小的考验，等等，都不要太介意怎么去实现，自然而然就好。

我觉得和其他创作者相比，我的运气比较好。比如大二就拍了《糖果》，先是上海国际电影节入围，接下来是戛纳，那时候我还是一个孩子，不知道这些荣誉有多厉害。现在想想唯一的好处就是带着我去了很多电影节，让我认识以及接触和了解到了电影圈是什么样的。当时我去参加电影节的经费是学校全力支持，很多前辈都对我特别爱护。后来碰到大学时候的老师，一起吃饭聊天，他们总说这是很厉害的荣誉，我就告诉他们这是运气。如果没有老师和前辈的爱护和提携，这条路可能会很难走。

您是一个喜欢怀旧的人么？

随着年龄的增长，我就特别有怀旧的感觉。包括现在很多片子都是过往的情感和当下的流行元素共同孕育的产物。最近正在上映的《美人鱼》中，就能看到其中渗透着的周星驰的怀旧情感。我长大后也和父亲聊过，要不要把我们家的照相馆恢复起来，把摄影的那些传统工艺再恢复起来，但因为他身体的原因做不动了，但每次说到这些的时候我能感受到我俩共同兴趣的喜悦点。照相馆虽然在当时是他糊口的一个工作，但是也是他的一门老手艺，是他青年时期的奋斗史，也反映了中国早期个体户创业的一个阶段。现在想到那个照相馆，就想起来我母亲老说的，石棉瓦棚子，电线缠绕着，遇到下雨墙壁还会渗水等等，这些都是怀旧的一些回忆。我对老手艺、传统文化是有着个人情感的。

您的青春期如果用一个词来形容，您觉得是什么？为什么？

我觉得我现在还很青春，虽然30多岁，但和同龄人比孩子气还是挺重的。我经常和朋友们说，如果青春气和孩子气丢了，创作的灵感就没有了。我青春期时候村子里和我同龄的男孩特别少，没人一起疯闹，我比较喜欢自己窝在家里做手工。如果用一个词来形容我觉得应该是幻想，拿泡沫做个小船试试能走多远，或者做个小飞机看看能不能飞起来。

在成长过程中，包括日后个人性格的塑造，您觉得受到哪方面的影响最大？

我觉得性格是天生的，没有人刻意塑造或者自己刻意规范什么。我父亲是一个不太爱说话的人。从小到大我只记得我把别的孩子惹哭了以后他纠正过我两次。我觉得男孩的成长会受到父亲的影响比较多吧，但我父亲都没有什么刻意的、硬性的要求，和我的交流也很少。我母亲比

赵乐工作照

较严厉。我初中的时候已经开始和班上的男生一起学古惑仔，打架什么的，高中的时候我妈就把我送到山里的学校去了。学校的校区就在山脚下，一两周回一次家，坐车得三四个小时，倒好几次车。到山里的学校之后因为离开父母了，学校条件挺苦，我也很孤独，独立性也就培养起来了。我当年突然去学画画，也是自己决定的。高三那会的成绩可能考正规理工科有些困难，所以我就选择了艺术类考试，当时学画画的老师觉得我和班上其他孩子比还是多些灵气，就答应说“来吧来吧”。但那时候我没有告诉父母，直到老师说你必须和家人商量，我才回去告诉他们。所以到现在为止我还有一点点不成熟，和小时候自由发展的状态是有关系的。

从西安美术学院毕业，大学时期影视动画专业教育，对您个人而言，

zhang duo
zhang qing feng
zhang shi bin
wei ya nan
CCTV6《爱拍电影》栏目
优秀短片
第十一届上海国际
电影节
第28届夏威夷国际
电影节
62届戛纳国际电影节
糖果
sweets
赵乐作品
zhao le works
西安美術學院
薪火影视05工作室出品
Xi'an Academy of Fine Arts
Grade 05 Xinhuo film and video studio
独家赞助/Support 西安高新地产
Properties Development Co. OF Xi'an Hi-tech
Industry Development Zone.

赵乐作品《糖果》

老提起这个事，我把这种情感和当地发现的一些人文的东西嫁接到一起。其实当时故事写了很长，可能拍出来要在30分钟以上，但最后因为时间紧没有那样做。我找了班上两个瘦弱的女孩帮忙一起拍。编剧、摄像、导演、剪辑都是自己来。我特别不自信，做完之后也不敢拿出手。最后扭扭捏捏地放，刚放完就有人叫好，有人鼓掌。后来就投了一个大学生电影节，最后推荐到了上海国际电影节，从这里送到了很多国家。

您觉得这部片子对于您的影像之路有着什么样的意义？

首先它给了我很多的荣誉，因为它让我结识了很多人，包括很多导演和朋友，在他们身上学到了很多东西，接触到了很多电影的思维，这是很幸运的事。《糖果》也为我开启了很多机缘，给了我很高的起步，为我搭建了一个优于他人的平台。但也有负面影响。我曾经有一段时间会把自己摆在一个位置上，要求自己接下来的作品必须要比它好，这会特别辛苦，创作的时候压力很大，也造成了很多徘徊，没有办法准确地定位自己。后来慢慢成熟一些，回想起来觉得该经历的其实还都没有经历完，还没有到达一个做大制作的水准，所以从现在开始往后退，扎扎实实地来，做纪录片，看很多书，不断提升自我。今年一年我都是在特别忙碌的状态下度过的，能阅读的基本上都是剧本。去年买的一些书到现在还都拖着没看。我觉得不管是什么类型和类别的书籍，都可以提供思想上的支持，教你去观察和学习，让你身体里的创作能量守恒。

《糖果》入围62届戛纳国际电影节、第28届夏威夷国际电影节、第

11届上海国际电影节等众多奖项。如果《糖果》没有获得现有的这些荣誉，您觉得自己还会坚持走影像之路吗？或者说您觉得自己现在是什么样的状态？

《糖果》入围众多奖项的时候我还是个孩子。参加上海电影节的时候碰到很多媒体，有一次有一家媒体打电话问我要不要去夏威夷电影节，我当时是大三学生，需要交学费、买设备什么的，而且对参加国外的电影节没有什么概念，就跟媒体说没钱去不了。其实当时家里不至于那么困难，但后来就有媒体报道，就开始有人给我赞助什么的。我对那次的资助十分感谢感恩。

与其说《糖果》获得的是荣誉，不如说只是阶段性的一种鼓励。我并没有把它当荣誉去看，也不喜欢总提起。这可能源于我的不自信，但有时候我觉得不自信未必是坏的。一个导演看的是综合实力的表达，有一天你的综合实力、掌控能力、创作能力到了一个水准，那时候就不用提以前的成绩，你的能力自然有人能看到。有没有《糖果》我都会继续坚持做影像。大学的时候初生牛犊不怕虎，在没有《糖果》之前就已经对影像有着热爱了，现在看虽然是一种不成熟的表现，但是正因为这种不成熟才让我看到了自己真正喜欢做的是什么，也是能让我走到今天的原因。其实我毕业之后运气也并不那么好，直到前年中国最具影响力导演比赛前，包括拍雅安地震之前，我都一直在徘徊，要不要继续这个行业。经济是一个问题，当时拍糖果我只用了400块钱；再一个是没有拍片机会，只能代一些小课，写一写项目策划案来赚钱。2010年是我最痛苦的时候，最困难的时候我爷爷还资助过我。但好在家人没有逼我，说非得找份稳定的工作，所以我还是咬牙在这条路上挣扎和坚持下来了。我和其他导演还不一样，就是自毕业之后一直在做商业片，但从前年开

赵乐作品《彩虹》

始我慢慢在组建自己的团队，做自己的创作，做纪录片等等。所有的都是自己跑下来的，我也希望通过这些项目去找找当年大学时期在专业上的那种心跳的感觉。

在《糖果》之后您还拍摄了《彩虹》《白》等短片，还有《希望厨房》等公益短片，您实际上想要表达的、给观众带去的是一种怎么样的感受？

《彩虹》和《白》都是大学时期的创作，后来毕业以后给央视6套拍过一些公益短片，包括一些网络电影等等，乱七八糟的都没有署名，因为当时拍片都是为了生存，不是心里想要的东西。《希望厨房》是纪录片，是为青基会、宋基会等公益机构拍摄的。这部纪录片里面有满满的正能量和情感，是我想做的那种感觉。到现在看我觉得拍得也还可以。今年还在做一些公益题材，如果要坚持做公益的话，就想要做一些影响力更大的东西，要么就完全商业了。我的想法也在慢慢修正，希望能做一些大家关注的现实题材。更年轻一些的时候因为社会经验不足，总是做着做着出现一些问题，资金、操作等等就搁浅了。希望从明年能改变一下自己的方式。

您在后期参与了一些商业片的制作和拍摄，这和您之前的独立电影作品有着一些反差，您觉得商业片和艺术片之间是否存在对垒和消解？

作为导演来说，不同风格的尝试在内心是否会形成碰撞？您觉得哪一面更接近本我？

不管商业片还是艺术片，其实内核都是一样的，都是在表达内心想说的东西，只是操作模式不同。我觉得两个方式对我来说没有好坏之分，也没有更偏向哪一边。做艺术片，需要一些抒情表意的东西，表达自我；而做商业片需要的是市场认可等等，这些都同样是要求，是需要去完成的东西，让你不断完善，锻炼你的掌控力。对于我来说商业电影更难一些，因为要考虑的因素更多，但是越是难，学习和提升的空间就越大。

您最近参加了中国影响力青年导演大赛，是自己主动去参加的吗？参加这次比赛对你来说有什么改变？

参加比赛的时候我已经和电影频道合作三年了。电影频道节目中心的王主任，是一个非常好的伯乐，不仅是对我，对中国电影的年轻人始终是抱有希望的，愿意做一些实在的事情来帮助青年导演。当年刚好就有机缘办了青年导演选拔的节目。其实形式我觉得都不重要，重要的是真的帮助了这些青年导演。据我所知在节目之后他们的创作处境都有很大的改观。对于我来说，整整一年一直在做这个节目，做节目跟之前去剧组、电影节的感受完全不一样，后者是打开眼界，而前者是自我检查，在查漏补缺的过程中让你成长。这个节目集合了业内的很多资源，包括很多评委老师从美术、摄影、录音、制片等各个环节都能给予你意见和建议。一方面考验和检查基本功，一方面通过这个平台进一步把我推到了业内，同时也收获了很多帮助，比如我的导师胡玫、张艺谋导演、每个部门的老师，我们现在都保持着密切的来往，这些前辈都在给我提供支持和帮助。

您被称为“中国西部电影的新兵”，您是怎么看待这个称号的？

这是媒体叫的吧（笑）。感觉是好高的荣誉。当时西部电影是很辉煌的，有很多很厉害的作品。我觉得这个称号既是鼓励也是责任，我没有想那么多，觉得不管别人说什么，你得自己知道自己要干吗，能否做出有质量和水准的片子。但我很喜欢“新兵”这两个字，有思考和重新审视的动力，不断地去开拓。

您现在在北京是有一个固定的公司吗？平时的工作都是以什么形式开展？有没有自己固定的团队？

之前有一个公司，现在没有了，越来越没有形式感了。我比较喜欢自由，无拘无束的感觉，这样的选择性也会更大一些。年轻导演还是需要有很多锻炼机会的，特别需要的是“急活”，一定要拿下，拿不下也要坚持完。过后你就会发现对自己是一个很大的锻炼。现在就有固定班底的可能性不大，但我在做项目中的过程中在慢慢培养和吸纳，希望有一些志同道合的人，在一起合作的时候能保证质量又不会伤到片子。现在还达不到这个状态，还是需要操很多心，得自己亲力亲为，因为团队还不够成熟，需要磨合。一个成熟的团队有几点是必须要把握的，一个是摄影，除此之外，还得有一个强大的制片团队的保障。有一个好制片人或者监制，那作为导演是一件很有福气的事。

在您的众多作品中，不难发现您喜欢选取小角色、小桥段来进行表现，这是否受到谁的影响吗？在您的作品传播中，您想要表达的是一种带着个人主观情绪和色彩的表述还是从公知的角度去诠释？

很多艺术作品都不是从特别宏观的角度入手的，都选择从小人物切入，“小人物，大道理”“小人物，大生活”“小人物，大世界”都是这样的道理。对于创作来说，从一个小口子撕开，把想说的道理和故事讲通了就很好了、创作这个事情不能太贪了，如果掌控能力不够会越做越干。其实很多艺术创作者都在反思这个问题。前段时间影片《亲爱的》就是考虑从小人物延伸到一个大的社会现象。导演其实也在思考这个问题。都是从个人的情感和情怀扩展到公共视角、社会属性。我自己在创作时也在考虑这个问题，首先当能力有限的时候都是先考虑个人的情感和艺术理念的表达，也算是我们艺术创作的一个规律。再到后来拼的就是情怀的东西，你是不是一个有力量的、有影响力的导演，要看你的作品是否具有社会属性。

每个人对生存、生活、生命都有不同的理解，您对这三个词语的定义是什么？

这三个词是生命的三个阶段吧。我现在是生存的阶段。每个人都需要这样的积累过程，我们摆脱原始的一些东西和负担，让自己的梦想再去提升，有生活上的一个转变，生命就是更高的层次了。艺术也是追求这个轨迹的。我只能说我现在还没有达到生活或者生命的阶段，现在还在让片子能生存，我也能生存下来的状态。

许多电影人是天生对于影像有着不解的情缘，能否尝试找到一两个词来描述一下您和电影之间的关系或者情感。

差不多就是我女朋友（笑），暂时是这样的。

您觉得自身最大的潜力是什么？就中国目前的创作环境和市场为背景，从自身的角度来讲，您认为怎样能在这样一个大的环境里给自己交一份满意的答卷？

就是轴、坚持。较真到让自己都很苦，有些东西不能放。在目前的环境里，要做的就是要坚持，让自己更有包容性，让眼界更长远。举个例子来说，今年的一些项目做完就很开心，之前会遇到很多做完了的项目，但做得很不开心，很多想法没办法达到。原因也很多，我也在自己身上找原因，后来想来想去还是自己在这个阶段综合实力不够。

在生命里、在您的光影之路上，您所界定的“红绿灯”是什么？什么时候启程，什么时候要停，您有一个大致的规划，还是喜欢随遇而安？

我也考虑过什么时候该停一停，每个人都是一个能量体，当思维枯竭的时候就是要去重新吸纳一些东西，就是要读书和学习。如果不是搞艺术创作你不用考虑这些问题，因为不会有太多变化，规律的生活不会损失太多的能量，但创作有时候会让你感受到缺陷。当你没有储备的时候就没法打仗。这两年我其实也有这样的打算，有挑选性地接活，把一些问题解决掉再去拍。我记得电影学院里有个老师说过，他们更喜欢在社会里打拼几年以后再去进修的学生，你会知道自己缺在哪里，完全没有进入社会就很难发现这些东西，这就是一个不断发现和充实的过程，和自然规律是相符的。我们必须有一个休息修整和重新吸收能量的时候。

接下来的一年有什么计划和打算？

今年想把很多搁置的东西再梳理一下，把去年没完成的项目改一改，都是院线电影，看能否继续做下去。近两年出了很多这样的好片子，我想这对我也是一个启发。另一个是想今年能否磨合出一个好的团队，真的能形成战斗力的团队再继续做下去，因为去年在团队上吃了很多亏，是今年需要完善的。我个人感觉我还是时候未到，我今年31岁，我觉得还得磨炼几年，在经历很多之后才能达到一个好的水平，包括业内人脉的储备等等。我现在虽然涉足了很多方面，但后劲还是不足。

有没有什么想说的话，要送给和您当年一样，还在光影道路上探索的朋友？

被梦想叫醒，带着梦想前行，始终保持初心。

二单元

张　珂

（青年编剧）

1984年，出生于甘肃兰州。

2002年，入读重庆大学电影学院文学系戏剧影视文学专业。

2004年，创作纪录片作品《青春墓园》，入围中国“云之南”纪录影像论坛青年单元，入围第12届北京大学生电影节录像短片大赛决赛，入选首届北京DV电影节。

2005年，入选由国家民政部和欧盟驻华代表团主办的“中国-欧盟村民自治公共宣传计划”十佳青年导演。创作纪录片作品《路》。

2006年，保送为重庆大学电影学院电影学硕士点电影文学艺术研究方向研究生，师从著名编剧邹静之先生。

2006年，创作纪录长片《盛会》，任导演、摄影、剪辑，2007日本山形国际纪录电影节参赛作品。

2008年，参与创作大型电视情景剧《万卷楼》，任联合编剧。

2008年，参与创作电视连续剧《铁齿铜牙纪晓岚（第四部）》，任总编剧助理，单元剧编剧。

2009年，参与创作电视连续剧《皮五传奇》，任联合编剧。

2010年，参与创作央视电影频道电影《大沙河会记得》，任编剧，

2010年，参与创作电视连续剧《江南四大才子》，任联合编剧。

2012年，参与创作电视连续剧《天山狼道》（制作中），任编剧。

2014年，参与创作电视连续剧《荒岛迷踪》（制作中），任编剧。

“活久做”是我的方法论

您是兰州人，上大学之前一直都在家乡读书吗？上学时喜欢什么样的课程？对您后来的创作有怎样的影响？

我4岁到12岁是在宁夏上学，当时我父母在宁夏大学，所以我在银川上的小学和初一。1997年到了兰州，2002年考上重庆大学，研究生毕业后到西安工作。在银川待了8年，在兰州待了6年，在重庆待了6年，在西安待了6年。初中时我最喜欢化学，理科特别好，因为那个时候的理想是当一名医生，医生穿白大褂，拿病历本的样子很帅，高中的时候语文老师对我来说特别重要，因为我高中的时候语文很差，但是老师特别喜欢我写的作文，她会在全班同学面前读我的作文，后来她又鼓励我去投稿，我就投了几本杂志，还参加新概念作文大赛。这个比赛特别好，得了一等奖可以免试上大学。当时受这个老师影响比较深。我的作文写得好，但数学很差，所以高考成绩差，就去参加新概念作文大赛。我们那一代人觉得新概念作文大赛特别重要，现在很多很有名的作家如韩寒、郭敬明就是那个时候出来的。参加了新概念作文大赛以后突然发现有艺考，所以就决定参加艺考，学了影视，就干这行了。如果不知道这事的话，现在应该是在做警察。

童年最深刻的记忆是什么？

我小的时候，家里亲戚朋友没有年龄相仿的孩子，就是一个人。打游戏看闲书，喜欢舞刀弄枪，还喜欢户外，不是很宅。小的时候最有意思的是吊冰窟窿，滑冰车，没事就爬着冰窟窿的沿，然后就叫我爸，冻得不行了我爸就把我拉上来，还偷农民的土豆烤着吃，坐在大学的墙头拿菜刀削萝卜吃，生活过得比较彪悍。

很多成功的人都和同龄人在青春时期的关注点不一样，成功的人注定是孤独的，成功是孤独者的成功。你上学的时候有没有遇到过这样的问题，或者觉得同龄人比较晚熟？

我从小就是一个爱读书，但是也比较孤独的一个人。因为我父亲工作调动的缘故，我们从宁夏大学到甘肃兰州，我的玩伴少，也没有社交，一转学，联系就全断了。我印象里都是自己跟自己玩，那时候也没游戏机，就自己一个人在煤堆里玩，找很多砖头，给它们起名字，这个是镇远号，那个是定远号，松岛号，布置一个海战图自己玩，还自己配音发射，画漫画，写人物小传。我大量的课余时间在读书。高一的时候看言情和武侠小说，我在一个书店里打工，看席绢、于琴等台湾作家的书，看古龙，看金庸。以后又喜欢诗，就开始看海子。高二的时候读日本的田中芳树，读《失乐园》《源氏物语》《挪威的森林》，等等。

大部分人高考填报志愿的时候也许考的并不是自己喜欢的专业，年龄和心智都尚未成熟，有的甚至是大学毕业也还是对自己的职业感到迷茫，那么您是怎样选定自己的专业的？

我选专业可能很大一部分原因跟星座有关系，因为我是水瓶座，超级理性，超级博爱，一定要选择一个道德优先的职业，一定要有一个道德的制高点。例如医生、记者等等，都是我认为有道德制高点的职业。我以前想当医生，数学不好就没有考，又想着能考上兰州大学的新闻系就很不错了，但是成绩比较差，兰州大学肯定考不上，后来想着考西北师范大学，但是我也考不上，兰大要580分，西北师大要520分，但是我只能考400多分，特别纠结，后来决定上甘肃政法大学公安系，当警察。但是参加新概念作文大赛以后知道了艺考，就像有了救命稻草，想着试一下。那时候艺考人非常少，没有形成规模，也没有培训班，网络也不发达，我就跑到网吧去查，去各个学校查询他们的招生简章。艺考初试有编讲故事以及电影史的相关内容，我就自己找材料，买北电的教材自学，租片子来看，经历了一段比较艰难的时期。后来考上了几所学校。我选择了影视艺术，也可以说是偶然中的必然。我虽然学习成绩不好，但因为父母的缘故，艺术的底子还可以。我母亲是大学的图书管理员，所以我从小看的书比较多，也非常杂，我父亲是历史学教授，西北师范大学历史学87级的硕士，所以文史哲知识，社科知识我不太缺，比一般的小孩的懂得多得多，有很好的社科底子，这些底子在艺考时是很大的优势，所以现在看我后来从事影视是合适的事情。当年我父亲反对我学这个专业，认为我应该当公安，加上北电的学费太高，他觉得很贵，所以不太支持。但因为我母亲非常喜欢文艺，说哪怕我们不买房子也要让你读书。我自己也有特别强烈的愿望，包括我读研究生，都是自己的意愿，父母只是参与和帮助。

您上学期间，个人创作和参与创作的作品已经非常多了，是非常地热爱这个专业还是别的原因？课余时间又是怎样度过的？

上学的时候，不太去想经济利益、职业导向这样的问题，创作就是出于自己的兴趣爱好。很多学生都会面临第一部作品的创作，第一部作品一定是之前的18到20年你心里耿耿于怀一直想表达的东西，很多人的第一部作品一定是跟青春和爱情有关的，因为这是他们想了18年的事情，但是我没有。因为我的家庭环境，读了太多的历史书，我小学到初中，最多的课外读物就是我父亲的历史教材和专著，我上大学之后想表达的就是历史中的人物个体，人物命运。所以我大学的第一个作品是关于"文革"的纪录片。我上大学订的第一份报纸是《南方周末》。我的第二个作品讲的是东欧，也是一个讲历史政治以及当下社会的。包括我写的一些剧本作业，我的第一个剧本作业写的就是中苏政治的大背景下几个年轻人的故事，贯穿始终就是一种比较强的文人气质，或者封建士大夫的气质，因为父母都是知识分子，你会不由自主地追逐这些东西，敏感的，青春的，爱情的，我不太喜欢，也不擅长。我的作品一定是跟我的知识结构、审美倾向有关的。

大学期间我给自己的目标就是领先别人一年，所以我大一开始就拼命地想进入行业，我是我们那一级最早进入行业的。大一下半学期伪装成大三的学生去兼职，写策划，大一结束就去跟人家拍专题片，大二结束去电视台当编导，因为家人学校不能提供这样的机会，我就自己去争取。大二暑假，在家什么事也干不了，我待了7天，就坐30多个小时火车，去重庆找兼职的工作。我那时候只知道重庆电视台在一个叫石桥库的地方，我就找去了，保安不让我进，我就在电视台周围找公司，人家不要，最后终于有一家公司要我，一个月300，这是我觉得最好的一件事情，和行业发生了关系，我从摄像助理，到摄像，到编导，一步步锻炼和提升自己。

您现在是老师，会把您的这种超前观念灌输给你的学生吗？

会，我的学生有个微信群，我们的宗旨就是群里一月，大学一年，要学的东西很多，这是我的要求，在群里一年的学生要达到北京电影学院大三学生水平；在群里两年的学生要达到影视公司一线水平，达到校招毕业生的水平；在群里两年，国内的任何影视公司都可以去。我会把对行业的敏感度、对行业的亲和度传输给他们。我不是一个纯理论的老师，我经常在给他们讲专题片创作的时候，我会告诉他们这节课值500块，听了这节课你的工资就可以达到3000块，没听就是2500，量化到这个程度，我会告诉他们一个地级市的小影视公司是怎么赚钱的，我会把最基本的东西告诉他们。我上课最喜欢说的话就是行业工业，因为我觉得当下的大学教育，欠缺的就是和行业的挂钩，无法对接，所以我在很努力地用自己的方法弥补欠缺。

您在大学学到的最有用的东西是什么？最喜欢的老师是谁？

说实话我本科教育比较失败，老师大多是峨眉电影制片厂的老职工，知识比较老旧，讲课也不太会讲，所以基本靠自学。有一个编剧老师一上课就给我们说，高尔基曾经说过什么，夏衍老师讲过什么，孔子又说过什么，亚里士多德说过什么，虽然他说的都是对的，但是对我们来说没有太大的用处。我大学期间最喜欢两位老师。一位是北京电影学院毕业的教影视生产概论的王璐老师，他没有教给我太多的知识，但是与时俱进，举的例子永远是我们年轻人喜欢的，讲的永远是行业最新的观念，他强调电影是技术，是工业，要求变求新。当时有很多老教师举的例子吓人地老旧，那些人全是17年电影粉丝，我们看得痛不欲生，教室没有投影，全班人围着一个小电视，看录像带。还有一位老师叫李玲，她是峨眉电影制片厂的首席剪辑师，作品包括《被遗忘的角落》《天云山传奇》，类型片最有名的是《京都球侠》，还有《峨眉飞盗》这些80年代特别火的商业片。李玲老师上课讲的都是实用性极强的知识。王老师告诉我电影是一个流行文化的工业，李老师告诉我电影是一门技术，所以工业、流行、技术这几个词在我脑海里有了深深的烙印。这两位老师对我，不光是知识内容上的影响，也有风格上的影响。王路老师，他上课特别好玩，上课发烟让学生抽，那时候上课吃火锅都没人管。随和，和学生打成一片，上课讲话永远是语不惊人死不休。李玲老师讲课高信息量不提问，我现在上课也是这样，因为我不想用同学低智商的回答，浪费我高智商的传授。所以上课要好玩有噱头，第二是信息密集，这都是从这两位老师那里学到的经验。

您非常爱戴您的研究生导师邹静之先生，您后来的创作有没有他的影子？

邹静之老师是写诗出身的，他是一个文人，骨子里有非常高的时代性和情怀感。他写的东西里有很多诗学的内容。上学的时候老师讲到亚里士多德的《诗学》，不懂，很多年以后会发现诗是电影的最高境界，电影诗学是镜头的内在和张力，让人陷入不可自拔是电影诗的最高境界。

邹静之老师给吴宇森导演的《赤壁》写第一稿的时候，讲火烧连营，几十万人已经刀光剑影，可以说已经到了戏剧的最高潮，镜头笔锋一转，三十里或百里之外有一只猫头鹰在睡觉，景深处隐隐约约有一小团红光，万籁俱静，月亮是月亮，猫头鹰还在睡觉，树叶纹丝不动，人类却还在打仗。这个画面就像在空间站看地球陷入战争一样，一切人类的爱恨情仇，斤斤计较，厮杀、纷争在更宏大的宇宙不堪一击。《三体》为什么受中国精英知识分子的喜欢？400年后现代人已经不复存在了，一帮外星人要来地球，是敌是友我们不得而知。他站在了很高的高度，在一种远界里看人类，这是很高的境界。邹静之老师除了教我理论技巧，给我最大启发的是他的方法论，这个方法论是他毕生的精华，这也是我学到最重要的东西，以及他非常大的情怀，细腻的情感，这在现代的编剧导演中很难看到的。

您和董钧先生是好朋友，能跟我们讲讲你们是怎么认识的吗？

董钧号称是西安南郊艺术家，我号称是北郊的青年艺术家。南郊有董钧，北郊有张珂，以钟楼为界互不侵犯。我和他2005年认识。2002年我入学，在同学里想当第一个拍片子的人，但是我什么都不会，刚上大一就拍了一个跟艺考有关的纪录片，但是我不会摄像机不会后期，就请了大三的师哥，两个师哥一个后期一个摄像，后来他们不愿意干了，我就自学后期自学摄像。大二开始创作《青春墓园》，一年后我接到电话说《青春墓园》入围了“云之南纪录影像论坛”。2005年3月作为青年导演入围作者我去了云南昆明，这时候认识了董钧，他以作品《无烟煤店》入围，与此同时还有国内非常有名的吴文光先生，张亚璇女士，还有张建民老师，大家一起喝酒聊天，特别乌托邦的感觉，氛围很好。很多年后我选择来西安当老师，也是因为董钧在西安，西安是一个有故人的地方。

据了解，您2008年到四川当过志愿者，能不能给我们简单地讲述一下您的经历？这是一份社会责任，同时也是一次生死较量，以后如果有这样的事情发生，您还会去当志愿者吗？

我选择的职业就是道德优先，医生、影视工作者、老师都是道德优先的职业。一个选择道德优先的人，在一个可以实现的场合，一定会出现。汶川地震的时候我就在重庆，离四川很近，所以我们第一时间去了灾区。也是因为汶川的这段经历，到了西安以后，我还考了急救员证，拿到了注册急救员培训证书。我的车里现在随时放着强光手电、急救包、绳索、创可贴。今天我们在场的任何一个人，心脏病突发，我能保证在心跳呼吸全部没有的情况下，坚持到救护车来，因为我会cpr心跳复苏，而且这个只能参加培训才会，看视频照猫画虎肯定学不来，一有这样的情况，我做好准备可以随时救人。

除非祭祀，一般很少有人会注意到墓园，你的第一部作品是《青春墓园》，为什么会把目光锁定在学校旁边的墓园呢？在作品中能够看到您本人也是非常地小心翼翼，毕竟是一段悲伤的岁月，能去祭奠的人都和这里埋葬的人有关系，多一句话都重新勾起他们内心的痛楚。那么在构思拍摄之前，你有没有思想斗争，到底拍还是不拍？或者拍摄中途有没有要放弃拍摄的念头？您个人对片子的评价是怎样的？

《南方周末》有一篇报道，叫《文革青春墓地》，作者韩平藻。当时就觉得文章中所说的这个地方离我们很近。我上初中前看过《“文化大革命”十年史》，提及“反右倾”“批林批孔”“二月逆流”“六月风暴”，都非常熟悉。加上文章所说的地方离我这近，就决定拍这个片子。把片子拍出来在电视上播，这是我们当时最强烈的念头。方法论我依然是研究的，读了很多专业理论的书，自学纪录片理论，三大流派包括格里尔逊式的真理电影、怀斯曼式的直接电影、让·鲁什自我反射式的真实电影，全都研究过，然后就想我用什么样的方式来拍摄？格里尔逊是政治片、真理片的鼻祖，一定要加解说词，影像只是附庸；直接电影的特点是零干涉、零介入，摄影机像墙壁上的苍蝇一样；原生态的自我反射式的纪录片，追问既然影像真实不能等同于真实，我们为什么要在摄像机前隐藏拍摄者的存在呢，明明拿着摄像机为什么假装不在摄像机旁？最有名的就是让·鲁什的《夏日纪事》。我有个习惯，做任何东西要看很多书，得出一个方法论，用方法论引导实践。《青春墓园》带有很强烈的直接电影的风格，零干涉，结构感很强，把小孩放到最后，配的音乐是《世界是你们的也是我们的》，受启发于香港陈果导演的《香港制造》《香港制造》的结尾是一段粤语歌，广播里放着《世界是你们的也是我们的》，强烈的批判感就出来了。

《青春墓园》在题材上是有价值和意义的，题材上有稀缺性；其次对于20分钟的短纪录片而言，结构是很有技术的，对观众心理的触动也是非常强的。当然，影像上非常低劣，但我一点都不觉得可惜，那个年代拍出来的片子都是这样的，它是一种纯粹的表达，和最灵巧的技巧，以及最不功利的目的，所实现的作品，仿佛一个完美的初恋一样。

影片的最后，镜头里出现了一群小学生，当他们在讨论这到底是谁的坟墓，有人说这里是不是邱少云的墓地，你听到之后的心情是怎样的？用这个部分终止纪录片的安排有什么样的意义？为什么会在片尾的字幕里说："祭奠过亲人后，人们离开墓园，离开只是记忆的开始"？

第一次听到他们这么说，心里乐开花了，我根本不会难过，作为拍摄者你是一个猎手，要拍到你想拍到的东西，虽然这样看起来很功利，其实不是，未来观众看到这部片子后的反思和情绪才是重点。通过创作者的努力，逼近到荒谬感、实践感，这是影像真实和表达真实。小学生的这个段落一开始放在开头，也就是2003年3月份的那个版本，后来成都大学的黄林老师，他是学哲学的又是北京电影学院的硕士，他的逻辑感很强，建议我把小学生的这个段落放在最后。他说你不应该给观众呈现一个巨大的感叹号，感叹号不是艺术的追求，艺术的追求是问号，孩子是问号、是未来，这样观众会陷入一种巨大的荒谬中，这样的结尾安排是黄林老师的功劳。这个镜头之前，三脚架入镜了，所以剪切了部分内容，现在想想不应该删，这也是我现在比较后悔的，当时很在乎，入画就得剪。现在觉得片尾不应该加那句话，为了说清时间顺序，时间字幕应该加，但这句话特别矫情，而且比较主观，现在的我肯定不加。并且这种阐述是无力和苍白的。现在拍会拍逐格摄影，从天亮到天黑，到完全黑暗，或者拍蜡烛的最后一缕烟消失，现在看起来这是一个不太对的处理。

片中记录的一位老妇人，自己的兄弟是在武装斗争游行中翻车去世的，看到她的叙述，真的是很心痛，你当时的心情是怎样的？

我拍片子没有情感流露，就跟医生做手术一样，不会有情感的变化。

拍片子不是对自己的情感负责，也不是对采访者负责，是对传播对象负责。剪片子就更不用说了，一个片子剪上200遍，什么感觉都没有，这并不是说我冷漠。我的片子在《云之南》播放的时候，一个阿姨看完片子之后，站起来说她要发言：我要忏悔一件事情，当年“文革”的时候，我用皮带抽我的老师。这个时候作为创作者你就觉得值了。医生也不应该是做手术的时候感动，是你出院享受天伦之乐的时候感动。

《青春墓园》拍摄到剪辑都是你一人完成的吗？

一开始觉得导演就做导演该做的，所以找了一个摄影系的同学拍，后来觉得，他拍还不如我自己拍。剪辑也是自己剪辑的，自学了剪辑软件premiere。因为题材比较敏感，拍摄时多人在场，被采访对象情绪不好把握。加上我上大学时人缘不好，很高傲，超级清高，觉得大家都没有理想，我当时脑子里都是孟京辉的戏剧贾樟柯的电影，大一的时候不学英语学法语，因为觉得去戛纳电影节领奖用得上，结果连28个字母都认不全，挂科了，就又学英语了。一高傲就没人帮你，只能独来独往，所以我大学3年只拍纪录片，没有剧情片，原因是凑不齐一个剧组。当老师以后我给学生强调，千万不能重蹈我的覆辙。

您现在的创作更偏向于纪录片还是电视剧？哪些题材更加擅长？

我现在以写工业背景，行业背景的影视剧居多。比较擅长历史军事类题材。我父亲是历史系教授，从小接触历史方面的知识比较多。现在做的事情就是给童年还债，所做的一切都是为了实现童年梦想。我特别喜欢三个字：活久见，活得久了就能见到。还有就是活久做，就是活的久了就能做到，这就是我的方法论。

邹静之老师是您的导师，那么您现在在他的工作室主要担任什么样的工作？

我们工作是特别松散的。因为我们的工作室是一个微群，有邹老师，有我、我大师哥、二师哥，还有他女儿、女婿，一共6个人。邹老师不是一个想把自己工作工业化的人，他是一个生性淡泊的人，所以我们也很淡泊。这是我们一个独特的方式，绝大多数工作室都不这样。经常帮助他做一些技术支持、资料辅助、文献整理方面的工作。例如《归来》《一代宗师》上映以来所有的评论都整理出来，做成一个册子，当作很珍贵的东西留下来。我们之间就像一个小家庭一样。

您的创作灵感一般来源于哪里？据说艺术家在创作的时候都有一些特殊的癖好，那您呢，可不可以给我们透露一点？

灵感主要来源于两点，第一是内心喜欢的东西，我一直想当医生，我们最近写的一部剧，《爱上急诊室的缝纫男》就是在写我内心喜欢的东西。另外我还喜欢日本战国文化、明朝历史，等等。最近还再看一本电影资料，讲明朝的时候，中国的大军去帮朝鲜攻打日本，抗倭援朝。所以全是以兴趣为出发点。另一个就是通过市场，市场喜欢什么我就研究什么，现在市场喜欢网络小说，现在我们工作就是天天看网络小说，每天都在聊二次元、BL（boy love）男男，等等。所以我的灵感来源，有自己喜欢的也有市场流行的，但是这两者并不矛盾。对我来说，影视首先是商业的，其次才是艺术。

现在很多人都说，中国的电视节目、电视剧都有国外作品的影子，您对这种现象怎么看？中国编剧人要怎样进行原创作品的创作？

首先我觉得借鉴无可厚非。我们国家从改革开放到现在，历史也不是很长，几十年，在娱乐方面我们向别人借鉴是历史的必然。我们国家自从加入WTO以后，版权意识非常强，很多娱乐节目都是正式购买版权以后进行本土化的改造，借鉴是很好的事情。而为什么没有人来买我们的东西呢？我认为以后肯定会有的，这是一个量变到质变的一个过程，至少现在越南很喜欢中国的节目，《媳妇的美好时代》翻译成博斯瓦纳语，被习主席送到非洲了。我们现在影响了越南，影响了非洲，总有一天也会影响美国和日本。其次，影视是工业是商业是资本，从资本层面来说，资本是要最快、最大获取利益的。就像现在我们说的IP，他们是捡现成的，原创意义不大。再说原创难道就一定比改编高级吗？美国的很多影视作品就是改编的，如果有一个好的作品我更愿意去改编。中国编剧原创能力差其实也有政策影响。韩国电影为什么好看，最根本问题就是政策放得开。

11月28号，阿里影业副总裁徐远翔在某论坛上说阿里影业将不再请专业编剧，而是会请贴吧吧主和同文作者写故事进行pk，言论曝光后，立即引起编剧们的激烈声讨反馈，阿里本身确实也是网络时代影视的受益者，您怎么看待这件事情？

我是中立的，方式需要检验，但是我不排斥，各种方式大家都应该去做，阿里这样做没有错，但是不应该成为行业标准。当然，这种创作方式有没有效果，我觉得可以尝试。在美国尝试没有成功，而且我个人认为影视创作属于精英创作，编剧是一个高技术的工种，阿里的创作方式属于低效率，我认为他应该做市场反馈、做调研，把市场反馈和艺术规律相结合。所以分为前端和终端是对的。但是强调粉丝万能，吧主万能，这种言论是不对的。这个时代随着电视开机率的下降，互联网的崛起，随着bat对我们国家的重大影响，应该尊重互联网公司的经验，应该尊重网生代的审美需求，说实话我们这些编剧的经验，是落后时代发展的，所以我觉得听他们的真知灼见是没有问题的，然后把最前沿的东西和我们的经验相结合。我这两个月读了很多奇怪的网络小说，看了很多奇怪的网剧，所以我认识了很多97后的小姑娘，给我教了很多奇怪的东西。我从下午2点到晚上2点，都在一个叫bilibili的网站看什么叫鬼畜，看金克拉是怎么回事，然后你突然会发现，这是周星驰式的无厘头的网络化版本。我现在和一些行业的人谈，他们会很尊重我的观点，因为我有一大波97后的年轻背景团。影视剧的目标受众是他们，那么就要了解他们，并且绝大多数80后编剧都很认同我的观点，反而是60、70后的编剧观点比较落后。总之，各个行业都在被互联网洗牌，影视行业怎么可能例外呢？*最重要的是留下一批熟悉互联网，懂得IP价值，同时又拥有专业技能的新影视人。*我个人感觉五年之内当前的编剧人一半会没有饭碗，剩下的一半人会过得还不错。

现在很多电影都是改编自网络，利弊都有，有的IP指数下生成的"垃圾"电影高票房化，有营销因素，有大众观影习惯改变的因素，一些很值得欣赏的影片却被忽视，您怎么看？

首先是市场规则不规范。英国要求一个片子排片不能超过20%，在我们国家排一个片子排90%很正常，我们的政策监管是有缺失的。第二是我们有很多的潜规则，票房有很多营销的方式，片子一上映先拿几

张珂与陆川导演

千万去买票房，哪怕座位全空着，全国的影院经理就会觉得，这个片子的票房很好，就会多排片。再就是艺术院线没有建立起来，可能只有北京、上海才有，如果你做咖啡馆放映、高校放映这是违法的，这对文艺电影的发行是很不利的。总的来说我们国家电影的体量在增加，从200万到2000万，从2002年的20亿～30亿到现在的400亿，增加了20倍，人才、技术都得到了进步，我们和好莱坞的制作已经很接近了。我们2015年8月的单月票房已经超过了好莱坞，而且马上要超过美国，成为世界上银幕数最多的国家。一旦体量急剧扩张，市场就会显得很轻浮很幼稚，这是正常的，但慢慢会呈现出精品。像《寻龙诀》这样工业级的作品会越来越多，像《万万没想到》《夏洛特烦恼》这样的东西会越来越少。文艺片也有可能会异军突起，比如贾樟柯的《山河故人》也拿到了两三千万。随着中国高产阶级奋起，这种差异化的审美会越来越多。我认可市场的轻薄乱象，但我又坚信这一切都只是高速发展过程中的一个阶段，最终会像宇宙爆炸一样，分化出一颗颗很好的行星。

您想对影视文学专业的学生说些什么？

第一大量的接受行业最新的资讯，不要看娱乐新闻，要看最新的资讯，而且这个时代资讯太多了，公众号，微博，哪里都能看到。我上课会推荐10个公众号，10个微博，会让他们去看。评论方面，剧作方面，永远要知道最新的资讯。第二必须以工业化的模式要求自己，剧本只能按照一种格式来写，字号、间距、订书针订到哪我都有规定，而且订书机的背面要用胶带贴上，以免把自己或他人的手划伤。我一定要让他们知道，付出会有回报，不付出会有惩罚，这是我对现在的学生的告诫。尊重行业的规则，摒弃学生的身份，把自己当作行业的准新人。不管在哪里，一定要有这样最基本的观念。

您对自己的未来规划是怎样的？

未来可能会离开高校，会往操盘手方向发展，到底是自由的还是依附一个公司这个还没有计划。也有可能在高校同时也进入行业，不想再做一个技术工种，自己也在做这方面的知识和储备。

REC
79 min
25 Mbps
1440x1080
50i
00 00 00 00
CH1/CH2
4700 K
F1.8
0.0 dB
1/50
TEAM

王乐涛

（制片人、导演）

1985年，出生于陕西商洛。

2005年，入读西安文理学院戏剧影视文学专业。

2010年，创作小说《沙井村之恋》，点击量超过200万人次。

2012年，导演短片处女作《沙井村之恋》。

2014年，导演电影《马到成功》。

2015年，导演电影《女孩不哭》。

2015年，创作互动爆笑网剧《大话西漂》。

2016年，导演《大话西漂之玄奘归来》。

“规矩人”的文娱复兴

您出生于陕南商洛，您认为这样一座城市给您的生活和创作带来了一些什么启发？

我来自商洛，是秦岭那边的城市，所以从小对商洛以外的世界都比较憧憬。商洛也出过一些文人和戏剧人，我们那儿的孩子们从小就在幻想商洛以外是什么样子的，所以想象力就会变得很丰富。到了西安以后，第一次的见识和各方面的成长都是这座城市给予的，也是在这座城市完成的，所以对这座城市本身就有很深的感情。

那么您在上学或者是在童年时期有没有什么特长呢？童年的经历，有没有和别的孩子不一样的地方？

“为什么是你，不是其他人”，童年对人的影响很大。我从小喜欢看书。一年级的时候，那会儿我爸出差给我带的东西90%都是书，而不是玩具，像《童话大王》《故事会》，小时候看书比较多，我记得我小时候

（从右至左）王乐涛、王建房、王啸雷

的业余生活就是一放学就去我们那儿的书摊，那儿不卖书只能看书，比如一角钱看两本，五分钱一本，我妈就给我两角钱说："你去看书吧。"我在书堆里一看就能看两三个小时，吃饭的时候听见我妈叫我才回家，所以小学时候大部分时间是埋在书堆里。那个时候连环画大部分是英雄人物传记，80%是英雄人物，20%是科学书籍，因为从小看的英雄传记，就有了英雄情节。小学二、三年级的时候，即使我学习成绩在班里不好，但我还是觉得其他同学都没我厉害。上了大学以后，因为我们文理学院也是二本里面往后排的，但我到了学校还是这么想，既然学校不能让你很自豪很骄傲，那你一定将来要让学校因为你而自豪骄傲，这是我进学校的第一个原则。归根结底这还是英雄情节，我从小看英雄传记，在心中埋下了英雄的种子，而它让我以后不管在做什么，都应该是挑大梁的，有担当的。

在成长过程中，包括您日后性格的塑造，家庭、生活、情感您觉得受到哪方面的影响最大？

人离不开这三种感情：亲情、爱情、友情。我的《沙井村之恋》第一部其实就是说了这三种感情。一个家庭对人的影响很大，我的父母都是普通的农民和工人，家风淳朴，他们是非常典型的陕西老百姓，他们给我们的教育也是陕西的那种传统的温良恭俭让，让你有一个好的品格，进入社会之前你是一个地地道道的好人，有了这样一个基础然后在很多事情上都有原则有担当，这个就是我的家庭所教给我的一些东西。

那您的青春如果用一个词来形容，您觉得是什么？为什么呢？

每一代人都有每一代人的青春，只不过个人对青春的理解不同。大学时候的青春就是四个字“飞扬跋扈”。我当时学这个专业其实是我们学校第一年第一次建设这个专业，说实话当时的师资力量和硬件设备非常薄弱。大一那会儿我们唯一的硬件器材就是一个黄河大彩电，一个大箱子里面扔了几百盘光碟，看电影去吧，这就是影视欣赏课。专业老师非常少，所以我们时间很充足，你可以去网吧通宵看电视剧，那也是在学习。我基本参与的是一些课外的东西，包括创业、卖书、拍DV短片。家里条件不好，我父亲一个月工资900，我母亲是家属，没有工作，大学学费都交不起，所以必须打工。大一的时候我就开始卖书，在学校卖盗版书，西安12个高校我都卖过。大二的时候开书店、卖校服，不然学费都交不起。我现在想想非常感谢学校的包容，没有包容就没有这样自由创作的空间。

您认为对于影视创作而言，专业性和天赋哪个是最重要的？您在电影创作方面是受个人成长的影响还是受到某人某事的启发呢？

我认为天赋很重要，很多东西包括创业或者特别好的创意，行业天赋是大于专业性的。准确地说，我们大部分人在上高中之前或者上高中以后并不知道他上大学和以后要干什么，很多人其实是被选择的。我从小爱读书，作文写得好，所以在报专业的时候就选择了戏剧影视文学。本来想报中文系的，后来发现有一个新专业，是从中文系分出来的。感觉中文系出来以后会当老师，如果是戏剧影视文学，出来会当编剧，这个有意思，因为我看的故事书太多了，所以随时都可以讲很多故事，讲很多段子。小时候我喜欢讲故事，我们大院的小孩就围着我，我就开始讲故事，而且我的故事大部分是从书上讲一半自己编一半。长大以后选择专业也基于这样一个原因，这个专业让我爱讲故事、会讲故事的能力有了一个通道。上大学那会儿看了很多电影，但并没有特别崇拜哪一个导演，我只能说是对他的某一部作品很喜欢，比如张艺谋的《活着》、宁浩的《疯狂的石头》，还有《阿甘正传》，等等。

那您还保留着第一次构思剧本或者拿起摄像机时的记忆吗？

这个记忆很深刻，永远也忘不了。应该是大二或者大三的时候，那时候中国的第一个视频网站土豆网已经出来了。土豆网当时的口号是，每个人做自己的导演，我第一次发现不用电视台就可以把我的片子放到网上去了，很激动。有一天我在土豆网上看到了西安交通大学拍的一个DV长片叫《我的黄金时代》，那个片子看完，我立马冲动了。交大非专业的学生拍了一个讲述校园生活的90分钟的长片，我们学这个专业的竟然没有拍。中午看完片子，下午3点多回到宿舍，我说我也要拍一个。现在想起来真的很疯狂。回到宿舍后，不到半个小时我写了一个剧本《我爱我舍》，写的是一群人在宿舍的一个情景剧本，半个小时写完剧本，半个小时去楼底下找了我们学校戏剧社的几个同学，然后直接把那几个同学带到一个宿舍，又找一个同学借了一个JVC的DV，接着就开始拍。拍了一个半小时，拍完以后是晚上六七点了，饭都没吃拿着带子到网吧去了，在网吧办了20块钱一张卡,先把DV带往电脑里导。我当时用的软件是绘声绘影，网吧的电脑很不稳定，经常要关机重启，很要命。八九点我去吃了晚饭，准备上夜机剪这个片子，等到10点以后办了夜机，花了一晚上用绘声绘影把片子剪出来，然后传到土豆网上。片子在我们学校校园里还传播了一番，很有意思。后来土豆网升级，好像删掉了。那时很疯狂啊，从下午3点开始到凌晨3点，我从写剧本到拍摄到剪辑全部完成，里面还用了特效。

您的创业过程是怎样的？

我的创业过程有10年了。我2005年9月开始摆地摊卖书，2006年9月我在学校后街开了家书店，一个卖畅销书，一个是租黑皮书，爱看黑皮书的人多，一租一堆，其实那个不赚钱，我是拿店面做其他生意，比如校服、被褥。我的第一桶金是在学校拿的，2007年开学卖校服我赚了15万，后来拿那些钱开网络公司，做了六个月就赔了十几万，后来把那个公司关了开始做广告销售、广告代理，又做广告策划，一直做了很多年，到了2012年转型又回到影视上，“布朗汇”是我做的影视公司。

你第一次做片子的时候是一个人完成的，以后慢慢有了团队。从一个人创业到团队的形成和建设，您自己的角色发生了怎样的变化？

拍过片子的都知道，凡是自己一个人干很多事那都是因为没钱，有钱肯定分给更专业的人，分成板块来做。我们开始没钱，自己做很多事能省钱，编剧自己做，导演自己做，发行自己做。但电影是一个工业化流程，流水线作业，专业程度很高，需要团队作业，协作要特别好。网络大电影的概念出来以后，很多非电影人模糊了电影的概念，电影不是这样玩的，不是七八个人搭个班子拍个七八天就出来一部电影，我敢说他一定不懂电影。学过电影的人都明白，拍电影是有规矩的，它的影像表达、它的色彩、它对情绪的把握和表达等等，镜头语言是非常专业和有高技术含量的。有时第五代第六代导演站出来喊你们懂什么电影，那是因为他们觉得今天的电影不讲艺术规矩了。有些东西我们科班的是要尊重的，你看我的作品绝对和网络电影是不一样的，我是讲规矩的，作为一个电影人的操守等等，我是尊重的，我不会完全乱了，这是我的态度。我个人觉得电影是一个工业化流程，必须要专业的人做专业的事，在你有资金的情况下还是要一个完善的团队去做。但如果你是初期的一个人几个人想去尝试，那你可以身兼数职，这本身也是一个学习的过程，去体验做编剧做导演做后期剪辑，有这样的经历，对每一个岗位有切身的认识，以后做导演做制片人才更得心应手。所以我认为初期拍电影的人每个岗位都可以尝试体会一下，而后面你要做一个好作品的时候一定是专人专位。

《沙井村之恋》初始创意和它的创作过程是什么样的？

《沙井村之恋》是应运而生的。我在西安文理学院上学，对面就是沙井村，学校和沙井村是分不开，就隔了一条马路，学生们都在里面买东西逛街，我当时在里面住了一段时间，毕业以后也在这附近住，大概有6年左右的感情牵绊在里面。我现在还记着那是2010年8月，我当时在公司上班，突然看到腾讯QQ弹窗的一则消息说西安城中村将进行大规模拆迁改造，包括沙井村。当时心里很不是滋味，一个有六年感情的地方突然要被拆掉了，心里就疼了。我有写东西的习惯，我当时一晚上写了一个五六千字的文章叫《沙井村之恋》，分了六个篇章。这个帖子写完了之后我就放在我的空间，我的朋友同学看到了，又有人转到了天涯社区，又转到腾讯大秦网社区里面去了。有一天有人告诉我，我的帖子火了，我上网去看，开始是几十万的阅读量，回复几百条，过了两天这个帖子在网上的阅读量已经过百万了，《沙井村之恋》的网络小说火了。火了之后我自己看评论，有一个人说我也在沙井村住，期待有一天能把我们的故事搬上银幕，我看到这句话之后第一反应就是，我就是干这个的呀。这一下子勾起了我当年学戏文的心，我说这个事要完成也得我来完成，不应该是别人来完成。这就是《沙井村之恋》会拍成电影的引子。

有了这个想法，我开始筹备，我让公司的人先做一个方案出来，如果要做成一个电影我们要怎么弄，怎么定位题材、谁来编本子、怎么推广。策划公司擅长做这个，很快就做好了，做好后我们拿给几个客户看。我有两个客户很有兴趣，他们愿意赞助。我又叫了一个朋友，我们请了《霸王别姬》的制片人，他刚好到西安来了，他看了一下觉得题材也不错。我把他带到沙井村转了一圈，我说你看这是多好的一个小社会，他看了之后也有感触，说这里和当年香港人拍的香港电影《岁月神偷》那条街一样。大家对地域很有感觉，所以说这题材不错可以拍，然后我们就开始着手了，广告也打出去了，开始联系明星，结果呢，这个题材当时非常火，华商报所有媒体都来采访，一下子火起来了，这个事把你逼得不弄都不行，最后就是不管钱够不够，即使借钱也要把这个电影拍了。创作、编剧、营销，之后我们在西安四家影院巡映，我现在还记着是跟着徐峥的《泰囧》同一年，最后又放在网上。这个片子创作过程中是有些商业因素在里面的，有一些赞助商，要避免里面有太多灰色的东西，本来可以拍成纪录式的城中村，但怕在传播过程中出问题，后来就剪成了一个有点抽象的故事。大概是讲沙井村房东的孙子和一对大学生情侣、他们的同学、房客们之间发生的故事。后来反过来看还是很好的，它情感朴实。这个片子在电影院放了三四十场，几乎有20场我都在现场看，每一场结束的时候女孩全都哭了，我们剧组的人虽然知道电影是怎么拍出来的，但看了也哭。前几天我在家里翻出来看了一遍，鼻子一酸，我觉得真实的东西最能打动人。其实不是片子把人看哭了，是在看片子时想起自己的事哭了，这就是共鸣。

那您这几部片子在制片方面有没有比较清晰严谨的一个线索？

有，最早像《沙井村之恋》就是以广告植入来充抵成本。两个赞助商的赞助能达到成本的一半以上，其他部分是我自行投资。我这么多年拍的这四部片子都是自己投资的，没有外来投资人，我拉的广告也好，倒腾的钱也好，都是我自己投的，目前为止我们没有拉一个投资人进来投，当然，我们现在的商业模式已经不局限于广告赞助这一块了，这是最普通的，现在已经有了很多元的方式。网络大电影的赚钱方式，第一是网络分档，第二是广告植入，当然目前也就这两种方式，但是因为地域原因，以及我的行业原因，我可能会有第三第四种盈利模式，那是因为我在这里做了这么多年广告公司、策划公司，我会有延展出来的资源，它们甚至大于广告、网络，所以说我每年都在拍，我还不赔，还赚。如果你换个人这么玩，可能不行，这个东西不是那么简单的。为什么我说扎根本土也有好处，它有很多东西好操作，资源丰富，但如果把我拉到北京，可能就做不起来了。

我本来就不是做艺术片的，我每一部片子都是因商业而诞生的，没有商业我就觉得不对了。企业不创作，利润不行还赔钱，这就有问题了。所以我每做一个事都是在探索一个新的商业模式。陕西有一个问题，第一陕西没有专业的影视院校，第二陕西所有学校里的影视专业都有问题，要么教学生做戏文，要么教学生做表演，或者教学生做摄影，但是通通没有一个配套。你必须开办一个制片管理专业，你拍戏的艺术人才都有了，但是没有一个给你拉赞助的，没有搞投资的人，只有创作的人，没有做商业的人，这都不对。我这几年的经验可以去高校，开一个制片管理方面的选修课，基于线下的小成本电影的制片管理，我告诉你们如何从没钱搞到钱，来拍一部小成本电影，还能赚点钱，我觉得这能作为一个课程在大学里推广，这是我这几年的心得，有机会可以去高校交流。

您是一个善于学习和思考的电影人，那么对于《沙井村之恋》这部电影，结尾的时候沙井村口的那些人都在留恋，每个人感觉都是有一种希冀，那是怎样的一种情感呢？

我不知道90后对城中村的记忆有多深，但我敢保证80后甚至70末这一代人对西安城中村的记忆绝对是刻骨铭心的，因为我认为有一半人或者说外来人口有80%的人应该都和城中村发生过某种联系。城中村和外来人口、打工者、大学生、小商小贩，和“西漂”是没有办法分开的。我在《沙井村之恋》的结尾打了一句话，“沙井村，不是驿站，是故乡。”它是一种精神的符号，因为在我们最穷的日子里，最需要帮助的时候，城中村包容了我们，它给我们提供了低成本的生活，它让我们生存下来，它给我们提供了一些欢乐和一些小幸福，给了我们一个缓冲区，所以我对城中村是非常有感情的，我也是非常感恩城中村的。有人说，在西安，有80后的《沙井村之恋》，90后的《爱情公寓》。大部分90后出来以后知道去住公寓，我们可以三个人合租一个公寓，一个月1500元，一个人是500元，他们追求体验和品质感，70后和80后更多的是追求经济实惠，哪怕简陋一点都没关系，这是生活观的不同。我觉得我们这一代人对城中村的感情是很深的，而这种情感在新一代的人们身上会越来越淡薄。

《大话西漂》这部剧里的人物性格特征都是十分鲜明的，哪个人物是您最欣赏的？

如果大家能够静下心来把《大话西漂》这三集看完的话，就能够看出来我们真的是用了心的，在网络剧、网络电影市场那么杂乱的环境下，我们真是想静心去做一部有温度的网剧。每一集就是在讲一些道理，每一集里讲的这个人，是我们最重要的人物核心。第一集里来自五湖四海的大家相遇在一起，着重描述“漂”的一种状态。从第二集开始，讲的是这几年经济下滑人们的典型心态以及典型的90后职场的情况。我们有一集叫《睡在我上铺的兄弟》，讲的就是90后的兄弟之情、同学之谊，以及他们在职场的情况。我们塑造人物就是老板、90后、90后的面试者，我们觉得这几个人物是我们着重要塑造的，包括里面我提出了一些情怀的东西。总的来说我的片子是以励志为前提，青春加励志，每一部都是。

从《沙井村之恋》到《大话西漂》，在拍摄过程中您创作的变化是什么？

总的来说，我是想尝试各种目前网络上的这些东西。之前拍过《沙井村之恋》84分钟的片子，也拍过《创业也疯狂》90分钟的片子，而且它现在马上要在院线上映，可能再过一个月就要批下来了。很多人都在问《沙井村之恋》的第二部为什么没有上，其实那就是第二部，本来叫《沙井村之恋之××》，后来广电总局把它改成叫《创业也疯狂》，因为里面讲的是一群大学生、一群社会上的人、一群小商贩、个体户在大学周围发生的事。到了《大话西漂》，第一是我没有尝试过网剧这种模式，我们想尝试做网剧，做出来后它的市场反应是什么；第二个就是之前的《沙井村之恋》并没有点明“西漂”，我们就想做一个一直可以延续下去的IP就叫《大话西漂》。《大话西漂》虽然现在只拍了三集，但是我以后可以一直拍下去，一直讲各种各样的故事，可以讲100集，200集都有可能，它就成了我一个固定IP，在这个地方可以发生很多事，而且可以一直把这个故事讲下去，所以每一年我都可以为它去拍上几集，随时有好的故事我们都可以去拍，而且它讲的就是我们西漂的故事，所以我认为它会成为一个商业化的可持续性的IP。

网友对《大话西漂》这部剧褒贬不一，您是怎样看待这些不一样的声音？

首先我声明一下，当下的市场，不管你的作品好还是不好都会有各种声音，我认为这是一个好现象，如果你的作品没有被评论，说明它连看都没人看。这个时代各种各样的声音都要去接受，指望所有网友都肯定你的作品，这是不可能的，也不要指望能有大部分网友肯定你的作品。对于网络电影来说，你只要能让一部分人喜欢，你能把一个七分市场拿下来，从商业角度来看已经成功了。《大话西漂》我给它60分，它公公正正讲述了一个又一个关于西漂的小故事，我们在里面想装的东西太多结果适得其反。我们本来想拍得特别好，它是一个包含笑点、泪点、情怀、哲学、文化于一体的网剧，但后来发现，想把这些东西都表现进去的时候你就捉襟见肘了，为什么呢？你在实际的拍摄过程中会发现很多东西不能以你个人的意愿来做，比如你在创作过程中，导演、编剧、场地设置、演员本身局限性会影响到很多东西，你拿我的《大话西漂》剧本来看，你会发现这剧本挺厉害，而你看完剧后会发现怎么没有拍出我要的那种感觉，其实这就是电影，它里面有很多遗憾。有时你去电影院看电影，会说这电影花了这么多钱怎么拍成这样，你会感觉不好看，把一个剧本变成真正的电影还有一段很长的路要走，不是说本子好就一定能拍好，中间其他因素太多了。电影是一个影视工业化流程，一个螺丝钉没有安好也会影响它最后的质量，所以我认为现在网友的评论其实是一个大数据采集，包括弹幕也是一个大数据采集，我很喜欢看它的原因是针对一个作品看这些评论你会发现它的笑点、槽点在哪里，对于后期的网络剧创作很有帮助，所以每一部作品是在成长，也是在总结经验，它让你下一步的作品更好。

在您拍摄的影视作品中您最满意的是哪一部？为什么？

到现在为止我不认为这几部作品代表的就是我的真实水平。前几部作品通常就是我在做策划、做广告甚至是在房地产营销的这些工作之余，每年留那么一部分时间，比如说到年底了，两个月最多不超过两个半月，

把这部作品连拍带剪带后期。很匆忙，并没有经过特别用心的打磨，不像别人做一个电影的周期有一年、两年、三年，我们创作就是两到三个月，所以它不能代表我的艺术水平。而且通常我们做这些片子都是带了商业运作在里面，并不那么纯粹。但我所有的片子，都有一个指向和旨归，就是做陕西文化的传播者和表达者，我每一部片子和这块土地是分不开的。不管是《沙井村之恋》还是《大话西飘》或是《马到成功》，都讲的是这块土地上的故事，这座城市的故事，但是我认为它还不能代表我的真正水平。今年我们准备专业地做一个基本上还能代表我的水平的，就像《大话西飘之玄奘归来》，这部片子我觉得还能算代表作。

创作对您来说是随心所欲天马行空，还是每个细节都会深思熟虑？您觉得自身最大的潜力是什么？

创意一开始都是天马行空的，再把它们摘洗下来，加一些作料，最后变成一个大餐，在做的过程中一定是非常细致，要讲究刀工和很多技巧。每个人都有自己的特性，我在这四部片子里什么都干，从策划到导演到制片到发行都做，但后来发现一个人的精力是有限的，不可能把什么都做好，如果都想做好那就都做不好。所以我认为我的潜力第一个可能在创意方面，对于剧本的把握、题材的把控，创意编剧这块儿是我不会放弃的。第二个是我干过那么多年的沟通、策划、营销，在商业方面还是比较有心得的。我能做好商业项目的运作。所以，我的潜力集中在编剧加制片人这两个方面，将来你可能能看到王乐涛作品而不是王乐涛导演作品。将来看到王乐涛的作品一定是在商业性上、喜剧性上，或者风格化上很强烈的一种表达。

您对自己今后的作品的期待值高吗？

我对自己的作品没有期待值，只有要求。我对我自己的要求会越来越高。因为你要成长，你给自己定很高的要求和目标，如果能做到八九分就已经比你原来好很多。如果是一个商业电影，商业院线或商业网络院线，那么首先，这个片子一定不能赔钱，你做一个商业电影如果赔钱是对投资人不负责任的；第二，在商业的基础上娱乐大众。这两点是我的要求和目标。

那您的电影梦想是什么?

所谓的电影梦，就是你把它当成你喜欢的事儿去做了，你在做这个事儿的过程中很开心，这本身已经实现了你的梦想。做着自己喜欢的事儿顺便还把钱挣了多好。现在实体经济很疲软、不景气，最好的行业恰恰是影视娱乐业，我现在又在从事这个行业，而且我又是西北最早做新媒体影视的人。在网络上，“网络大电影”这个词在爱奇艺上2014年才有，真正提出是2015年。但是在2012年我就开始做网络大电影了。因为《沙井村之恋》其实是第一部网络大电影，第一部非独立电影。之前把电影分为三种。一种叫院线电影，拿到龙标然后公映。还有一种是不能拿到龙标，也不能在正规渠道传播的长篇独立电影。还有一种就是所谓的微电影。我们当时就做了和这三种都不一样的电影，它既不是先锋性很强的独立电影，也不是微电影，但是它也没有那么快去上院线。我拍出来以后去做区域发行，现在想想那就是网络大电影。所以当时我们跟爱奇艺谈的时候，爱奇艺刚刚推出了分点击率的受益方式，你拿作品内容进来，和爱奇艺一起分点击率。准确地说，当时还不是点击率，当时是爱奇艺才开始推出他的高清会员，还不是现在的付费会员。所以现在回想起来，我们才是最早做网络大电影的人。

您对陕西的文化人比较熟悉，也得到了他们的大力支持吧?

这么多年一直支持我的有几个陕西著名的笑星。像西影演员巴多，他演过《疯狂的赛车》《无人区》《狼图腾》，我的片子他每一部都有出演，完全是私人情感不要片酬。我们是在《沙井村之恋》开始就认识，现在很多演员都到北京发展去了，他就住陕西西安，他对西安的情感很深。

我的《大话西漂》音乐是王建房在做，建房是非常好的音乐人，他也在坚持传播陕西文化，建房这么多年不改口，他和许巍是一代人，让他说普通话不可能，他唱歌全是方言，《大话西漂》我强烈要求唱普通话不能唱方言，他最后还是在里面唱了方言，他说实在忍不住了。王建房一直在坚持陕派摇滚，我一直在坚持陕派新媒体影视，苗阜是坚持陕派相声，啸雷是坚持陕派脱口秀，老郑是坚持陕西乱弹。这群一直在坚持陕西文化的新人旧人，或者是年轻人、老人，都非常不容易。我们也能互相汲取营养，互相学习成长，像王建房、苗阜的一些作品对我们也有启发。复兴陕派文娱，是我们这一代人的使命。前十年中国文化是东北二人转，你看春晚全是东北的东西，然后上海文化符号的人物往出跳，赵本山、周立波，我们陕西这一块除了导演，能够影响到全国的文化性的东西还是太少。我们相信未来十年是我们陕西文化非常好的平台，我们坚信未来十年陕西文化会走在全国的前面。

您提到陕西元素和陕西文化的传播。在全球化的时代，知识建构价值观念越来越有趋同性，比如西安的小伙和纽约的小伙在地域性上越来越消融，共性的东西可能会更多，您对陕西元素的现代化是怎样理解的？

周秦汉唐的文化是可以现代化的，可以讲得现代化，玩得现代化，像秦腔玩成摇滚，把古代的一些东西玩成时尚，这都是现在一种新的现代化的方式。我们现在在做的《大话西漂之玄奘归来》，我们就玩了很多，其实很好玩，把唐朝的东西放在现在就很时尚，同时也传播了唐朝文化。旧史新说、故事新编、文化翻新，或者重新解读、都是一种现代化的过程。说白了还是周秦汉唐的瓦当在那里放着，你是把它拿来盖房还是用来做成一个艺术品，加一些现代元素把它变成时尚的东西，这就看你怎么加工了。我就考虑过把秦腔这个东西，加入一些现代化的元素，包括我们考究一下唐朝的风俗习惯和城市文化，我觉得都挺好玩。总之，做这行就要博采众长，必须要学习，大量去听去涉猎。移动互联网时代世界变成了平的，我昨天听了一个演讲很惊讶，比我小两岁的一个小伙，他做科技机器人，他演讲下来，我的第一反应是就像别人对我说后生可畏，太厉害了。我认为我从大学创业折腾那十年的阅历，十年的创业，十年的创作，我的知识体系，我的词汇量，我的语言系统还是挺发达的，但当那个小伙子讲了一个小时后我觉得我和他有距离，我觉得太厉害了现在这些90后，为什么他的资讯大爆炸，他的体系、他的知识系统，他的很多东西让我立即发现自己在思维上的落伍。我突然意识到危机感。我们现在是以年轻人为师，才能够跟得上这个时代。

您今后在创作中会一直延续陕西元素吗？

我给自己的定义是我是陕西文化的影像表达和传播者。陕西文化的厚重众所周知，它太浩瀚了，不管是历史、文化、旅游还是各种各样民间的文化，太浩瀚了，有这样一个文化土壤，我认为我们一定不能浪费这个资源。陕西导演非常庆幸，你会发现，国际上各大电影节的奖项，80%的获奖者是陕西导演，张艺谋、刁亦男等等，为什么？因为陕西导演有文化自信。陕西人在创作过程中，不自觉地在表达文化，因为这个地方实在是太厚重了。贾平凹先生写的所有的东西，用商洛话看就是纯方言，是我们那儿最土的纯方言，但是翻译成普通话后你去读，一个字就很传神。所以我认为我们的文化是在骨子里的，是传下来的，陕西人的文化自信是这块儿土地赋予的，我很感谢这块儿土地，感谢老祖先，我之后一定会延续陕西的文化，因为它取之不尽，用之不竭，是永远的创作源泉。

对您个人而言从事电影行业最大的收获是什么？

我为什么喜欢电影，因为我是一个特别喜欢表达的人，但是在这样的一个互联网社会，你想通过文字去表达太难了，电影这个载体它能最好、最彻底地表达你的思想，也能最快速地传播。所以我觉得这也是一个能把我的思想、我的想法展现给全国乃至全世界最快的一个途径，我渴望表达也渴望交流。我非常庆幸学这个专业。我在毕业了以后先开策划公司，做广告公司，应该是从2007年开始创业到现在，等于说我2012年开始才回归我的本专业，我很庆幸我又回到了我当初很喜爱的行业。我还记着我学编剧的第一年想做兼职编剧，当时在网上搜，结果我搜遍了整个网络，真正的影视公司在西安不超过三家，而且这三家基本上不会要我们这种学生编剧，我就发现这个行业在西安这片土壤上很薄弱。如果想去西影厂基本就没门儿，因为都是大导演老导演，所以说我当时很茫然，创业好几年后，我又回归，实现了自己当初的梦想。

在目前而言您工作或者艺术创作上最大的困难是什么，或者说最想突破的方面是什么？您认为您作品的独特性是什么？

影视这一块现在是我的主业，转成主业以后我的角色发生了转变，我现在的角色其实更多的是总编剧策划，就是总编剧加总制片人的角色。一个项目我来做评估我来做策划，然后立项，从剧本创意方面来做主创，但是我会让联合编剧团队把这个作品拿出来，我再去拿来资金，再去市场把这个作品做出来并做营销，我现在的角色就是制片人加编剧中心制这样一个角色。新的角色对我来说是突破，也是挑战。我觉得我的作品是接地气的，讲小人物，讲身边的故事，讲这些人和这座城市的关系。

您近期在电影方面有什么计划呢？

最近我们的项目就是《大话西漂》这个IP的一部超级网络大电影，现在很多电影是网络大电影，但是我们这部片子我给它定义是super，是超级网络大电影。我们的投资是现在网络大电影的两到三倍，我们的制作水准已经完全是院线网络大电影的水准，投资额度和演员阵容都已经完全超越了现在市场上的网络大电影，而且情怀表达。故事内容都可以独树一帜。这是我目前，也是我们今年唯一的一个大项目，叫《大话西漂之玄奘归来》。

有没有什么想说的话送给那些跟您当年一样在光影道路上探索的年轻人？

我读大学时我们班里有39个人，现在还在坚持这个行业的加上我有三个人。一个在拍MV，一个是摄影师。这个行业不好走，两个原因，第一个是你学这个专业的时候你的兴趣到底是不是在这儿，还是当时你是被选择。如果你兴趣真在这儿，你才有坚持的前提，这是第一。第二个就是你的定位是什么，你是一个技术性的人员，你就是一个摄影，就把摄影影像掌握好，还是说，我是一个好编剧，我把我的本子写好，还是说我是一个好导演。你得有一个定位，而且在这个定位上你得一直坚持下去，这个行业必须坚持，不坚持，不持之以恒是不可能的，没有那么容易，不是随随便便你就能出来的，一定是需要摸爬滚打的，需要机会，需要你准备好。所以我给比我年龄小的这群人建议，我认为还是先吃饱饭然后再拍东西，这个一定要做到。你得先能立足然后再去求发展，不要想着说我一下子就能成为一个大师，我觉得咱们还是默默地。比如说，你要做个摄影，你就好好地先去当一个摄影助理，跟着大摄影师去跟组，或者和一个公司去学，你必须老老实实至少学上两到三年，你才会选择我到底适不适合做或者我将来要怎么做，就是你必须要用这个手艺在学习的时候去养活自己，然后等你有了这样的技能这样的资本以后你再去想我要干什么，我要去这个行业更深入的组，还是我要转行，还是我要去创造工作室，我认为必须要先立足后发展。对国家的大众创业，万众创新这个政策，我认为很好，但是对于大学生，尤其是刚毕业的大学生来说，我认为最好还是先去跟别人学，然后再创业，这样成功概率能高一点儿。所以我希望大家还是要志存高远、脚踏实地。

肖　月

（青年制片人）

1979年，出生于陕西兴平。

2008年，毕业于中国传媒大学新闻专业。

2001年，入职陕西广播电视台任记者，编辑。

2015年，创办陕西胡桃夹子影视公司，任总经理。

2015年，出品《青春喂了狗1》。

2015年，出品《古墓凶铃》。

2016年，出品《青春喂了狗之不一样的烟火》，获第四届温哥华华语电影节“红枫叶”奖最佳男演员奖。

在“满世界流浪”和电影之间

谈谈您出生的地方吧，您最直观的感受是什么？小时候的见闻和兴趣爱好对您现在的影响是什么？

我是在兴平出生，西安长大的。我父母是知青，插队在长武县，工作就分到兴平的柴油机厂。因为那边没有亲戚朋友，我父母上班也特别忙，我就被带回西安，在奶奶爷爷和姥姥姥爷家长大。我姥姥和奶奶家离得很近，一个在南门外，一个在南门里。我小时候经常去城墙、城隍庙玩。我妈是语文老师，所以我语文学得最好，也喜欢历史，但数学从来不及格。因为喜欢历史，所以我现在特别想拍古装戏。我小时候特别喜欢写作文，想当作家。我一直觉得人的想象力来源于见识，所以从小的梦想就是周游世界，多见识见识。我小时候性格和现在完全相反，特别不爱说话，而且几乎从来不笑，属于特别冷的人，我的邻居也常说这个孩子不爱笑。而且我特别爱脸红。后来因为当了记者，每天都要出门采访，而且采访对象什么样的人都有，没办法不交流。可能因为和这个工作有关，性格稍微开朗了一些，愿意和人交流了。

爱读书但同时又特别内向的性格对您日后的工作选择有没有潜移默化的影响?

其实，有时候很多东西说不清楚，我是顺其自然被推着走的那种人。小时候我说话比较早，我妈就让我学古诗，我是我们班能背诵古诗最多的人，虽然不知道是什么意思，但可以一次背四五十首。而且那时候我妈教我写字，在牙膏盒子上写，加上背唐诗三百首，看书看得最多。我五年级开始学钢琴，那年要考音乐学院附中，但我骨折了，就没考成。学毛笔字，也没有坚持下来。我数学又特别差，实在没有办法，就只能学文了。初中毕业我就开始上预科，我没有上过高中，因为数学经常考二三十分，太差，上预科就不用学数学了，就学语文、英语这些。后来上了西北大学的大专，报的是新闻专业。当时觉得新闻也是和写作有关，比较有意思。记者是无冕之王，挺风光的，而且应该离我周游世界的梦想更近一些。而且我性格太内向了，一说话就脸红，学新闻可能对性格能有一些改变吧，所以就选了这个专业，工作了几年之后又去读了中国传媒大学的本科。

很多人在青春期都特别叛逆，对您来说有没有叛逆？或者您的青春期是什么样的?

我基本上没有叛逆过，我的童年和青春期特别没意思，想不起来有什么好玩的。因为从小我妈就觉得我长得特别好看，虽然她没跟我说过，所以老给我穿特别难看的衣服，我从小都没有留过长头发，一直是齐耳的那种短发，衣服也一直很普通，简直是难看的那种，这个问题我一直纠结了很久，一直到20多岁，我才开始第一次留长头发。我也问她为什么别的女孩都穿那么好看的裙子，为什么我记忆中最好看的裙子也是我一个阿姨在上海带回来的，她从来没给我买过。洋娃娃也很少买，记忆中都是爷爷和爸爸买过，妈妈从来不主动买，玩具也比较少。后来我妈给我的回答是：女孩嘛，又长得比较好看，害怕打扮得好看就比较出众，会危险。我就回答我妈：你对自己的女儿也太有自信了。

童年喜欢写东西，看书，有周游世界的梦想。后来这个梦想有没有什么变化呢？

我初中的时候，就是其他小孩可能比较叛逆的时候，因为我语文学得特别好，我的语文老师特别喜欢我。小学的时候我的作文老师都会念，我就在作文本上拿红笔画上颜色，这样老师进来我就能看到有没有我的作文要念。我从小就特别怕上体育课，只要有体育课我就觉得我活不下去了。有节体育课我们跳山羊，我特别害怕，但跳着跳着就觉得太好玩了，老师走了我们就继续跳，后来就摔下去了，骨折了。我小学的时候开始看《红楼梦》，第一遍根本看不懂，被迫看的，很痛苦，后来上初中放暑假，我又看了，觉得很有意思，紧接着又看了一遍，一共三遍，我发现这个书太好看了。初中的时候看了很多三毛的书，那时候三毛比较火，就把她当时出的书都看了一遍，当时我的理想就是捡破烂或者冬天卖烤红薯，夏天卖冰棍，特别想做小买卖，满世界去流浪。新加坡有个作家叫尤金，我也看了他的书，二三十岁的时候，我去有的地方有一种似曾相识的感觉，后来我想了一下，其实就是在他的书里看到这些地方。不过到今天，我周游世界的梦想依然没有变。

您有几乎15年的时间在从事记者这个职业，您去陕西电视台工作的机缘是什么？

我是我们班找工作最晚的。我学了新闻，但当时觉得自己不是很适合做这份工作，就在家里待着。这时候我所有的同学都工作了，在《华商报》《西安晚报》、西安电视台的，等等。但当时没有人在陕西电视台。有一天，我从广电中心路过的时候觉得，这个楼挺高，如果在这上班也挺好的，刚好那时候陕西电视台在招聘，我就去了，后来就开始实习。当时比较好的是我的很多同学已经在媒体工作了，所以我的线索特别多，我记得那时候新闻中心只有四五个女记者，我的出片量特别大，基本上每天一条，很快就留下了，两个多月就转成部聘，半年就签了台聘。当时干得如火如荼，特别起劲，虽然很多时候不能按时吃饭，也根本没有节假日和周末，所有假期我们肯定在工作岗位。但当时觉得实在太有意思了，因为每天见的人都不一样，经常要采访生离死别的场景，也要去采访一些很危险的事情，胆子也慢慢变大了，所以觉得这个专业是选对了。

您做记者这么多年，有没有特别深刻的事件或者采访对象？记者这个职业本身给您带来了一些什么？

太多了。有一年有一个小伙子因为彩票的事要跳楼，特别轰动，我们刚一走，那个人就跳了。还有个老头很多年一直在告彩票有假，我们采访他的时候他说我特别感谢这个要跳楼的人，如果没有他永远也没有人相信我说的话。当时我觉得这个世界上居然有这样的人，在做一件对自己完全没有好处的事，他豁出命去告，写了很多材料放在自己家抽屉里，有人要报复他，要撞他，他就说如果撞了我，警察就会来我家调查，就会看到我写的东西，我采访时哭得稀里哗啦，印象特别深。非典的时候，我有同事要去八院采访，采访之后被隔离，我采访了陕西第一个被发现的媒体非典患者，他是中央七套的记者，已经被治好了，我离他特别近，能看到他的眼睛是黄的，我身后的记者提醒我离他远一点。非典时期我们去西江采访，回来的火车上领导打电话说不要来上班了，自己在家隔离，当时是四月二十几号，西安已经发现病例了，当时我特别不安，觉得大家都在战斗，我在家隔离。还有一次有个人骑摩托车带人，在思源学院附近掉进了一个深坑，我们赶过去采访时，那两个人刚刚被抬上消防车，我看到那个人的胳膊动了一下，好像还说了一句什么。第二天晚上我们再去纺织城医院，医生告诉我们这个人已经不在了，那时候印象特别深，一下觉得原来生死就这么一瞬间。做记者六年，这些时间大部分都在思考，我到底要不要继续做。后来就去了陕西电视台三套，在《乐陶陶》当编导，稍微轻松一些，终于有周末了，刚开始很不适应，到下班时间我就问：真的可以走了吗？人家说：对啊，可以走了啊。到周末我又问：真的不用来上班吗？人家说：对啊，不用来啊。后来在三套待了七年。

做记者的时候太年轻，我回想了一下，现在让我再回去做记者，我可能会好很多，因为那时候很多东西都不懂。早上开完会要去采访，中午12点就要播出，采访，写稿子，找主任签字，找播音员配音，剪辑，上字幕和包装，特别紧张。时间完全不是自己的，好像被推到一个地方，像陀螺一样，不停地转，不管你明天想干什么，明天你都得出现在新闻现场。所以当时我就想，这个职业我不要做太长时间，这样我就不能做我自己想做的事。因为我当时的理想是周游世界。当时就有想辞职的想法，一想就想了好几年。后来我看了韩寒电影制片人方励的演讲，受了很大的影响。想干什么现在就要去干，不然真的来不及了。从那天起我就跟领导说我要辞职，但那个工作岗位不能缺人，我就开始找对这个岗位有兴趣的人，后来有人顶替我，我就辞职了。

胡桃夹子影视公司的命名是怎么考虑的？每个人在生活中的经历可能会影响人生的选择，一路走来有什么事对您现在的个人意识影响比较大？或者您一路的经历有没有什么感悟？

小时候我舅舅从上海给我买回来一个胡桃夹子，我就知道了这个故事，觉得胡桃夹子保护小女孩，特别勇敢。我想很多人也知道这个故事，起这个名字也比较容易让人记住。

我后来的爱人对我影响比较大。因为做新闻，一直找不着对象，我一直单身。《平凡的世界》里演二爸的朱辉，是我一个特别好的朋友，他有一次跟我说，咱们拍《都市碎戏》吧，当时这部戏刚出，我说好。他就跟我说咱们的摄影师特别优秀，是《金粉世家》的摄影，然后我就写了剧本，给他找了演员。但是要拍的时候，两个演员忽然说来不了，我没办法，晚上我就赶紧给我朋友打电话，问他能不能来当男演员，他说可以，我说好，第二天我就自己演了女主角，我爱人就是摄影，我们就这样认识了。我和我爱人刚认识没多久，他就拍戏去了，我们挺有好感的，就保持联系，后来就成了。我俩谈恋爱最后一个知道的是朱辉，他根本没想到。我2006年2月认识我爱人，07年领证，08年结婚，因为他一直在这个行业里，很多东西是从他那里学的。现在我的身份是制片人，但我其实是完全没有经验的。后来的经验，就是这么多年来去我爱人的剧组探班学到的。他的每部戏我都会去探班，刚开始完全不懂，我觉得组里的人太多了，这些人感觉没什么事干。后来去的多了，就发现其实每个人的岗位都不能缺少。我就一部戏看懂一些，每次能了解一个部门，慢慢就了解得比较清楚。

我特别小的时候看过一本尼采的书，我就记住了一句话：人宁可追求虚无也不能无所追求，所以那时候我就想，必须要得追求一点什么东西。我周围的这些行业，选来选去我觉得只有电影可以把我想象的很多东西变成现实，呈现出来，还可以跟人分享。我刚跟我爱人认识的时候，就在网上搜他的名字，搜到他是《天堂的眼睛》副摄影，我就想，原来是这样，中国电影史会把这些人的名字都记录进去，我就觉得这件事特别有意义。2013年的时候我有个朋友要拍腾讯定制的网络剧，他就说要不我把片子交给你做，也不是很大，大概200多万。我就说，那我就试试。后来我问我爱人，他说没什么不能弄的，我可以把班子给你搭起来，你其实什么也不用懂就能弄。后来我就拍了个网络剧，叫《诛三计》。当时在网上的点击率大概有七千万，每天点击率大概二百多万。《诛三计》拍了整整三个多月，前期的剧本，到找导演，是我来做，制作是我爱人给我搭的班子，是他这么多年积累的关系。快开机的时候，所有人都从全国各地来了，我们就在西安找酒店，找厨师，给所有演员订机票，就把这件事做了。这算是我拍的第一部片子，拍完之后就开了胡桃夹子影视。人有时候随波逐流挺好的，时势造英雄。我觉得我干不了这件事，根本就不懂，但居然就把这件事干成了。这让我很多专业搞制片的朋友都很震惊。无知者无畏吧，但要长久地走下去，我还需要更加努力。

您觉得之前的情感选择，和之后的家庭生活，包括您的工作、事业，都是有联系的吗？

我觉得都是天注定。我最小的时候理想是当演员，后来牙齿长得特别不整齐，我妈从我十岁左右到处带着我，要给我箍牙，但她后来觉得很疼，就没弄这件事。当演员也就没什么希望了，这件事就这么算了。后来每次去组里探班，经常客串，导演说你从这边划过一下，我就划过，算是圆了小时候的演员梦。遇到我爱人，他就是做这一行的，又和我的理想有点接近。两个人谈恋爱的时候，暧昧的时间长一点。组成家庭之后，当时的浪漫就慢慢消磨掉了。不过我们俩好的一点是，他长期不在，所以每次见到他，都有熟悉的陌生人这样的感觉。这种感觉也挺好的。我跟他在一块之后，我们家很多大事都是他说了算，基本上他来把控我们家的方向。他说该买房了，我就买了。他说该买车了，也就这么买了。他说你可以开公司了，可以辞职了，虽然当时我没有听，但我后来都听他的了。我爱人是我做这一行的最大动力，我不做这一行，我们俩的共同语言就会越来越少。我做了这个之后，我们能够真正地志趣相投。总之，兴趣加上机缘，让我成为今天的我。

所以我特别感激我的爱人和他的朋友们，滕华涛导演、曹盾导演、成强导演，等等。我这么小的片子只要是需要他们帮忙，他们总是尽己所能。《青春喂了狗》选演员的时候，成强导演帮我介绍了北京电影学院的老师，也给我介绍了他觉得不错的演员和艺考生，一个角色我可能要见几十个人，给了我很大的范围。所以这部片子我选的演员都比较满意，播出之后对演员的反馈也比较好。我挺感激他们的。

您做电影电视剧，在风格和题材上有没有什么偏好？

我完全是随心所欲。题材也是，现在拍青春片，接下来拍惊悚片。因为我从来不看惊悚和恐怖，我小时候看过最恐怖的片子就是《夜半歌声》，很多年都忘不了，特别胆小。后来我爱人就说，你可以拍个惊悚片，以后你就再也不会害怕惊悚片了。我说好，刚好网络大电影这两年

发展得比较快，类似题材挺热门的，就拍了，拍完以后我就真的不怕了。我自己最喜欢爱情题材，一直想拍一部关于暧昧、暗恋的片子。但现在市场上纯爱的片子票房不好，所以还要考虑。如果要拍爱情，我还是想做成喜剧类型的。我自己对电影了解得还不是特别深。没有接触这个行业之前，很多人说这个圈子很乱。后来认识了我爱人，去我爱人组里探班，也认识了一些导演，比如毛卫宁导演、滕华涛导演、曹盾导演、李俊导演等，其实每个圈子里可能都有人不好，但也有人特别正直。比如滕华涛导演，我觉得他特别正直、特别善良；毛卫宁导演也是，所以我对这个行业非常有信心。能在这个领域有一席之地的人，真的是通过自己的努力，真的很专业。

从新闻到电影、电视剧，不论风格、表现形式都不太一样，您怎么看待您工作上的转变？

我现在完全是个学生，现在这个行业很多都是80后、90后的年轻人在做，我跟他们一起工作，态度特别好，把自己位置放得特别低，别人虽然小，但入行比我早多了，我现在完全是从头开始学。我之前做新闻工作形成了一种思维模式，每天思考，一天想三遍。比如这件事我应

谢谢你，走进我的梦想里
青狗之不一样的烟火
导演 欧潭凯
GONE FOR NOTHING-UNIQUENESS
VIP会员免费观看
恋在半夏 呼啸青春
腾讯视频 西湖桃夹子文化传播有限公司
西湖桃夹子文化传播有限公司
秦语 王祖怀 苗苗 王川一 关畅 纪剑桥
赵魏 周小玲
腾讯视频
V.QQ.COM

该怎么做，这样做对不对，别人会不会因为我的态度不跟我合作，等等。这样的思维模式对我今天的工作也很有帮助。现在时间比较自由，反而觉得比以前更忙，因为这是自己的理想，如果今天没有干出来什么事，我就觉得时间被浪费了，特别内疚。我常常觉得自己老了，入行太晚，如果早点开始，现在就能更从容，所以一个人有什么想法就要赶快实施，不要一直想，一想时机就错过了。

影视剧制作中担任制片，您是怎么看待制片人这个角色和影视作品之间的关系的？

影视作品除了是导演的作品之外，应该还有制片人气质。一部片子做出来，就像一个人一样，这个人一定要心灵特别纯净，眼神才会特别清澈。我的朋友陈祉希，是中国最美制片人，出品过《泰囧》《心花怒放》《唐人街探案》，等等。她出品的片子有她独特的气质在里面。我希望我们的片子里也能有我的气质。虽然我现在做过的片子不多，但像我们帮残联做过片子《听说》那样，公益，正能量，能够感受到一种朴素的幸福，这就够了。我现在觉得片子要拍出来好看，剧本必须非常扎实，编剧、导演、演员、美术等元素非常重要。我的片子也会在这些方面着力多下功夫。

《诛三计》《青春喂了狗》都是青春题材，您在题材选择上主要是出于对市场的考量吗？

因为现在刚刚起步，所以先要考虑市场，等到资金充足了，才能想拍什么就拍什么。我特别想拍三毛，这可能属于情怀了，如果以后时机成熟了我肯定会拍，但现在还是得先拍一些迎合市场的东西。我是一点也不喜欢惊悚片的，但它的市场可能好一些。《锁铃》就是惊悚和轻喜两种元素的碰撞和融合，现在很少有人做这种类型，所以就决定拍了。所以到目前为止还是在迎合市场需求的阶段，等到有一定的积累之后再做自我情怀的表达。

《海上牧云记》的纪录片也是您的团队制作的，您涉及了网剧、电视剧、电影，这部作品又是纪录片，涉及面很广，您觉得您更倾向于哪种类型？

当然是电影，每个人都想做电影。比如滕华涛导演，他拍《蜗居》《裸婚时代》《王贵与安娜》都很成功，一定程度上引领了当时的电视剧风气。他拍《浮沉》的时候就说，再不想拍电视剧了。因为几乎所有的导演都想做电影。我和电影之间的关系就是缘分。我很珍惜这种缘分，所以我的片子里，每次都会想办法做些不一样的东西，比如《诛三计》里，我找了一个做服装的朋友提供了一百多套服装，每个女演员在戏里不停地换衣服，片子出来就有很多人在下面问，衣服在哪里买的。我觉得这样也挺成功的，起码让观众记住了一些东西。我还想在片子里加入自己原创的歌曲，等等。就好比大部分作家的作品里都

有自己的影子，电影里也有导演的影子。《青春喂了狗》里的很多东西也是我强行加进去的，不顾导演的反对。我比较喜欢在片子里植入一个道具。当时拍《失恋三十三天》，我就跟滕华涛导演说，你们能不能弄一个道具，这样很多人看过这个片子，都会去买这个道具，摆在家里就能想到这部片子，他后来就弄了猫小贱。他拍《蜗居》里也有梦游娃娃，其实是滕导去日本买的，在淘宝后来也卖得特别火。我在《青春喂了狗》里也植入了一个，是我在威尼斯小店里买的。自己的情怀，可以在电影里展示，跟更多人分享，这种感觉很过瘾。植入道具，其实就是想让观众看到这个东西就想到片子，但后来导演居然没有给道具拍特写，但没办法，来不及补拍了，挺遗憾的。所以电影就像装修一样，没法完全满意。

您觉得文字与影像的转变过程中，怎样才能把内容表现得更好？

文字能表达的东西，很多细微的地方影像是表达不出来的，所以一部影视作品能把原著80%的精华拍出来就已经很不容易了，文学的艺术性在影像中会流失很多。所以把文字拍成影视作品，对导演功力的要求非常高。我非常想拍三毛的东西，因为我从小就看她的书。想拍她生命中最好的那一段。我有一个西班牙的朋友，说他回去找编剧已经开始写了，但我觉得拍这个没有那么容易。但人总要有理想嘛，先想着，说不定就成了。

目前很多影视公司都在开发IP，也有很多改变成功的案例。但IP的兴起也让人容易忽略原创，这两者您更偏向哪个？

我还是更看重原创。例如《青春喂了狗》是我们的原创IP。2014年我一个朋友跟我讲了自己的原创故事，我觉得特别好，就把它写成了剧本，拿到电影处，大概一个月就拿到了拍摄许可。曹盾导演当时就表示对这个剧本特别有兴趣，他要来导这部戏，但他后来就没档期了，一直没有时间拍。今年我得重新申报再拍。虽然原创的东西有时候和市场不是特别匹配，但我会在前期筹备时尽量去规避和调整，例如看剧本的时候我会和导演讨论，把我觉得不合适的东西去掉，我们就像辩论一样，大家各抒己见，在碰撞的过程中那些不好的东西就会被拿掉。我是做新闻出身的，有些内容在我这里就过不了关，所以会提前在剧本阶段就把这样的内容删去。影视作品毕竟有引导的作用，应该多一些正能量的东西。

您觉得怎样的方式能达到您的理想和定位？

一步一步来，稳扎稳打。下一步想做一部电影。如果有机会再做一个电视剧。当然，我还有其他的人生规划没有完成。我的梦想是周游世界，现在还有好多地方没有去。我今年37岁了，还没有生小孩，这个事情也很重要。

这个行业有很多年轻人刚入行，会遇到很多困难，这些困难可能是您遇到过的，您有没有什么建议？

我觉得人在年轻的时候应该多结交一些和你志趣相投的朋友，但必须要人品正直善良。因为最后留下来的朋友很多都是年轻时认识的，因为那时候没有什么利益，都是真实真诚的。

多交朋友，真诚地对待别人。踏实一点，不要眼高手低，要好好积累。

这个问题比较大，我现在的事业刚刚起步，还不到总结的时候。今年我自己和自己对话的时候，觉得自己已经过了赚钱谋生的阶段了。现在考虑的是希望在创作中能尽量表达出自己想要表达的意识，要有品质，要重新挖掘刚开始入行时的状态。如果有西部题材的，我当然很乐意去做，一来是文化的东西、厚重的东西我很感兴趣。二是我觉得在家乡拍片子总归比较亲切。但说到“厚重”这个概念，应该一分为二去看，它同样可以有很现代化的表达。我不想拍俗气的东西，相同的题材我可能会处理得比较现代化一些，还是希望自己的作品不刻意迎合和贴近什么，希望它是以不同的方式展现出我个人的一种调性。当然很多东西也是不能强加给观众，导演和观众的喜好要达到平衡，就像我们需要在娱乐和品质中间达到统一，这应该是追求的一个目标。

拍摄于2008年的《糖果》是您个人的第一部独立短片，当时拍摄是怎样的一个背景？

《糖果》是很简单的一次作业练习，那时候是大二，第一次下乡的写生课，地点是青木川。老师要求每个人必须报一个题目，然后写剧本，每个人都要经历一个创作的流程。班里形成了很多不同的小组。我去青木川之前给老师报过很多选题，但总觉得故事不够好，就不停地否决自己。很多小组的选题都过了，我属于被孤立出去的状态。一个人，没有团队，选题也没有准备好，到那里以后就没法开始拍。我当时觉得首先得搞定这个故事，就返回去想故事。《糖果》这个故事的情感来自于我和我姐姐。记得有一次，我姐姐在学校受委屈了，回到家里就哭，也不吃饭。我也没有办法劝她，就偷偷拿了我妈的钱，去街道上买了一包糖，放到我姐枕头底下。后来被我妈妈发现还被教训了一顿。长大以后我姐

最大的收获是什么？对于独立作品的创作，您认为专业性和天赋哪个更加重要？

我上大学以前就喜欢看片子，受古惑仔影响比较多。那时候还知道第五代导演。其实那个时候的学生生活很刻板，但我家里给我提供了一些条件，让我能买到、看到一些新鲜的玩意。比如流行歌曲磁带、光碟等等。本科对我的影响还是很大的，本科阶段的学习是一种基础，帮助我去实现我的梦。我是上大学的时候开始特别勤奋，会主动地、提前地学习，去创造机会。因为私下有专业方面的积累，所以那时候我在班上算得上是好学生。现在回想起大一时候的作业，都能感受到用心的程度。当时为了拍一条雪戏，专门找人拉了一箱泡沫，还让爸妈从家里拉着发电机到街道上，不断拍反复拍。前一天拍完，就迫不及待地连夜把它剪好。当时学校的硬件设施不是很好，我自己凑钱去买设备。还夸下海口说大学毕业前要拍够十部片子，最后我达到了这个目标。从那时候开始我在专业上是很要强的。虽然技巧弱，但现在再让我去做的话，拍摄条件、资金、团队都比那时候好起来了，但真的不一定比那时候的状态好。专业和天赋这个东西从现在来讲很难说得清楚，因为有太多东西分散你的精力，制约的因素也太多太庞杂。现在往往没办法像以前那么专注和简单地去思考，这也是我要检讨的地方。所以，我总拿一句话激励自己“当你坚持不下去了，就想想最初”。

很多电影创作者都有所谓的“寻根性”。在您的作品中，有对西部贫困地区生存状态表述的纪录片、公益广告等，包括一些您独立短片中的取材以及背景都和中西部有所贴近，那么您认为这是主观上有预判的“寻根”吗？

我的观看之道

张　辉

（摄影家、摄影教育家）

1970年11月生于西安。教授、硕士生导师；西安理工大学艺术与设计学院影像动画系主任。中国摄影家协会会员；中国电影家协会新媒体委员会理事；陕西高校摄影学会副主席；陕西高校摄影学会教育委员会常务副主任；陕西省人文地理摄影协会副会长；西安市青年摄影家协会副主席；西安市美术家协会理事；雅昌艺术梦想大使。

2016年4月获得索尼世界摄影二等奖；2015及2013年分别获得25届、24届全国摄影艺术优秀奖；2012年2月获得国家教育部颁发的指导教师一等奖二项；2009年10月获得由全国高校摄影联合会、中国高教学会摄影教育专委会颁发的“中国摄影教育优秀教学奖”；2011年1月获得陕西省文学艺术联合会、陕西省摄影家协会颁发的两年一届唯一的“陕西摄影奖——教育奖”；2009年获得陕西省第十四届摄影艺术展一等奖，同年被中国电子视像行业协会聘为特邀专家。

20余篇学术论文及数幅艺术作品专版发表于《文艺研究》《美术》《中国摄影》《美术文献》《中国摄影报》《人民摄影》等国内各专业期刊、杂志报纸。在中国水利水电出版社、中国铁道出版社、陕西人民美术出版社等出版《近景·十年》《大学摄影教程》《数码单反摄影实用指南》《存在——张辉影像作品集》《石膏头像》。2016年主持陕西省社科艺术学重点项目《多维度影像及新媒介在文化遗产保护中的应用研究——以唐十八陵为例》；2016年完成国家文化部科技创新项目《陕西唐十八陵雕塑数字化研究》；2013年完成陕西省社科艺术学重点项目《中国当代传统摄影印相工艺的传承与发展研究》。多次在连州国际摄影年展、平遥国际摄影大展、大理国际影会中举办个展，参加国内外艺术展览30余次；前往美国、日本、韩国以及平遥、大理、西安等地策划组织艺术展览《再出发》《近景·十年》《挚守传统的涅槃》《近景》《存在与现实》《西安理工大学师生作品展览》等。作品被广东美术馆、美术文献艺术中心、丽水影像博物馆、陕西汉唐石刻博物馆及个人收藏。

废墟上的理想之城

您的摄影作品以人文历史题材居多，您为什么选择这类题材进行创作？

这跟我本身的生存环境有关。美国著名剧作家霍顿福特说，做艺术首先要懂得艺术的历史，了解这个艺术；其次要加入当代的，和现在、和你周围的世界相关的元素；最后，还要有你自己的根脉，有你自己的生活。我的作品创作和我自己的生活息息相关。我从小生活在西安，如果我没在西安，在一个像深圳、广州这样的现代化的城市，可能我对于艺术的自我认知的判断就会有一定的区别。我出生并成长在西安，从小就喜欢在城墙上走一走，跟小朋友聊一聊唐代、隋代大概是什么样的，从小就喜欢历史喜欢文化，这些到现在一直在影响我的创作方向。

从您的作品中能看出您也是一位历史爱好者，您最喜欢中国的哪一段历史？您刚也谈到了唐代跟隋代，这是你最喜欢的历史阶段吗？

是的，我喜欢这段历史还是跟从小的经历有关。从小我就喜欢听评书，喜欢《隋唐演义》。随着对生活的了解，对于文化和历史的认识，我就开始去研究隋唐的文化。你会发现，除了汉代对于传统文化的影响以外，实际上中国传统文化中，最辉煌的一个阶段是在唐代，而唐代又跟我生活的地域紧密相连，所以我最喜欢的也是唐代，尤其是唐代的历史，唐代的文化。

我们知道您是陕西本土的一位摄影家，您眼中的陕西是什么样的？

对于我来说它就是故乡，虽然我祖籍不是陕西，但在西安生，西安长。虽然曾经在大学毕业后短暂地离开过，但仅仅是一年的时间，我应该是地地道道的陕西人。所以我对陕西的这片土地有一股眷恋，我走到哪儿我都会想吃陕西的羊肉泡馍，想回到西安的四方城之中，想跟西安有关的唐十八陵明十三陵、北京有明十三陵，西安也有明十三陵、这种厚重的文化和生活，就是我的故乡，是我对于文化、故土的眷恋。

您刚才谈到了陕西对于您来说是一个故乡，是文化上的一个原乡，一份眷念，当然您选择的还是关中这个地方比较多，是因为陕南和陕北的文化形态跟关中有很大的差别吗？还是出于其他别的因素的考虑？

主要是因为我生长在关中，我的根脉在这儿，我的生活在这儿。我进入摄影这个领域，实际上是因为我是搞版画的。搞版画需要出去采风，拍大量的照片，拿这些照片回来再整理，再来做版画，所以在做版画的时候，我对摄影有了一些初步的了解，于是我到西藏，到甘肃去采风时，拍了很多照片。我印象非常深，有一次我应聘一个网站的签约摄影师，我把一些西藏的、甘南的拉卜楞寺的照片给他们发过去。网站的人看完作品就给我打了个电话，是个女的，年龄也不大，她告诉我你能不能拍拍你身边的人，拍拍和你自己相关，和你个体相关的，也就是栗宪庭先生说的生存体验，你的个人生存体验到底是什么。你的生活是在西藏吗？你的生活实际上就是在关中这个地区，你对关中最了解，你能不能拍一些你最了解的，和你身边相关的一些东西。这些话对我的启发还是蛮大的，我当时就想我为什么一定要到西藏去，那里蓝天白云好像跟我没多大的关系。

对于本土的摄影师走到异文化的环境中，您有什么看法吗？如果是您您会选择这样做吗？

我不太会。因为我也出去了很多趟，多数是用手机拍照，也许我的照片的构图、形式、画面特别好，但是我不太了解这些文化。当然像李泛老师他不一样，比如他去孟加拉、印度、对于他想要拍摄的主题、文化，他会有一个深刻的了解。李泛老师在中国的摄影界是一个很独特的人，很少有人像他这么勤奋，所以对于李泛老师来说，它不仅仅是构图、形式、画面，他是真正去了解这个文化。我今天看鲍昆老师的微信，鲍老师就说审美特别害人，尤其在摄影上面，你拍花，拍人，最多是让别人看到这个摄影师了解景深，了解构图，仅此而已。但是摄影师到底阐述的是什么？当然鲍昆老师也说，他也是从这种拍美女拍花拍人物一步一步走过来的。我也一样，刚开始特别热衷于景深，热衷于构图，热衷于蓝天白云，热衷于美女脸上很光滑的反差，但是走着走着就逐渐地更加关注人文关注历史，关注现代文化，关注当代跟自己紧密相关的事物。

您对摄影的态度是什么？

对于摄影的态度很难用非常准确的语言去表述。对于摄影本身来说，它不是一种简单的记录，近一二十年以来，摄影跟当代艺术如国画、油画结合得非常紧密。像苏珊·桑塔格说的，摄影不是记录。摄影是一个自我态度的表达，是对于当代文化的一个反思，是对现实的一种考量。处于当代艺术语境下的摄影，一定要有一个非常明确的立场。在作品中能够看到创作者的文化立场和艺术态度的表达，这很重要。尤其是在今天这样的数字化时代、手机时代，每个人拿手机都可以记录，所以简单地按照以前老的方式来记录生活，已经不是当代艺术语境下，摄影发展的一种方向了。

您不仅是一位摄影家，还是一位摄影的教育者，对于这两个身份，您自己更喜欢哪一个？

对我来说，这两种身份很难割裂开来，但如果硬要割裂的话，我自己更喜欢的还是教师这个身份，因为教师是我的本职工作。有的教师会认为教师的主业是教学，搞创作是其次的，我认为这个观念也是有很大问题的。如果说教师本身的业务水平很低，审美意识，对于文化的看法和艺术态度、文化立场和你的生存体验完全没有关系，如果教师本身对于艺术不了解，你如何去以一个更高的起点跟学生进行相互的探讨、相互学习？实际上，我跟学生的相互关系就是相互学习，教学相长，我有很多是向学生学习的，大家在一起共同探讨某些事情，因此我认为艺术家的身份和教师的身份绝对是交织的。你的艺术家的身份越加的明确、明显，那你所拥有的知识，你所拥有的对艺术的看法和态度才能够跟学生相互探讨和学习。大学四年的学习是非常短暂的，你的文化知识和文化积淀还是非常少的，总是以大学那点知识再来教授现在的大学生，或者以研究生或者博士生的那点知识好像还不够，所以师生始终应该共同进步，学生在进步同时老师也应该进步。

现在的摄影教育中，以理工大学为例，您认为还有什么缺陷吗？您有什么好的建议吗？

缺陷还是有。大学现在讲究就业率，讲究知识的传授，要让学生学习某门技术，似乎有了技术以后就能解决学生的就业问题了，但是做过耶鲁大学校长的美国教育家理查德·莱尔说，作为大学，如果仅仅是教你某些知识和技术，是失败的。大学，一定要教给学生一种批判性的独立意识，独立看待某个问题，并且是批判性地看某些问题，学习一种学习的方式。大学不是说要教你学习某些知识而是教给你终身学习的一个方法，以后学习，你的态度是什么，你的方法是什么，等等。锻炼培养一个具有健全独立人格的大学生，一个具有批判性前沿的独立的思考意识的大学生，这是大学的任务。所以摄影教育，绝不应该仅仅停留在摄影方向。这样培养出来的学生，未来不做摄影，可以做其他文化，甚至当煤老板也可以，但是他做煤老板的时候就会有特别强烈的，对文化的态度、认识，这个时候他的企业对于社会的贡献上，可能就会有更新的认识。对于现在我们理工大摄影专业的学生来说，他们的毕业创作我们一直在主导一个方向，一定要现实化，一定要当代化，一定要和自我的生活和当代的生活紧密地结合在一起，这也是我们坚持这么多年的原因，我们能够逐步地为大家所熟知，逐步在国内甚至在国际的舞台上崭露头角的一个原因。比如贺延光等摄影家来我们这儿看展览，他们非常惊讶的是在西北偏居一隅的地方，理工大学的摄影专业还能够有一批人关注当代，关注现实文化，关注生活。因此我们在坚持这么多年后，让大家逐步开始对我们认可，跟我们的理念是有一定关系的。教育上的问题，我们是有共识的，教育有很大问题，但是，我们既然改变不了现状，我们就要想办法改变我们自己。你改变不了体制，改变不了学校，甚至改变不了领导，那就以我为代表，改变我，影响我的教师，影响我们的学生，真正的数十年如一日地来共同坚持完成一批又一批的好的作品。

您还有最早接触摄影的记忆吗，比如第一次拿到相机？

第一次拿相机是很早以前了，可能十岁左右。我父亲是一名大学物理教师，他们有一些对于胶片分析的实验课程，所以我父亲最早就有一个相机，好像是一个海鸥的双镜头反光相机。我爸偶尔出去拍拍照片，后来对于照相、摄影本身接触得非常少，直到上大学。学版画需要搞很多的创作，每一年都要出去采风，当时每年都要下乡，每年都要出去拍很多的照片，拍完照片回来就要整理，整理完后做成很多的版画，就是从这个时候才开始真正接触的。

我们都说父母是孩子的第一任老师，您当时在美院学版画，对于您学习美术家里人支持吗？您学版画的契机又是什么呢？

先说学绘画的契机，实际上我从小就爱画画，小人书、语文书、数学书上都画得乱七八糟，成天挨打。我姐看我挺爱画画的就把我送到了中学的美术组。从那开始受到美术老师的影响，受到周围同学的影响。我们那拨美术组当年还是非常厉害的，十几个人全都考上了西安美术学院。不像现在大家考美院的几率比较大，我们那时一年只招七八十人，到我那年是扩招了，才招了120多人，整个西北五省才招那么一点，所以说是非常难的。我学绘画的时候最开始家里也不支持，那时候就流行学好数理化，走遍天下都不怕。所以你别说学数理化了，我什么都不学，光去画画了，成绩低，家里人不愿意，就不让我画画，逼着我必须去学习，我就偷偷地出去画画。小时候大家在一块聊天，我说我父亲对于我来说是抽刀断水水更流，他不想让我画画，我硬要画画。但是慢慢地我父亲感觉到，我画的还可以，还挺好，就开始支持我考美院附中，在美院附中我上了四年，毕业以后在外面工作两年，又上大学。我光大学就考了三年，主要是因为文化课成绩不够。学版画这个机缘非常有意思。我第一年要考的时候，感觉自己水平不行，因为我是附中毕业，文化课比较差，就想考一个好考的，一看版画有专科，其他都是本科，那肯定专科最好考，我就报了版画，第二年专科变成本科了，我就习惯性地考了版画，有时候我就是比较懒于改变自己，习惯性地第二年、第三年就考了版画。

我真正做摄影是在毕业以后。因为爱好摄影，大学毕业以后，我到了理工大学，领导跟我说买个相机。我自告奋勇给了个配置，尼康90D，做了个配置单，领导一看就让我买了台相机回来，买完相机以后就有了摄影课。实际上当时我对摄影并不了解，只会个光圈、快门。其他的都不了解，我就买了本美国纽约摄影教材，那一阵学摄影必看的一本书，上下两册，180块钱，我从头到尾仔仔细细看了一个暑假，做教案，从那个时候才开始进入状态，代课，带同学们做商业摄影，拍拍花，拍拍草，拍拍人物。2003年的时候，领导就说艺术系要发展，需要多几个专业，不能只一个专业，就让我来做摄影专业，我就于2003年申报成功了西安理工大学的摄影专业，2004年第一届招生，招生以后我就是个光杆司令，就赶紧在西安美术学院引进师资，后来自己的学生读完硕士后回来做老师，西安理工大学的摄影专业才开始慢慢壮大了。现在摄影专业有专职教师六个，还有兼职教师，兼职教师有胡武功、石宝琇、龚志明三位，他们三位每位老师负责上一门课，龚老师就上美学，石宝琇老师上图片编辑，胡武功老师带的是新闻与纪实。

在多年的学习或者创作的过程中您遇到过什么样的阻碍？有想过放弃吗？

有过，但我不是说放弃摄影。可能是在做某批作品时候，有过想放弃的念头。但是还好，只要我做的我都把它坚持下来了。放弃的原因有很多，摄影比较花钱，尤其是我做传统工艺，更花钱。比如硝酸银，一瓶好的硝酸银就得一千多，不好的也五六百、七八百，用量又非常大，而且我很讲究。用的都是进口纸张，成本比较高。做摄影是非常费钱的，但也不是入不敷出、捉襟见肘。因为我还有一些其他收入，我做一些设计、拍微电影来养活自己。我做了很多关于唐十八陵的考察工作，这些钱国家给的很少，主要还是靠自己，我就挣一些其他的钱来补贴自己的艺术创作。除了成本之外，还有一个最重要就是时间成本，可能摄影对于有些人来说特别快，为什么有这么多摄影大军呢？原因就是大家有钱，又有时间了。这个时候，没门槛了，拿着照相机就可以拍了，拍个落日就是一张作品。但是对于专业摄影来说，有些摄影特别慢，尤其是传统工艺，在暗房、在工作室一待就待几个月，你得耐得住寂寞。记得有一次，我要给三印堂投作品，但三印堂觉得作品太大了，希望做成小一些的。我说那没问题，大的都做了，小的更能做了，但由于是冬天，蓝晒对于湿度要求非常高，咱们西安的冬天，湿度基本为零，但蓝晒的湿度如果到六十、七十是最好的，做了快一个月的时间，一直做不出来，我就想放弃了，但是，我这人又好面子，跟毛卫东都答应了，放弃不好。最终我才发现是湿度的原因，解决了这个湿度的原因之后，这组作品就做完了，做完了之后就投了三印堂，当年就获得三印堂的奖。当时我就想人一定要坚持，有时候你就像真的完全看不见前头了一样，但是你把它坚持下来，就剩最后一点了，你前面已经做了十年了，最后那么半年的时间没有坚持，可能就前功尽弃了，做任何事情一定要坚持。

在学习的过程中，一个好的老师，一个好的朋友在一个人的学习生涯乃至生命中都会占有重要的位置，在您的摄影学习生涯中有没有对您很重要的老师或者朋友？

上附中的时候是崔国强老师，著名的油画家，是我附中时候的班主任。他特别认真，比如上速写，每周他都要过来看速写，他对我的影响很大。还有包括李阳老师，现在是国画系著名的国画家，对我影响也很大。他特别勤奋，我们上附中都爱玩，他有自己的一个十平方米的小宿舍，几乎每天都在门口画风景。上大学以后，对我影响较大的是李毅勤老师，著名的版画家，他特别睿智，对于版画的认识以及对于教学的态度对我的影响非常大。记得我上大学一年级他就退休了，但还是经常晚上到我们教室来，我们那时候都比较喜欢加班，他会到教室来看一看我们刻得怎么样，帮我们刻一刻，教我们摇刀，边刻边摇就能产生一种锯齿状的刀痕。那种老师和同学之间的关系特别紧密。还有一个我印象特别深的女老师，她已经过世了。有一次在版画课上，我做了一个创作，老师告诉我版画和油画不一样，它不是一个现实性的直接呈现，它是一种表达，绝对不是重现。实际上这个跟摄影相关，以前的摄影多数是一种呈现，而当代的摄影更多是一种表达，她告诉我版画不仅仅是一种呈现，但油画在很多方面是一种呈现。油画最开始有技术和技法，但版画相对来说没有那么多。版画的许多理念对我后来的个人创作影响最大，如果当初我上油画系，它的技术可以做得很好的。从大学一年级一直到大学四年级，天天画人体，画静物，画风景，技术可以练得非常娴熟，但是版画不一样，版画我们从大学一年级就开始搞创作，铜版画、木版画、石版画、丝网版画，全在做创作。这方面跟油画不一样。当时我就不愿意上版画，觉得上油画多好。上附中也画油画，闻着松节油的味道多舒服，版画太无聊太没劲了，当时我们的代大权老师，现在是清华美院的博士生导师，就说版画学好了，你想转行是最容易的，转设计也行，转摄影也行，转其他的行业都很容易，原因是你有更多的创造力。这几个老师对我影响都比较大。进入摄影这个圈子、这个行业之后，我感觉对我影响很大的是胡武功老师，胡武功老师对我们专业的发展和对我个人摄影的进步，都起到了非常关键的作用。我学摄影是从胡武功老师的《四方城》，以及侯登科老师的影响下开始的，从他们的作品中我才了解，原来拍照片不是光拍美女，拍落日，原来可以把镜头对准最底层的和自己息息相关的这些普通百姓。我们请胡武功老师到我们这办讲座，给我们代课，他都倾囊以受，胡武功老师对我的很多摄影作品和文章，都有很大帮助，对我们个人和整个专业向外的推广和宣传都起了决定性的作用。

您在大学任教，并且作为一名摄影师，您的工作和生活肯定很繁忙，在这种情况下，您是怎样坚持艺术创作的？您的这种工作和生活经历会激发您创作的灵感吗？

要想办法去平衡家庭和事业的关系，家里面要对你有所理解，不然周末，别人都带家人进山游玩了，我带着学生去拍照了。再一个还是自己要坚持。我最开始做影像的时候没有想到我能够把理工大的摄影专业做到现在，我感觉这是荣誉，古希腊人说为荣誉而战，我们也一样是为荣誉在生活着。尤其是高校教师，一定要有荣誉感，但荣誉感不是白来的，是要付出努力的。虽然年龄在增长，但是我感觉自己还是在坚持，坚持去平衡家庭和学校的之间的关系，平衡教学和创作之间的关系。我的朋友邵勇是一个著名的国画家，是我们同学，有一回我把邵勇推广的一些东西发到微信上了，有同学说原来是他，成就这么高。他上大学的时候天天打牌，没想到现在有这么高的成就。前两天邵勇到我这来，我俩交换作品，晚上喝酒时说到这一点，邵勇说我是天天跟他们打牌，但是我跟他们打完牌以后我就回家画画去了，而他们跟我打牌之后又紧接着跟别人打牌去了。我认为这跟勤奋有一定关系。教学科研的同时还要想办法做自己的作品，时间是有的，就是看你怎样合理利用这些时间。我是想把科研和艺术创作结合到一起，因为在整个体系中之中说科研，就感觉科研和艺术没关系，艺术学院做作品就是科研的一个部分，尤其现在国家也注意这方面了，现在国家的艺术基金针对的不就是这些实践的艺术作品吗？作为我们来说要特别清醒地认识到，我们可以在某些方面跟理工科进行结合，做一些国家的社科项目、科研项目，他们的倡导方向也是非常好的。科研可以帮助你理性地重新回归到自我本体语言中去思考自己，重新去梳理自己，对将来的创作是很有帮助的。

我们都知道偶像的力量是无穷的，那么您的偶像是谁？最崇拜欣赏的摄影师是谁？

国内的摄影师我比较欣赏马良，马良是上海大学美术学院毕业的，他毕业以后做广告公司，搞得风生水起，据他说还挣了不少钱，但是他突然就转了方向，他不想挣钱了，于是就开始做摄影。他做摄影也做得非常好，做了《上海妈妈的好孩子》《邮差》《草船借箭》等一批知名度、艺术水准非常高的艺术作品。突然，有一天他在微信里说准备给大家拍一些照片，我也不太明白他在做什么，紧接着他就用了大半年的时间走遍全国，给几千个人拍了一些合影照片，叫流动照相馆，他开了两辆车，在每个地方让大家穿上戏服、戏装，比如到了陕西穿上秦腔的服装，到了内蒙古穿上蒙古族的服装，到了北京他找了一个学校，然后让大家戴上红领巾，或者到某一个文化地域特别鲜明的地方，少数民族的地方让他们穿上少数民族的服装，来拍一些合影，三个人、五个人甚至一个人的，给我也拍了，他完全是不计成本免费给大家做，他用了将近一年的时间来完成这个更像是行为艺术的摄影作品。突然有一天他又不想做摄影了，他现在又做导演，做了一个小现代剧，剧里所有场景里的东西全是他自己来制作的，完全改变了自己以前积淀的东西。坚持在自己熟悉的领域和已经有大量积累的道路上去创作和行走是容易的，比如做摄影，我就是一直在做摄影，或许十年二十年之后，我都一直在做，这样的可能性在生活中是常见的。但是马良经常在几年之内完全推翻自己，重新再进入一个完全陌生的领域，而且关键在于他在完全陌生的领域都做得非常好，艺术水准和艺术造诣也非常高，所以我在国内最欣赏的应该是马良。另外像国内的摄影家刘铮，也是我特别崇敬的。他最早做的《国人》，后面也做了很多，最近又做了一些网络征集的影像，都是一些人体自拍，他去全国征集了很多人，自拍拍得非常好，特别有意思，当然他同时也办了展览，刘铮也在不断地推翻自己.刘铮还同时在做传统工艺，他做湿版。这两个人我之所以比较佩服，是因为他们的创造力，还有就是他们不重复自己，如果国内摄影界我还有偶像的话那就是侯登科老师。侯登科老师对于摄影有一个全新的定位和认识，值得我们深入地思考。

您认为一个好的摄影师应该具备哪些条件？

第一，得有非常强的创造力；第二，敢于改变自己。因为你有了好的创造力并且敢于改变自己，那么你的作品才会日新月异地发生变化，因为你的作品一定要和时代相关，比如说30年前你拍的方式，30年后你还以同样的方式和观察手段去拍这些图片的话，意义就没有那么强了，如果在30年的过程之中你始终在改变创作方式和整个生活，生活变化的同时你的影像也在发生着变化，那么可能会更有意思一些。当然，改变自己的时候会对自我特征化的风格有影响，也就是说这种改变是有风险的，对于有些人来说他不用改变自己，按照他的路线一直做下去，就不会有太大的问题，但是创造力强并且有独立思考能力，可以把握自己的人，他的风格可以发生变化。当代摄影上没有具体的风格，它跟油画不一样，跟国画也不一样，因为国画和油画有一些既定的手法，大概的风格是基本确定的，尤其到了成熟期以后，改变相对来说是比较难一些。但是摄影技术的评定已经没有了，没有了技术的束缚了，风格就难说了。这个事情也在困扰着我，我一直在做跟唐陵文化相关的一些影像，我也在想不能总是这样。大家认识我熟知我的就是唐陵，当然我要坚持做唐陵，下面我还会继续做，但是我同时也在想办法改变自己。我最近的尝试是用4×5的相机拍一些和城市相关的题材，但是比较难，已经拍了30多张了，但只出来一张片子让我喜欢。这个跟经济也有关系，按一下快门就是六十块钱，4×5的照片冲一张是30，还不加扫描，但是我还是希望我能够坚持下来。

您今年在韩国办了影展，您觉得外国的民众能够接受吗？他们怎么评价？听过一些比较个体化的评价吗？

我只是看到一些媒体上的评价。韩国的文化根脉就在中国，所以尤其是唐代的文化，我感觉对他们的吸引力还是很强的，他们也想看一看。虽然说他们认为韩国的文化是他们自己独立的文化体系，但实际上我相信，因为我也接触了一些韩国的艺术家，只要有文化的人，他们也都知道他们的文化都是来源于我们的。所以说当这种中国传统文化的陵墓雕塑呈现在他们面前，他们还是非常感兴趣的。具体他们怎么来评价这些作品，我还不是非常清楚，可能也是因为语言的障碍。

您认为您第一次比较成熟的创作是哪一套作品？

第一次比较成熟的作品是《藏着的陵墓》，这是我第一次和陵墓发生关系。2006年，有一次，现在的国画院的常务副院长。王犇，他跟我说我们这学校周边有很多陵墓，就带我去了。在晚上的时候我们看到了很多明十三陵的雕塑，我非常惊讶，虽然说我也是西安生西安长，可是没想到离自己这么近的地方就有这么多传统文化的东西散落在田间地头。我从那时候就开始决定拍一些当时绝对是即将消亡的雕塑。事实证明，现在很多明十三陵雕塑已经被垃圾掩埋了，有很多被偷被盗了，当时在拍的过程中就是简单的记录，但是拍着拍着我就发现这些陵墓和雕塑都是藏在民间地头甚至说是农村家里面的院子后面，所以我就拍了一批这些照片，被称为《藏着的陵墓》。从这个时候我才开始慢慢一步一步地去更多地关注陕西的明十三陵这种雕塑的一些现实环境，同时想到了唐十八陵，接着又拍了唐十八陵。

您刚说您的第一套比较成熟的作品是《藏着的陵墓》，那《蓝调唐陵》这组作品的拍摄又是什么样的一个契机？

《藏着的陵墓》是第一组，第二组我就开始慢慢地去关注唐十八陵了。唐十八陵我在拍摄的时候也是用这种135的数字相机进行拍摄。我记得有一次，李泛老师给我打电话说别的事情，我就说我在拍唐陵雕塑，他建议我说你要拍就规规矩矩地拍，用哈苏120的相机，用方构图，用很正式的一种态势来观看传统文化，这个时候别人看到的可能就不一样。实际上他的意思就是你的态度一定要认真，你一定要虔诚，你虔诚了，你拍的照片才可能虔诚，别人看到你的作品才可能有一种信息的传递。所以我就马上改变了自己的方式，我就去拿120的相机进行拍摄，拍了一批唐十八陵的一些图片，现在还拿120在拍，就是这组图片获了索尼的世界摄影的二等奖。拍完这组图片的将近两年的时间吧，我一直在思索一些问题，因为我想拍的和别人不一样，我想特立独行，但是照片怎么样特立独行，拍个120的也不一定就和别人有很大的差别，我就一直在考虑。这就又回到刚才那个话题，我们跟学生之间一直是一种相互学习的关系，那年我们一个做毕业创作的学生做了蓝晒，实际上蓝晒是我们专业的另一位老师指导的，因为我大学学的不是摄影专业，所以我压根不知道什么是蓝晒，李老师他带的这个学生拿蓝晒做了一个作品出来，我很敏锐地感觉到这种工艺跟我的唐陵雕塑是有关的，气质是非常吻合的，于是我就找来了一些相关资料，并且还给我们这个毕业班已经毕业的这个学生打电话向他请教，问他在刷感光溶液的时候是怎么刷的。他告诉我先刷一遍水，等水快干的时候，再上感光溶液，这样就可以保证你的画面上没有刷子的痕迹等等。在学习的过程之中，我就慢慢地发现，这个作品本身，跟我的气质是相同的，所以我没有经过练习，就直接来做了，这个可能跟我的版画的背景是有关系的。别人直接做的话，他是有忌惮的，因为要在工作室里面，完成冲洗，曝光，制作，做纸等等这一系列的程序，对其他人来说挺复杂挺麻烦的，对于我来说是挺麻烦的，但是还行，还能应付。所以就开始做蓝晒，很快，也就是一个暑假的时间吧，就把我以前拍过的一些照片用传统工艺做出来了，紧接着就参加了一些展览，先参加了平遥国际摄影节，办了个展，反响还是蛮好的。我就在想我是关上门自己偷偷做呢还是怎么办呢？后来我就觉得还是不能自己偷偷做，得带着大家一起做，于是我就带着我的研究生，包括彭敏，现在是我们的老师，我也让她来做传统工艺。她做的是重墨酸盐，做得非常漂亮，效果很美。然后我倡导我们的毕业生也来做传统工艺，有人做铂金，有人做湿版，有人做蓝晒，有人做重墨酸盐，有人做无相机曝光，我带着他们的作品到大理国际摄影节做了《执守传统的涅槃》的展览，反响很好，有些同学和老师的作品也有了一些销售，给自己也有了一定的补贴。紧接着到平遥也做了个展览，还叫《执守传统的涅槃》，但是里面的作品发生了变化，展览的反响很大。因为国内以团队形式来表达传统工艺的本体形式，这还是第一次。虽然南京艺术学院、中国美术学院等也都在做，但规模没有那么大。当然也引来了很多质疑，有些评论家质疑说你教学生这些东西干吗呀这都是国外100年前的东西了，你教学生的观念不一样，你要教学生一些现实批判相关的东西，你不能教学生这一点。于是我就告诉他们说这仅仅只是我们的方向之一。

《蓝调唐陵》的作品很多人都认为他有谜一样的特质，您认可它有谜一样的观感吗？或者您作为创作者您想它有什么样的意味？

“有谜一样的味道”我是比较认可的。实际上我最初是有这样的希望的，因为唐代对我来说，它本身就是谜一样的存在。这些雕塑已经在这儿竖立了1300多年了，其他的建筑早已经消失在风雨飘摇的历史长河当中，但是这些雕塑还在，本身就是很迷幻。每年去看唐陵，我就像看亲人一样，摸着石头的时候我总感觉它在向我述说着历史的某一些信息，它对我来说就是一种谜，我也想用我的摄影作品去表达唐代的那种宏大而不失精微，厚重而不失浪漫的美学思想。同时因为我是版画专业出身，也想把摄影作品经营得像画一样。

那我们接下来说一下《守陵人》，这组作品是在《唐陵》之后拍的还是在拍摄当中有关注有灵感的？

我们在拍摄之中和守陵人之间的交流就多一些，因为我是西安生西安长的，所以我交流起来问题不是很大，加上以前美院在农村，跟农村人打交道也比较多，所以跟他们交流起来还是比较容易的。每次去拍的时候有些人就会关注你，有些人就是陵墓的守陵人，还有一些是真正的守陵人——文物管理人员，他会过来问你为什么要拍这个，我们就跟他们解释，我为什么要拍，拍它的作用是什么。为了跟他们彼此拉近情感，就给他们拍一些照片。有的是给他们寄过去，有的是发邮箱，因为唐陵我拍了有十次，所以每次拍照片我就送过去，有的人是有邮箱的，我就通过电子邮箱给他们发过去。在这个拍摄的过程当中我就在考虑，他们这些人，不正是现代守陵人吗？对于唐代的这些陵墓来说，只要关注这些文化的人，其实都是一种守陵人，所以我就边拍唐陵边整理他们的一些图片，这个系列我也是一直在拍。现在能拿出来的也就二三十张的样子，在量上还是不够。

因为人的观念在拍摄的过程中会不断地变化，在逐渐的积累，您在《守陵人》这个作品中要表现什么？它现在清晰不清晰？

我感觉是清晰的，尤其是针对主题性特别明确的这些作品来说.《守陵人》第一张拍的是唐简陵的董吉祥夫妇，我拍的时候其实仅仅是想第二次去的时候把照片给他们送过去而已，但是我拍第一张的时候我就明显感觉到这是个可以拍的题材，边拍边反思，边拍边梳理，边拍边思考。但是有些是我提前设计好的预案，比如说湿版的这套我就非常清晰明确我的构图是什么，我的画面是什么，我去的时候是不去碰的，是特别仔细去经营自己脑海中的这个画面，所以说这组图片我拍得很少，只拍了十来张，成功的只有七张作品。因为湿版非常难，尤其在室外拍湿版特别难，不能春天和秋天去，因为，没有想要的苍凉感，所以只能冬天去。冬天去就有一个温度的问题，比如说很冷的天气，现场你就得搭一个帐篷，现场去曝光，现场得冲，现场得洗，现场这么大一张照片你就得出来，所以说是比较困难的，所以我在拍之前，就知道我想要的照片是什么样子的，现场拍出来之后，我就知道这是我想要的，而不是拍了一大堆以后我再去重新考虑问题。

我的梳理主要是通过项目和课题的形式来总结拍摄实践。在传统工艺上面，我申报了“中国摄影传统的摄影公益展”，是省社科的一个重点项目。已经完成了，也被评为了优秀。在2014年的时候还做了一个国家文化部的科技创新项目，叫《唐十八陵的数字化保护研究》，我在拍唐十八陵的时候发现唐十八陵全都被破坏了，而且是多方位多层次的破坏。而中国是有保留和保护上一个朝代的这种陵墓的习惯和惯例，比如宋代，赵匡胤看到唐陵破坏的严重景象之后，拨了巨资去修缮，把整个唐陵重新修缮了一遍。清代的陕西巡抚毕然，在陵墓前也立了一些碑，进行了一些保护，但是都耐不过风雨飘摇的历史长河，有很多已经损毁了，尤其是近几十年。我每到一个陵墓跟当地的守陵人聊天，他们都在说在“文革”时期有多少石头被砸了，在“文革”前的“大跃进”时期包括平整土地的阶段，有了一个雕塑放到那要占一块土地，要打麦子，把树也都砍了，所以很多时候就把个雕塑砸了，有的砸碎埋到地里面，有的砸碎当石灰去了，“文革”时期和解放初期对于雕塑的损毁量是比较大的。在改革开放初期，它的损毁量也有，例如唐庄陵，一晚上就被偷了几个头但是只追回来了一个，追回来的那个可能还是因为他们开的是机动三轮车，因为那个头很沉，半途掉下来了，这些东西最后通过香港到了国外。这两个偷盗的人最后被抓住了，为了警示大家就在庄陵附近枪毙了。还有唐简陵，我拍的唐简陵西门还是东门有两个狮子，大概一人多高，一个狮子将近两吨重，一晚上就被偷了，当地人给我说都是穿着迷彩服的来偷的，他们以为是当兵的，来的人有几十个，开的吊车、农用机动车，一晚上就偷走了，到现在这两个狮子消失得无影无踪。我当时就在考虑如何来进行保护，文物局他们有一个保护的形式就是拿笼子一罩，在桥陵就是这样子的，桥陵主要是日本人投了一部分资，跟陕西省文物局跟国家一起，把桥陵保护得还不错，但是这种保护是一种粗放式的保护，建的都是很宽的路，降低了以前的文化感。唐崇陵的狮子小，一些大概不到一人高吧，很容易拿，开车就可以开到那个地方，也很容易被偷，于是做了两个大铁门，把它罩起来了，感觉特别当代。我就在想，这是一种传统的保护方式，或者像唐简陵由于丢两个狮子国家花了三百多万放了很多的摄像头，也达到了保护的目的，但这依然是传统的一种保护方式。我想能不能用数字化的形象把它拍下来，用数字扫描的形式把它扫描下来，永久性地储存下来，这样是文物信息的一种保护，于是我就申请了一个课题，这个课题我们最终完成的成果就是用三维的数字

护陵人系列

扫描仪来全方位记录唐陵信息。

我们学校一个30多万的扫描仪非常方便，手持的，当然我们去的时候要带非常大的蓄电池，带上两块蓄电池和笔记本电脑进行扫描，一般来说一次只能扫描两个，因为扫描一个雕塑的时间大概是四个小时左右，两个雕塑就是八个小时左右。我们开车过去一直扫到晚上。对我们来说晚上是最好的，因为没有光线的妨碍，白天我们必须搭一个棚子，搭完棚子在一个密闭的空间里面去扫描，扫描完了以后就获得了一手的信息。我们在做文物信息化的保护工作，同时也在做动画片，纪录片，手机App，十八陵我们已经做了六个，但是现在我们暂时停止了，因为做一个APP费的时间和精力比较大，后续的资金没有这么多。这个App是可以全方位地了解我用照相机一张一张拍，拍上24张，最后用软件把它处理到一起，只要你进入到我的App里面就可以360度地观看，非常详细，一个陵墓一个App，你去了以后就可以把每一个陵墓的每一个雕塑都了解得非常清楚，同时做了一本书叫《影像唐十八陵》，已经完成了有90%了，现在陕西人民美术出版社想出版，但是我也在犹豫想找一个更好的出版社，陕西人民美术出版社的意思是把我这个报到国家基金，如果能拿到国家图书基金这个就好，如果有了这样一个资金出版就不用发愁了，因为这本书我的资金预算光出版费用最少得20万吧，这是一个相对来说投入比较大的一个画册，因为印刷要精美一些，同时我也申请一个国家后期资助，九月份才能下来，行不行我也不知道。这本书可能要新一些，跟所有的唐十八陵的图书都不一样，因为大多数的唐十八陵要么就是考古学的唐十八陵，文字化比较多，配一些小图，要么就是纯粹的图片的一些介绍，要么就是一些随笔散文类，似于这些东西。对于唐十八陵系统的、以影像为主文字为辅并且涵盖新媒体的这种图书还比较少，所谓的新媒体就是上面有二维码，刚才我说的你一扫描二维码就可以进入我们做的App，看到我们做的动画片。我们现在做的是一个动画片的平台，是一个乾陵的动画片，而且同时我们现在还想做一个超强现实，就相当于一个二维码，但是没有二维码，一扫描就相当于一个网络链接一样，对这个书进行介绍。这个扫描到现在为止做了七个，因为出去扫描的成本比较高。现在陕西省文物局也在支持我的工作。我今年又申报了陕西省社科艺术的重点项目，是《多维度视角及新媒介环境下的唐代雕塑》，试着用传统的表达方式、摄影的表达方式、动画的表达方式、新媒体的表达方式，多元地全方位地呈现唐十八陵。

我们再聊聊《社火》系列，这个作品的拍摄时间是什么时候？拍摄的过程是怎样的？

这个作品的拍摄有小十年了，07、08年左右拍摄的，每一年都会去，可能去了几十次吧。我对影像的要求比较苛刻，每一年去三到五次，比如去陇县一次就待三天，到甘肃再待几天，回来之后到长安县再待一天，再到户县待一天，再到蓝田待几天，大概每年过年从正月初五左右到正月十五大概十来天的样子都在外面拍这个专题。第一次是在户县拍的《社火》，拍社火的时候加了一点小小的技术，别人拍《社火》是一个人，我拍《社火》是两个人，我加了一个外拍灯，但是加了外拍灯，马上效果就不一样了，因为外拍灯瞬间的这种闪光可以压过太阳的，周围的物体可以被它压暗，突出主要的物体，这样你的画面就更具有超现实主义效果，超现实和现实剥离开来了，同时现实成了它一个舞台背景，更戏剧化一些。很多人都以为要么是后期调的，要么是晚上拍的，其实并不是。是白天拍的，利用了很强的外拍灯的瞬间效果。这个创意也跟学生相关，我第一届的学生拍了一个作业，是人物肖像的一门课程，就在水

社火

池旁边拍的，我问他是怎么拍的，为什么人物是亮的，周围的环境为什么是暗的，但是又不像是晚上。他就跟我说这是拿外拍灯拍的。我问他谁拿？他说影楼都拿外拍灯拍。我才想起来，影楼不是都拿着灯吗？其中就有外拍灯。实际上我也是和学生们学的，相互学习。我觉得这种方法很好，于是我出去也就拿着外拍灯来进行创作。但是由于我对照片要求的苛刻，到现在为止，我感觉能拿出来做展览的有二三十张的样子。

我记得有一次有个摄影师说咱摄影苦得很。实际上我感觉一点都不苦，为什么不苦呢？一个是苦中作乐，另外摄影跟其他艺术相比，比如说画油画的，一年三百六十五天，天天都在画画，拍社火，不过就拍十几天，能有多苦？实际上任何事情都是贵在坚持。我在拍摄过程中慢慢发现，我还可以分很多种线索，边拍边可以发现更有趣的东西。有一个比较著名的摄影家在《社火》展览的时候说，拍社火的时候一定不能有自行车，一定不能有手机，一定不能有电线杆子，一定不能有摩托车，要把社火拍得原汁原味，特别本土本相。我倒不赞成这种说法，我特别希望我的社火就是现在的社火，就是当下的社火，希望20年30年后，50年之后他们会说，这是21世纪初最初十年的社火，这样才有时代感。如果你拍的东西跟十年前，20年前甚至50年前都是一样的话，就缺乏了很多的时代信息。拍社火的摄影师非常非常多，能够在千百万个拍社火的大军中显现自己独特的影像，并不容易。

你有没有听过对自己作品褒贬不一的一些评论？

有。在平遥国际摄影节办唐陵展览的时候，有一位摄影界的重要人物，他说赶紧拍别的去，你怎么跟唐陵杠上劲了，这陵墓雕塑有什么意思啊，你拍完换第二个人拍跟你拍得一模一样？当时也是给我泼一盆冷水，同时也有一位重要的评论家，看完之后一句话没说就走了，没有说一句话，那就是对你不认可，连客气的话都没说。实际上，这些对我的影响都是比较消极的。但我想我还是要坚持自己。同时也有很多人说你就是换了一个方式拍唐陵，跟当下社会没有多大的联系。不过我认为，大家对于一种艺术的方式和手法的接受程度和认知是不一样的，都可以允许。包括那位老师告诉我你千万不要拍唐陵了，我感觉我也挺理解他的。因为他站在他的角度上认为，你永远用蓝晒拍有什么意思啊？所以我后面也有一些探索，比如蛋白影像的制作方式，拍摄距离也发生了变化，比如我以前是离被拍摄物体很近来进行创作，后来慢慢我就开始关注周边的建筑，周边环境，包括我用数字的手段来突破自己。他们这些言语对我来说虽然不是鼓励，但更是一种鞭策，对于他们的反面的一些言论我应该好好地反思一下。应当考虑他们为什么会这么说？他站在什么样的观点和角度上来审视你的画面？所以所有的褒贬对我来说都是非常大的帮助，都是很好的资源。

那《唐陵》的这一组作品有没有产生一些比较现实的效果？比如说文化遗产保护，有没有起到一些积极的影响呢？

应该是有的，我感觉我在做这项工作的时候影响了一部分人，我周围的人，他们开始慢慢地去关注这些正在消失的唐陵雕塑文化，同时我的照片还影响到了一些艺术家，会有人告诉我他画的油画和我的比较相似，或者也有人开始拍唐陵，甚至是手段也一样，也用了外拍灯，构图也一样，我说那就去做，我不反对所有人都去关注唐陵，我和大家的不同仅仅在于我是用了多种手段和方式长时间关注唐陵，实际上我做的工作就是让大家都去关注唐陵，去热爱唐陵，到最后去保护唐陵。

《唐陵》系列获得索尼的摄影大奖，对您个人的意义是什么？在您这些系列的作品中，您最钟爱的作品是哪一组呢？

可能知名度更高一些，大家对于我作品的认知度也就更高一些了，更多的是中国的传统文化在国际上受到了大家更多的关注和重视。把中国的传统文化更多地介绍给国外，这个是最有意义的。对我来说，所有的作品都是自己的孩子，我都爱，都很喜欢，包括蓝晒的《唐陵》《社火》《守陵人》，是难以割舍的。对于我来说，每一组图片都是自我修炼的一个过程。

有人说“您的镜头对准的是关中大地上比较辉煌的帝王留下来的这些被岁月侵蚀的‘翁仲’，正是您的‘理想’的废墟”。那么除了您刚才说的拍摄的唐陵，十三陵之外，可能还有遗落在关中大地上的，您还有没有去挖掘之外的一些“理想的废墟”？

我指导我的学生做了一个主题，是“被遗忘的传统文化”，比如梨园。梨园子弟，来源于哪？梨园到底是什么样子？梨园就在西安，梨园旁边是伊斯兰的一个墓区；隋唐时期天坛到底是什么样子的，我们也不知道，所以我就让我的学生去做。包括西安交大，交大里面有十几个碑，不是从别的地方移过来的，是本来就有的，像这些地方都是不被大家所关注的地方，我指导我的学生做了这样几个专题，而且采访了和这些文物相关的人，比如守护人和管理员，有的管理员说“我才不管呢，只要一个月给我发二千块钱，我管你丢不丢呢”，有的人说“真是好危险，这是我们先人我们祖先留下来的文化，我们要好好地把它保护下来”。“废墟”的这个说法，实际上很像贾平凹先生的《废都》，平凹先生说的废都也是他心目中一个最为理想的生活，最为理想的文化和最切实的故乡。我从小对传统文化就有一种理想，但是他现在变成一种废墟了，西安是中国传统文化的根脉，但西安的传统文化到底能有多少？除了大小雁塔、城墙、钟楼、鼓楼，扳着指头算，西安的文物到底还有多少？废都，是平凹先生在中国传统文化的废墟上慢慢建立的自己的理想之城，它存在着很多的问题，但是它又是我们实实在在生活的一个空间，我很想表达出这个废墟上的理想之城的矛盾感。

您近期的拍摄计划是什么？

近期的拍摄计划是关注生活，关注和自己紧密相关的城市，唐陵还要继续做。近期我用大画幅相机拍摄城市在疯狂的建设过程中有一些存在的特别超现实又特别虚假的一些东西，比如巨大的石头，实际上这些石头它不是自然形成的，而是经过人工雕琢的石头。运送在一些学校门口，一些机关单位门口，或者在草地之上待价而沽。我感觉这个是挺有趣的现象，首先这个石头是假的，它不是真的，它又是众多人所追求的一个东西，跟现代人的生活紧密联系在一起了。在建设过程之中，留下的一些建筑遗迹，也是一种废墟。我可能比较钟爱这种废墟上的物体，比如城中村。西安周边有那种巨大的房屋，它都是空的，因为政府要征地，老百姓希望能多点补偿，多点拆迁款。因为对于老百姓的补偿比较少，所以老百姓就把它们加盖七层八层，但是里面全是空的，特别恐怖，连一个铝合金的窗户都没有，就是一个空洞，每次上去的时候，跟着两个助手，都是说好一个一个上，别同时踩在一个楼板上。挺害怕的，特别的超现实，但这就是当下实实在在的生活，而且这种现实的影像我相信过上十年二十年就没有了，所以我想留住城市的建设过程之中的这种影像，但是具体地如何来表达现在还不是非常明确，我正在拍，可能刚开始我使用的是一种全景式的手段，我想象的是前后都要非常地清晰，但是我感觉那样子不够童话、不够梦幻，因为这本身就是一种梦幻的东西，可能我会选择一种景深非常小的手法，用我们普通的相机很难达到，但是用大画幅相机就能够达到，这种情况下，你的焦点只有一点是清晰的，上下都是非常非常模糊的，我想用这种手段来表达这种特别迷幻的城市，更童话，但它又是现实存在的，也许这是痛，也许这也是爱，还是挺矛盾的。目前这个系列的作品只出来了一张，现在已经拍了四趟，拍了30张了，一趟大概七八张，我觉得达到我感觉的出来了一张。

还有一个计划就是办一个大展，首届陕西大学生摄影大展。这个大展让大家看看陕西大学生摄影专业和非摄影专业对于影像、对于摄影的认识是什么样的。在办大展的同时也想联系一下其他的艺术家再办一些摄影展，做一些展览，推广，推广我们陕西，推广我们陕西的大学生。我感觉身上的担子越来越多，职责也会越来越多。不仅仅局限在自己创作，同时还要兼顾到教育和公益性的社会工作。

我们有一些年轻人对摄影是非常感兴趣的，也想自己以后不仅仅是业余的也想做个专业的摄影师，对于初学者，您有什么话想对他们说吗？

第一是不要急，现在人们都太急了，急于买大房子，急于买大排量的车，急于挣更多的钱，大家都太急了，稍稍地慢一些。我给我指导的学生也出过这个主题，其实是来源于《新周刊》有一期叫《急之国》，中国人太急了，我也有这样的感觉。由于我们太急了，所以我们需要用自己的方式来对自己的病态进行疗伤，用中国传统的中药来进行疗伤，所以我当时让学生做这个主题，希望大家不要急。同时根据“急”这个主题我做了一系列创作，这一系列创作的创意都是我，实施都是学生，有另外一个学生做了一组关于西安的摄影，是用针孔照相机拍的，拍得非常慢，钟楼鼓楼这些最热闹的地方，人影全都没有了，车也没有了，由于它有一分钟的曝光时间。我希望大家能够停下来，脚步放慢，欣赏一下，比如到了景点，拿着相机不要猛拍，先看一看。现在人都爱急，中央美院的姚璐先生说他们中央美院也一样，学生都爱急，恨不得今天早上学的东西下午就换成钱，画国画为什么，因为国画能卖钱，画油画为什么，因为油画能卖成钱，干雕塑干吗，干雕塑下午能接一大活，能挣钱，大家都比较急。但实际上急于求成的东西往往是不可靠的，我想对大家说的第一个就是先别急，慢慢地，一步一个脚印。当你慢慢地走下去的时候，你会发现适合自己的有趣的一些主题，适合自己的一些方式来表达和阐述自己对于艺术的认知。

第二个，就是坚持。我记得我在十三四岁的时候经常听老人告诉我，你要坚持，你十年回过头来看就不一样了，那时候的我根本没办法想象，十五岁的人根本不知道坚持什么，但是慢慢走过来以后就会发现你真的要坚持，就像我们专业一样，坚持了十年、十几年甚至20年之后你会发现不一样。今天中午和一个老师聊到我们专业的发展，我说12年前我们在做这个专业的时候，从来没想到我们也能跟国美央美，跟他们在一个共同的平台上。在陕西这个地方，又是理工大学，怎么可能跟他们在一起玩，他们怎么会待见你，但是现在就不一样了。所以你必须得坚持。

我的一些作品，创作时间都在十年以上。不管是从事哪个职业，做企业也行，特别踏实地做一个以教学为主的教师也行，本本分分的，只要你坚持，十年以后，你就有另外一片天地。

苏　晟

（摄影家、摄影教育家）

1979年，出生于河南郑州。2003年毕业于西安美术学院摄影专业;2006年进修于法国国立巴黎高等美术学院;2010年获得西安美术学院文学硕士学位；现为西安美术学院影视动画系摄影专业第二工作室负责人、教师;中国摄影家协会会员;陕西省摄影家协会会员;西安青年摄影家协会副主席;陕西高校摄影学会副秘书长。

2014年，入选陕西百名青年文学艺术家扶持计划；2013年提名荷兰Foam Paul Huf Award；2012年获得第二届徐肖冰杯全国摄影大展优秀作品奖；2011年提名第三届侯登科纪实摄影奖；2011年获得陕西省文学艺术界联合会/陕西省摄影家协会陕西摄影奖；2007年获得陕西省第13届摄影艺术展、陕西省摄影家协会二等奖；2007年入围四川电视节“金熊猫”奖国际电视节目评选；2003年获得中国陕西–日本京都府艺术交流展优秀奖；2003年获得刘文西奖励基金会刘文西奖学金；2002年获得中国艺术院校大学生数码媒体艺术大赛优秀奖。

艺术作品发表于《中国摄影》《摄影之声》《GALLERY画廊》《中国企业家》《Vista看天下》《南都周刊》《新周刊》《艺术当代》*PRIVATE, British Journal of Photography*, *International Herald Tribune*, *The New York Times Magazine*,《城市中国》《中国摄影家》《艺术画刊》《西

北美术》《专题与实验摄影》《中国摄影家》等杂志书刊上。多次在中国平遥国际摄影大展、中国大理国际影会、国际摄影双年展中举办个展，参加国内外艺术展览40余次；前往德国、美国参加达姆施塔特摄影节、Facing Forward；在法国举办《苏晟摄影作品展——法国巴黎国际艺术城》。作品被瑞士、开普敦、中国丽水博物馆、徐肖冰侯波纪念馆、中国美术学院、西安美术馆、西安美术学院西部美术馆收藏。

在生活的奇遇中

您的博客中“骄傲得像只公鸡，老实得像个面包”是您对自己的评价吗？您为什么这样评价自己？

“骄傲得像只公鸡,老实得像个面包”，这是一个朋友对我的评价，我觉得挺合适的。别人对我的看法那肯定是日常生活就是这么个人吧，比较老实，但是平时不太喜欢和人交往，有点孤傲。不过那是以前了，现在不是这样子了。

您是河南郑州人，在西安生活多年并且作品也拍摄了大量陕西街头的人或事，您眼中的陕西是什么样的？

拍摄街头摄影是2003年，那个时期我比较喜欢科特兹的街头摄影风格，又在西安生活，肯定实践的对象就是西安街头。所以那其实是一个对应，至于拍不拍西安，或者拍的到底是不是西安，我并没有那么明确的界定，而仅仅把它当作在身边可以得到的一个对象，所以我的意愿并不是要介绍西安的某条街道或者是关于西安的具体内容，它更多的是一个意象，传达的其实是自己，是对自己当时喜爱的影像风格的一种训练和实践。

在西安学习生活多年，对您来说您觉得关中大地给予了您什么样的影响、改变了您什么？

在这儿生活了十多年，它一定会影响我。影响的结果就是现在的我。当然，并不是说你的某一部分就是它影响的或者说它塑造的。但是你在这儿生活，吃饭的口味，说话的腔调，等等，都会有所变化，这些变化都是旁枝末节的或者是潜移默化地去影响你，并没有说一定要去贴一个什么样的标签。

您的作品涉及中国各个省份，您是怎样表现这些地域特色的？

总体来讲，基于我的图像，我从来没有具体而明确地说过这是哪个地方，或者明确地说这副作品要表达什么。因为我的图像并不是拍民俗。即便我拍了一张风景，它所要表达的，也不是画面中的那个风景。所有基于创作的内容，不仅仅是我，所有艺术家的作品，说的最后都是自己。当然因为一些技术条件以及取材方式的需要，摄影一定是通过现实生活中的一些奇遇来获得的影像，才会有力量，所以要四处走，但归根结底，那都是个人内心的一种影像。

作为一名摄影专业的教师，您认为今天摄影教育的缺陷和困境是什么？

业界从来没有对今天的摄影教育满意过。和正在变化的当下相对，几乎所有的教育都是滞后的。因为教育需要形成体系。当你建立一个体系，某种程度上来讲，它就是一个桎梏，相应地会带来很多问题，但这种体系必须得存在。所以，教育虽然滞后于当下的最前沿的一些发展，但这种滞后也属正常。从事摄影教育十多年，我从没有希望用摄影教育的方式培养出大师或者天才，摄影教育重在用教学的方法，基于个人的基础，去完善人，完善每一个学生。摄影教育只是一个起点，美院的摄影教育并不是技校教育，它的培养目标也不是一定要成为标准化的摄影师，学生不管选择了摄影还是选择了绘画，或者选择了设计，大学教育都是他们认识世界、认识自我的过程，摄影教育只是一个媒介。

那您刚才也说到摄影形成了现在这样一种体系，那这种体系如果让您去改变它，或者设法让它变得更好，您有什么好的建议吗？

我个人是悲观的，我看待事物一直都是这样。摄影课程的建立，于这个社会最前沿的发展是滞后的，因为它是需要有回馈的。作为一个普通的老师，我没有想过要去改变这个现状。而且目前不仅是摄影教育，摄影本身也处在困境。摄影的语言是现代性的，但是在当代艺术语境下，摄影的语言实际上是落后的，落后于电影，落后于动画，落后于新媒体。现在人人都有手机，都可以用手机拍照，人人都是摄影师，摄影专业是不是还应当存在我都质疑。从今天来看，摄影的重要性都已经大大削弱了，也许10年20年之后，中国百分之90%的大学也不需要再开设摄影这个专业了。摄影亟待回应这个时代。

Chinese childhood–Lili Wei（2008）

您还有最早接触摄影的记忆吗？

第一次拿相机是我小学的时候。当时在青少年宫有儿童报纸的摄影小记者培训，那是我第一次拿相机。但是对于摄影、影像，图像，我觉得也确实有一些天生的喜好。所以当我来考美术学院的时候，第一次进到暗房里面，我觉得那个可能就是我想要的媒介。当时在青少年宫拿到相机的时候没有想过以后会从事摄影，那时候就是喜欢画画。当然拍照时操作机器和按快门的感觉会让我觉得很舒服，它是一种释放，当然小时候并没有什么焦虑，那时候是一种对快乐的释放，所以，当我考大学的时候，进入暗房，看到图像慢慢显影出来，确实有一种愉悦感。

Chinese childhood–Anhao Xin（2008）

您小时候学美术，家庭条件允许吗？您学美术是您自己想学还是家里的支持？

我母亲是教声乐的，我父亲是画画的，所以小时候是画画，但是画过一段时间，因为小时候老挨打，有一段时间就不敢画了，之后又学过声乐，学过钢琴，学过单簧管，没有一样学成的。然后就发现其实是媒介的问题。为什么我想去学这些东西呢，我老想有什么样的一个媒介能够释放自己的情绪，其实每个人都应当有这样的一种媒介。所以不敢画画之后，就想学别的来释放，但每次都不成功，因为那个媒介好像你无法掌握，比如吹一个曲子，就会特别在意规范、节奏，心思都在那上面，

Chinese childhood-Ke Bei(2009)

Chinese childhood-Zehao Song(2009)

Chinese Childhood-SiYu Lu(2011)

永远都释放不掉那些情绪。后来我又重新拿起画笔开始画画，我的情绪又得到了释放。虽然画画得不怎么样，但画画让我忘了那些规则，后来我还是选择了绘画。可是考大学的时候我又不喜欢画工艺，那时候考美术必须得画设计类似的四方连续，我不愿意调那个颜色，勾那个线，因为永远也勾不直，所以好多学校我都考不了，我只能考纯艺术的。来考西安美术美院的时候，本来想考版画系，到了版画系才发现有成像操作类的专业，我突然觉得那就是我要的。其实当时像四川美术学院，天津美术学院，包括西安美术学院的版画我都过了，但有时候事情就是有一些机缘，还是决定上了这个专业。我的父母一直很支持我的学业。我父母是艺术工作者，也是老师。我从小就想做一个艺术家，虽然现在已经没有这种想法了，但小时候这种想法很强烈，所以家里人都很支持我学习艺术从事艺术。

Chinese Childhood–HanXiao Wang（2011）

您是怎样接触到摄影这个专业的？

因为考学，那时候我们考试必须要考摄影基础知识，所以要先学，但我进入得特别快。我很感谢我在美院的这四年，因为我上中学的时候是一个很内向的人，非常内向，甚至算得上轻度抑郁，不愿意跟人打交道。到了西安美术学院，你会突然觉得，身边的人都特别好玩。和高中时候那种没有生活乐趣的生活截然不同。我们可以一起骑自行车，大喊大叫，出去玩，听摇滚乐。我其实是在选择人。我在美院的四年，因为和跟我有一样爱好的人在一起，大家一起讨论摄影，在地摊上或者在不起眼儿的地方一起讨论艺术，还有像吕传强老师、我现在的领导谢爱军老师。我遇到了很多好老师，他们的人格魅力会让你觉得更愿意做这个事情。还有像杨延康老师，他对于摄影的付出并不一定是某一件作品，而是他的这种行为，会有一种模范示范作用。还有侯登科老师，他对摄影的那种执着，是我们年轻一辈永远要去学习的。美院的四年特别美好。摄影不是一下子就爱上的，而是因为不断地在和这些有意思的人一起生活，一起创作，摄影是我们交流的方式，于是摄影就成了媒介，成了习惯，所以你也就离不开摄影了。

在您多年的学习或者创作的过程中您遇到过什么样的困难？想过放弃吗？

当你要做下一个作品的时候，总是很困难很困惑的。创作永远都是，百分之九十都是焦虑的，只有在很少量的时间里面，才可能通过某一个东西的实现把焦虑释放掉，这种释放焦虑的愉悦是会上瘾的。大多数时间焦虑，但终于在某一个瞬间，焦虑被释放了，很过瘾，然后你会想再这样。焦虑的时候会想要放弃，因为你一遇到生活中的困境，你喜好的这个事情不能解决你的困境，没有解决问题的能量，那么肯定会感到一种压力，会问自己，这件事情到底值得不值得去做。所以我想什么事情都不是纯粹的，焦虑和放弃肯定会一直羁绊着你。但最终你会发现，摄影仍然是释放压力的一个方式，它是可以让你在生活中遇到困境的时候，躲在摄影里面给自己找的一个理由。我是在上一个时代受的摄影教育，所以还是用胶片机，自己冲洗。其实我对数码并没有特别大的喜好，我最初的摄影的愉悦感里面并不存在数码这个概念。我个人认为，分享才是数字时代影像的核心。基于这个判断，手机和单反其实是一样的，甚至手机对于分享这件事来说更便利。

您在大学任教，并且作为一名摄影师，您的工作和生活肯定很繁忙，在这种情况下，您是怎样坚持艺术创作的？

大学老师有很重要的一点就是实践。如果没有实践拿什么去教学生呢？所以并没有因为我有这份工作，要教学所以创作变成了一种负担，创作是应当的，自然而然的一种行为。我对自己的定位不是一个职业的摄影师，也不是艺术家，而是大学教师，创作实践是理念在教学中的一种实现。一位职业艺术家他的观点可能会极端一些，更主观一些，更个人化一些，教师在教学中的观点则更客观。这种客观态度也会影响我的创作。但这种影响有帮助，但也有消极的影响，有时候太理性了，理想状态都在思考中完成了，就会觉得没有必要做这件事了，但一个纯粹的艺术家会很有激情，不管合不合理，正不正确。现在学生的实践能力不足，我们专业也是这样的。我们早期的毕业生出去还可以做记者，也可以去电视台工作，做导演，甚至到大学里当老师。现在的同学们实践能

原境，唐景陵，2011

原境，唐景陵，2011

力很弱，可能现在同学们的喜好不一样了。我们专业采用的是工作室教学制，学生到大四的时候会进入各个老师的工作室，我们会带着他们去做，像师傅带徒弟，手把手教他们实践。

您在法国巴黎留学的这段经历带给您自己艺术上很多见解和看法，您这段经历的收获是什么？

出去看非常重要。2001年到法国巴黎，那是我第一次出去看，后来我也出去过很多次，有时候是去展览，有时候去交流。摄影本身是西方的媒介，话语权也在西方，跳出生活的环境去看一些新鲜的东西一定是有反馈的，甚至会找到更清晰的坐标，就是我作为一种中国摄影师，或者生活在西安的摄影师应该做一个什么样的人。所以出去看非常重要。在巴黎我也拍摄了一些作品，但是个短暂的行为，是我对法式摄影经典

原境，唐景陵，2011

的一个致敬。因为当你到了那个环境，你自然会产生一种情绪。我在国内拍摄的时候会显得焦虑，因为在那儿生活得很焦虑。但在巴黎生活一下就会看到这是萨特以前生活过的地方，那是布拉赛曾经拍过的场景，自然就会产生致敬的情绪，所以准确地来说，不能称之为作品，只是一个练习，一种记录。

您认为一个好的摄影师是如何界定的？或者说一个好的摄影师他应具备哪些素养？

好的摄影师首先一定要敏感。所有的艺术家都一样，要敏感，要有好奇心；对于摄影来讲，还要有一定的社会责任感。在你敢于发现问题的时候，同时也要敢于去呈现问题；另外，摄影需要的是一种观察的姿态，如何保持低角度的、平视角度的一种观察记录，这些都非常重要。

原境，永靖，2012

您对摄影中“决定性的瞬间”这样的概念怎样理解？

“决定性的瞬间”被我们国内的摄影爱好者夸大化了。它是有价值的，但是它的价值也有时代性。对于当代艺术而言，当代艺术作为对现代艺术的解构，艺术家更多的是去解构、拆解这个概念，如我们现在更强调“日常性”，后者可能更真实。辩证地来说，“决定性瞬间”在被提出的那个时代是有意义的，有价值的。那时候相机小型化了，要解决如何去叙事的问题，讲一个故事或者讲一个事件，用一张图来讲而不是用连贯的影像，也不经过蒙太奇的剪辑，典型环境、典型人物，包括快门速度和感光度的提高，都让“决定性瞬间”的概念应运而生。但很快，像弗兰克和克莱因就已经开始去质疑“决定性瞬间”了。“决定性瞬间”在中国的影友中变成了某种圣经一样的规则，作为我们，一定是要去破坏它的。

您曾经说过“作为中国的摄影师，我希望通过行走释放自己的焦虑与不安，并试图冷静下来观察周遭的人和物。”那您现在觉得您做到了吗？“蓝色时期的毕加索和他在蒙马特尔的朋友们经常向自己提出以下三个问题：如何生活？如何绘画？如何饱腹？”过了这么多年，这三个问题仍然有效。您是个经常自己回望过去的人吗？您对这三个问题怎样理解？

我的作品都是个人焦虑的释放。因为只有你有情绪或者你有话要讲的时候，才会有去拍摄的欲望。所以，作品都是关于我的，都是解决我个人的困惑、个人的好奇心的。作为一个作家，文字是他的媒介。作为一个画家，绘画是他的媒介。摄影就是我的媒介。

2006年有点像我的“蓝色时期”。那个时候刚毕业，一心想做作品，想做艺术家，但是毕业以后会遇到很多问题。2006年我母亲脑出血，在那之前我的心态就是毕业留校，好像还在学生时期，所有的心思都在做学问或者创作上。突然我母亲脑出血，我发现我作为儿子，不能提供更多的帮助，就会遇到毕加索提出的问题。如何饱腹，如何给家人带来一个更好的生活。但现在再问这个问题，可能又是另一个心境。我已经不在毕加索的那个“蓝色时期”里了，后来毕加索成功之后，我相信他也不会再去考虑在蓝色时期提出的这些问题。现在我的心态也没有那么着急拿一套作品或者什么来证明自己，那时候是有的。现在我给学生讲生活比艺术重要。你要先把生活过得更好，过得丰富，这个“好”不一定是有钱，而是相对完善。既要有能力去饱腹，也要有能力去奉献家庭。当然我们创作，无论做绘画还是做摄影还是做什么，任何事都一样，这是你一生的热爱，也是你生活中的乐趣，当然不能放弃。

您早期的作品很多都是街拍，您为什么早期的创作集中于街拍？

街头摄影本身是摄影的一种传统样式，有布拉塞、弗兰克、克莱因等人形成的一种街头摄影传统。摄影的历史虽然只有170年，但当照相机逐渐小型化后，走上街头去拍摄生活成为摄影的一种自然的欲望。摄影是现代性的语言，它在1839年出现时伴随着工业化与现代化，所以一定要去展现工业化和现代文明的场景——城市。城市的出现和摄影术是相伴随的，所以摄影术本身就是现代性的。我早期比较偏好街头摄影，因为我当时看到的就是这样的生活。其实现在我们的手机摄影就是街头摄影。早期摄影因为器材笨重，曝光时间长，拍肖像得用道具把脖子、腰固定住，当照相机小型化以后，街头摄影就是对早期摄影的一种革命。现在我们人人都有手机，拍摄后立即用微信分享，自拍盛行，它也是一种街头摄影，人人都是街头摄影师。

您是从什么时候开始从事西部影像创作的？

一个成熟的艺术家，他一定说的是他生活周边的事情。因为生活在西部，那么我说的自然就是当地当下的事情。我现在在做关于“丝绸之路”东段的影像考察，也做关于关中诗歌图像互译的问题，之前做过汉唐帝陵的图像的收集整理，都是基于当地的。

您很关注中国独生子女少年成长问题，为什么特别关注这方面？

这还是基于我自己。我就是中国第一代独生子女。2006年我到巴黎美院进修，在欧洲摄影中心看到了另一种样式的摄影。他们在自己的摄影中带入了一些问题。这与我之前很在意的那种即时性或者真实性的瞬间体验有很大的不同，带入问题，之后通过摆布或者写真或者摄影的本体材料语言，更深入地讨论社会问题或者现象，这很让我激动。《中国式童年》就是我从巴黎进修回来之后的一个摄影实践。

“他们同虚拟的怪物战斗，同安静的娃娃说心里话；在纸上描绘自己的天马行空；独自在窗户旁想象天际外的山峰海洋……我所能做的就是按下快门。”在《中国式童年》这组作品采访时您曾经说过这样一段话，那么您在拍摄这组作品时的“决定性的瞬间”想法是什么？

拍《中国式童年》的时候，我的创作方式已经是“观念先行”的，不会再去考虑什么所谓的经典瞬间。因为那个时期其实是带着观点进入的，我希望走进家庭里面去呈现我们通常认为现在的独生子女的一些问题，例如他们的某种忧伤或者孤独，当然，他们也仅仅是我表达的个体，某种程度上这也是我个人的孤独或者忧伤。当然这种中国独生子女会面临的问题也是经过调查的，首先我是独生子女，本身会有一些体验，同时，我也去和很多幼儿园的老师和家长去讨论。对于拍摄的场景，我也有自己的考虑，例如为什么要去拍这个场景而不是那个场景，场景中的审美本身是代表当下中国的某一个阶层的审美。例如女孩子的房间贴着粉红的墙，上面贴满了星星，作为人的居住环境来讲是很可怕的。但是那是价值观的体现。比如父母可能因为我要去拍照，会给孩子穿他们认为最漂亮的衣服，布置他们房间里的装饰。这些都是一种呈现。

拍摄《中国式童年》这组作品中您最大的感受是什么？

当你发现了一个问题，带入式地呈现了这个问题，并且引起了整个业内的讨论，意义就已经达到了。现在国家已经放开了二胎政策，《中国式童年》也许会成为历史的见证。整个经济改革开放的这30年以来，中国人会从一个侧面来讨论中国价值的变化。比如说我们以前是四世同堂，可能和爷爷奶奶生活在一起，有姑姑、叔叔、舅舅、姨妈，那么现在的孩子的家庭基本是三口之家，《中国式童年》是中国家庭在30年巨大变化中的一个侧面描写。

在拍摄这组作品时有什么让你印象深刻的事情吗？

当时的拍摄很顺利。最初的时候会拿一个方案去给孩子的家长看，他们都很愿意参与，因为他们会产生共鸣。其实我拍的这些都是00后的小孩儿，他们的家长基本上跟我同龄，所以他们都有深刻的感受。我印象最深的就是有很多的意想不到。最初我设定的是去孩子的卧室，因为我拍摄的家庭基本都是这30年改革开放的受益者，他们住在明亮的楼房里。但你进去之后你会发现有的家庭并不是只有卧室才是孩子的空间，也许客厅，甚至是卫生间，等等。比如有一个女孩儿，她喜欢钻大衣柜，她觉得那里面是她的游乐场。比如说有一张照片那个孩子的地上摆满了过家家的玩具，这些都没有我的介入，我在走进这个空间以前，他已经在设想一个自己的世界了。很多东西对我来说就是奇遇。我只不过是把相机架好，他们已经给你提供了无限的可能。

《中国式童年》这组作品拍摄了40多个独生子女家庭的孩子，拍摄数量又多难度又大，他们弱小而又缺乏有效的表达空间，与社会的应急性需求又相去甚远，拍摄现场是否很难控制？

你把孩子想得太简单了，孩子跟你一样成熟，他们也有他们的小心思，你顺着来就好了。他只有20多分钟的注意力在摄影师身上，很快他就去做他自己的事情了，所以20分钟之后你拍到的都是很真实的，所以说我们每个人都会把孩子想得太片面，你觉得他不好或者你觉得他很幼稚，很简单，他其实有他的心思。例如他认为这个玩具一定要跟他拍在一起，那你给他拍到一起就好了，他认为的那种美好，他认为他最想展现给你的，你让他展现就行。跟他一起玩，尊重他，尊重他所有的想法，他不想在那个窗户前拍就不在那拍了，因为你知道你想要得到的是真实。这组作品既是真实的，同时带有某种戏剧冲突。我不能说我拍的是他们最平常的最日常的状态，我是主观的，我希望传递出来一种大多数他们日常性的内容，但在拍摄中一定会寻找一点我们叫刺点的有冲突性的内容。

《中国式童年》这组作品除了表现中国的独生子女的现状之外，您还想通过这部作品表现什么？您想过拍摄这组作品去改变独生子女在大众眼中的看法吗？

我拍摄这一组作品是基于我个人的经验。因为我母亲是音乐教师，她教小孩唱声乐，我小时候就是和她第一代的学生一起成长。我很想去了解周围的孩子。今天，我们的孩子和我们的生活又有了截然不同，我就有了解他们的愿望。最初的原生的想法就是基于这样的好奇心，当然你了解的过程会越来越理性，你会把他们作为一个观察对象去看，从一个侧面，一个小点，去观察整个社会环境，那这个小点越深入其实对于整个环境的观察价值也就越强。没有必要去改变大众的想法。当你深入地去了解他们，就会发现他们的困境。他们其实也有他们的困惑、困难。他愿意交朋友，他也愿意去分享，只不过你没有给他提供分享的可能，那么他慢慢习惯性地觉得这个东西就是我的，不愿意别人去触碰。所以我觉得不是他们的问题，是时代的问题。

您的作品不仅拍摄人物也多拍摄景物，作品《原境》中您主要拍摄了中国各个省份的不同景象，您在拍摄这组作品时是什么样的想法？

《原境》是我在《中国式童年》之后的作品。《中国式童年》拍的时候我个人感觉是比较紧的。到《原境》的时候，是对自己的一个放松，但这个放松也是基于我对整个生活经验的观察。“原境”是我“误读”出的个人化的一个概念。你在行走的过程中，会发现通常当你去寻找历史的遗迹或者故事，那么就会和现在当下的一些物，既有连接又有超现实的关系，同时又能表达当下的我们的不满或者我们的焦虑，所以就想呈现这样一个作品。

您自己最钟爱的作品是什么？

目前还没有。当一件事情做完之后，就表示那个问题已经解决了，要面对下一个问题了。我现在的困惑是如何做新作品，或者说如何解决现在的想法。最早我做《灰色城市》，拍摄街头的时候，是要实现我当时的一个感受；当我去巴黎或者在国外见到了一种新的摄影语言的讲述方式，我就进行了《中国式童年》的实践；那么可能有景观摄影的这种方式，就有了《原境》；现在可能需要新的方式。现在整个摄影都面临的困境就是语言已经很久没有一个突破了，大家所用的语言都是相似的，好像可以讲述的内容也都是相似的，如何破界，如何突破自己媒介的边界，是我要考虑的新问题。摄影界现在也有一些很棒的摄影师或者艺术家在寻求破界，也有很好的作品。但是我个人现在还没有做到，我还没有突破个人边界。

您这些年不仅从事摄影，还做起了影像，您觉得摄影跟影像在创作过程中有什么不同吗？

当然有不同。我2007年或者是2010年拍摄了一些纪录片。不同的语言当然是有很大的不同点。相对来讲，影视比摄影更理性，它有叙事的完整性的要求。同时，我觉得纪录片比摄影更残酷，其实摄影作品是浪漫的，虽然它可能有记录，而且是可以很私人化的，但是影像纪录片，为了达到某些更客观的呈现，实际上是残忍的。它需要挖掘，它需要对对象的那种非常冷酷的揭露。摄影对我来讲，是解决我个人的问题，而纪录片往往需要更强的社会责任感，它要解决别人的问题。所以我那时候拍过，发现我还做不到那么狠，做完之后自己太痛苦了，因为你要把别人给剥开，把它很残酷地呈现出来，我有点不忍心。其实纪录片拍摄和我拍纪实摄影是一个概念，都是呈现。只不过纪录片那个阴谋的手段要更狠一点，摄影可能还能藏一点，把那个东西藏一些反而能更好一些，相对更适应一些。

您的第一部影像作品是《山那边》，为什么创作了这部作品？

观察别人就像一种偷窥，偷窥是所有人的欲望之一。你看别人都希望看得更深一点，你得尝试让别人把面具全部摘掉。用影像来观察人性其实挺过瘾的，如果有机会我还想继续观察，但是观察的时期特别不希望暴露自己，但是有时候拍纪录片就是要先暴露自己，才能观察到对方，那个代价我觉得有点大。《山那边》题材上是讲农民工子女的第二代，这个问题其实很棒。农民工的子女在城市生活，在城市长大，但他们在属性上是农民，可是在生活的形式上、状态上是城市人，所以他们就面临了一个没有归属的地域。他所有的生活的方式是城市化的，可是他在城市并没有根，他的身份永远无法改变。我觉得这是一代人的问题。

您的作品大部分拍摄的都是与时代背景相关的问题，是您对这个时代的一些特殊的情感还是有一些不同的看法？您很愿意把中国所存在的问题用影像呈现出来？

我其实不太愿意想这些问题，想逃避，但是这个东西无法逃避。昨天我看到学生的毕业创作，一个女孩，他们家福建的，她的母亲一个人在福建，他有三个哥哥，他妈妈唯一的想法就是让这些家庭成员全都出国，福建那边出国的人特别多，只要你出国了，你就能挣到钱，你的生活就变好了。另一个孩子是在陕北拍的，陕北过年的时候，把一年的婚结完，大事全部办完。因为只有过年的时候人才在家。这种东西我们可以视而不见，但是当你看到的时候，就会看到一种死亡的气息。影像最有力量。当然文字也没问题，但影像有它的优势。

如果不让您拍纪录片的话，喜欢做摄影还是影像？

我个人认为摄影不需要去强调，因为我们现在几乎所有人，都能拿起相机或者手机来拍照。摄影过去掌握在少数有相机的人手里，现在不是了，摄像也一样，影像也一样，你现在拿到相机，拿到手机都能拍片子，摄影机不是特权了。但问题在于如何去突破他们的语言模式，所以实验性更重要，提出新的语言可能，不然这两个媒介现代性的功能就结束了。我的兴趣更在于这些媒介应该有新的突破点，不能永远遵循原来原有的语言规范，在当代艺术里面，它的实验性如何体现。在当代艺术这个范畴下去思考问题，摄影和影像都是手段之一，要把它们的可能性想得更多一点。如果想拍纪录片，电视台有的是专家，纪录片作者也有的是专家。狭义上的摄影也有很多很优秀的摄影师、摄影家、从业者。我们要做的就是讨论更多的可能性，更多的延展性。

未来您会尝试更多的的拍摄风格吗？

会。其实现在整个业界都在这样做，从学术平台上来讲，如果你还重复原有的样式，没有意义了，一定是要找新的方式去做事情。对于一个研究机构或者是教育机构，它一定应当是这么去考虑的。我个人也是一样，比如说我去年做了《六十一座桥》和《为无名城墙延伸N米》，已经开始破坏我习惯性的语言体系了。推翻个人，当你形成体系的时候，要敢于破坏这个体系。

您近期的计划是什么？您刚也说到您目前在做的有“丝绸之路东段”和“关中诗歌”这些项目，能给我们简单介绍一下您现在在做的这两个项目吗？

我这两年一直在考虑摄影怎样介入当代艺术或者实验艺术，更多考虑的是认识上的不同、方法论上的不同，突破自己，让自己的语言具备一定的实验性。这时候的作品可能都不成熟，但应该更多地具备实验性。“丝绸之路东段”这个项目是希望沿袭《原境》，沿寻这个驿站，或者寻找泾河的故事，里面寻找一些传统文化或者历史的点，用摄影的手段在现场找原境那个连接的地方，做一些图像和摄影。最终的呈现并没有想好，这是一个方法。可能最终我还更希望不仅仅是得到像《原境》那个程度的照片，我希望更多的有一些转换，也许只是元素，可能更加让它抽象化了；也许加入现场的行为，去让他变得经过多次转化之后呈现一个新的结果。这个结果是什么，现在我也不知道，但我的想法就是它不再是传统意义上的一个简单的图像，因为我已经不满足于再得到那样一个图像了。

“关中诗歌”是原来我们做汉唐帝陵的那个“关中考”延展而来的，我想做一个“考”的图像转移。就比如说我拍了那个12、13、14号的墓，它主要介绍故事，我想通过图像的关于诗歌精神的转化，生成一个新的图像，但是我觉得这个做得并不成功。就是因为图像转移的过程中还是老想着那个图应该好看，或者说还是禁锢在原有的语言模式上。其实《原境》里面有几张尝试性的作品，但是展出来的还是原来风景式的图像。我还是希望继续抽象化，最终可能也不知道是哪个风景，也许就是一个石头。就是一种概念。但现在做得还都不理想。

总之，得到一个传统意义上的图像不难，符合某种标准也比较容易，但是怎么让它具备一定的实验性，这是我要考虑的。去年我也尝试着加入多人的行为啊，现场啊，或者像《六十一座桥》那样，单独拉出来一个桥之后，在网络上输入桥的关键词，生成图库里随机的60座桥，进行某种图说的讲解，让一个普通的不重要的照片变成类似艺术品的照片，来质疑图像的生产、生成以及图像的价值。《六十一座桥》就是在反观如何评价一个作品。破坏我们评价作品时的程式化的语言，什么构图、光线、时机等等，就是在反对这个东西。我希望尽量去破坏自己，面目全非以后看还能生成一种什么样的东西。

对于很多还在摄影之路上摸索的年轻人，您还有什么想要对他们说的？

其实喜欢就是要去做，不能只说不做。只要喜欢，都能找得到价值。

ROLLEIFLEX
TRIOPO

王伟涛

（摄影家）

1987年3月生于陕西咸阳。2011年作为优秀毕业生毕业于陕西师范大学美术学院美术学专业；2012年进入陕西师范大学新闻与传播学院教育技术专业，在职攻读教育硕士学位；毕业后志愿到西藏拉萨第四高级中学任教至今。陕西本土优秀青年摄影家；中国摄影家协会会员；西藏摄影家协会理事；陕西省教育厅建功立业先进个人。

2016年4月获得中国国际摄影艺术展入展奖；2015年9月获得25届全国摄影艺术展览优秀奖，同年获得第八届全国人像摄影十杰并在世界索尼摄影大赛中被授予索尼青年摄影师称号；2014年获得“徐肖冰”杯全国摄影大赛典藏奖、第四届全国摄影大赛“金鹤奖”银奖、腾讯影像力青年摄影师年度图片大奖、新浪年度优秀报道摄影师大奖，同年获得《大众摄影》年度摄影十杰称号；2013年获得美国《国家地理》全球摄影大赛中国赛区人物类二等奖和华夏典藏奖、第6届中国西藏珠穆朗玛峰摄影大展获得铜奖、“柴达木杯”第四届寻找中国数码摄影师网络选拔赛获纪实组一等奖；2012年获美国《国家地理》全球摄影大赛中国赛区人物类一等奖、中国（济南）国际摄影双年展金小孔奖和第四届《影像中国》摄影大赛优秀奖；2011年12月获第九届全国法制宣传暨廉政建设摄影大赛摄影组二等奖。

在省级刊物发表多篇论文，《孩子》《窗内窗外》《高原村小》等作品在多家杂志及网站上刊登，并数次举办个人摄影展，作品分别在美国和腾讯公司被义卖。另外也多次在美国《小琵琶》摄影杂志、教育部大学生在线摄影大赛中担任评委；中央电视台新闻频道《真诚沟通》栏目、中央电视台财经频道《劳动铸就中国梦》栏目及腾讯视频等媒体为其个人制作了专访和名为《镜头内外》的个人宣传片，陕西二套都市快报及西藏人民广播多次报道；中国摄影家协会以及西藏摄影家协会在其任职的学校创立了摄影曙光学校及摄影教学基地。

追逐与守望她的样子

不论在网络上搜索您的名字，还是查阅您的作品及相关报道，“西藏”和“教师”是您最为显著也是最打动人心的两个标签。西藏对人们而言神秘且神圣，巍峨的雪山、洁白的哈达、辽阔的土地、虔诚的佛教徒……那里是个旅游胜地，却难以被大家认为是人生事业的起点。是什么促使您在毕业后义无反顾地选择这样一条与众不同的道路，走进这片被城市人称为“不毛之地”的雪域高原？

可能还是因为内心始终对这片土地怀着无限的爱与热忱吧。在刚刚踏入社会时，我作为一名免费师范生，毕业后去支教以回馈社会和国家，是所要必须经历的一个阶段。跟随内心的指引，我选择了西藏拉萨市第三初级中学进行实习。在实习的过程中我渐渐发现，那里的人们淳朴友好，而又真诚善良。我想，正是因为这段实习的日子，才让我真真切切地爱上了这片土地，我决定要留下来。就这样，我来到了拉萨市第四高级中学，到现在为止，我已经在那里度过了五年的时光了。

一棵树影陪伴着这些孩子，沐浴阳光吸收知识

这片高原在您眼中是什么样的呢？当您终于来到这片梦想之地，切切实实地站在西藏的土地上时，有没有觉得跟想象中似乎不太一样？

说心里话，在我真正踏上西藏这片土地之前，我就对它有着一种说不清道不明的感情。它是那么的神秘和美丽，充满了诱惑和吸引力，是多少人梦寐以求的地方啊！我亦是如此，迫不及待地想要撩开它美丽神秘的面纱“窥视”一番。然而我没想到，在神秘的背后，那触动人心的淳朴真诚和那直击灵魂的纯洁善良，才是真正吸引我的，那是真正的仿佛能净化灵魂的土地。只是一眼，就仿佛在我心里烙下了印记，我知道我再也离不开了。我感受到脚下真真实实的高原，也看到眼中真真切切的西藏，这其中一切好的与不好的，组成了这片我爱的土地。它所带给我的这一份真实，不就是我一直所追求的吗？很多人问我真正的西藏是什么样子，我总是回答，你在这里所找到的什么是你想要的，那它就是什么样子。

当您做出决定要来西藏后，家人、老师和朋友都支持您吗？

刚开始的时候，家人的态度还是比较反对。我的故乡在武功县，这个地方相对来说还是比较传统。家人总觉得“父母在，不远游”，我作为家中唯一的男孩子就更应该留在家中，要做撑起家里一片天的顶梁柱。当我告诉父母我决定去西藏那么远的地方时，说实在的，我能感受到父母那段时间心里都十分不舒服。甚至包括我的同学也都在质疑我的选择，他们经常对我讲“哎你为什么要去那个地方啊又远又穷”之类的话。可我给他们的回答十分简单，那就是，我喜欢。我喜欢西藏的土地，喜欢西藏的人，喜欢那里的万事万物，我觉得我在那里有种莫大的满足感和归属感。我如此地坚持着，父母朋友最终才选择了妥协。不过，慢慢地，他们看到我越来越强的独立生活能力，越来越健康的生活习惯，更重要的是，随着我在西藏各项工作的推进以及在摄影上取得的一些小成绩，我也慢慢得到了他们尤其是我家人的认可和支持。

其实很多旅藏摄影家在创作过程中都曾表达过一种共同的情感，那就是孤独。家人的不理解，朋友的不支持，对家的思念，加上高原反应导致身体不适，往往都会堆积起负面的消极情绪。不知您是否也会有同样的感受？难道就没有想过放弃吗？

放学回家的路上

雪后

我当然也会有这种感受。尤其是学校放假的时候，没有了孩子们，我总是觉得自己格外地孤单。除此之外更寥落的，便是我背起相机去拍片子的时候吧。总是孤身一人，无穷无尽的行走，甚至有时在路途上所遇到的一个问候和关心，都能让我温暖很久很久。每当这个时候，都会不由自主地想家，想我的父母，想我的妹妹，想我的朋友们。在家里跟父母一起生活的时光总是那么无忧无虑，我的母亲是一位非常体贴细心的女人，我不经意之间所说的话她都会默默地记下来，带给我无限的温暖和爱。可我现在却因为距离无法给予他们切实的关爱，我常常也会因此自责不已。就在去年，我父亲在劳作时突然扭伤了脚，家人觉得我鞭长莫及又会平添烦恼，于是向我隐瞒了这件事情。直到后来妹妹告诉了我，我才知道父亲的脚伤当时严重到连走路都异常困难。当时的我，不知道有多想回家啊！若不是因为当时还有好几个选题正在进行中，包括已经完成的主题也还需要再完善，我脱身乏术，或许我今天也真的不会

我们的条件虽艰苦，但我们却有信心将知识学好

坐在这里了。除此之外，每每因为拍片，长途跋涉去到很远的地方，那里或许会很贫苦或许物资会很短缺，条件艰苦异常，有时候甚至连吃饭都很困难。这时候我总是会觉得无比的心酸，似乎也会有所动摇，不知道我所做的抉择是否值得？不过，当我现在再回头看时，我想我的答案应该是十分肯定的了，我的那些影像，我的每一张胶片，每一张孩子的笑脸，都是对我最好的回报，我想，因为它们，我付出什么都是值得的。当我捧着奖杯和证书回家时，父母满脸的骄傲，抑制不住的笑纹，都让我坚定了继续走下去的决心，因为我知道我真正所需要做的是努力再努力，争取让自己逐渐强大起来，这样才能更好地照顾父母，我才可以更有力量去赡养他们。

听一位旅藏摄影爱好者说西藏的老人们都会害怕摄影机摄走他们的

魂魄，您在拍摄过程有没有遇到类似不配合的情况或者是来自其他的困难与障碍？您都是如何克服的？或者说您在西藏的拍摄中有没有遇到类似的趣事，或者是给您印象很深的一些小片段？

在西藏其实有很多这种摄影爱好者，他们只知道一味地拿起相机去按快门键，缺少与被摄对象的沟通和交流。我觉得这是对被拍摄者的一种不尊重。甚至很多所谓的摄影师都没有经过被拍摄对象的允许就去架设机器，更有甚者会随意撕毁或抛弃失败的照片，正是因为这样的一些群体存在才导致很多西藏的居民拒绝被摄。至于我，在拍摄一幅作品之前，首先要做的一定是和被拍摄者进行交流和沟通。如果我自己在沟通方面遇到了困难，我也会拜托我的学生、同事或者是一些熟人去替我进行联系。只有被拍摄对象同意我为他拍摄后，我才会去进行接下来的工作。当然，在我拍摄完成之后，也会选择一些比较好的底片或者是我与他们的合影冲印出来送给他们留作纪念。记得2015年樟木地震后，灾区的孩子们都统一搬到了日喀则一个相对比较贫困的地方。政府为灾民搭设了帐篷，恰好灾民中有一个孩子在帐篷里过生日，我知道后便想去拍拍他。在取得小男孩的同意后，我为他和他的小伙伴们拍摄了很多珍贵的照片，还记得后来他还很开心地邀请我和他一起过生日、吃蛋糕。我也把照片冲印了出来当做生日礼物送给了那个孩子。其实跟他们在一起相处久了我总觉得我就是这些孩子们中的一个大孩子，我也还没长大呢！不过对于一个摄影师来说，也只有真正地融入他们，才可以拍摄出最真实、最打动人心的作品。

浏览您在西藏所拍摄的众多优秀作品，其中孩子是您的一大主题。您对西藏的孩子浓烈的爱与情感都在您的许多作品里展露无遗，当您拿

起镜头记录他们的生活时，您觉得您更多的是一位老师还是一位青年摄影家？在您以前所写的多篇文章和采访中，您也多次提到“梦想”这个词。您说“在这个拼爹的时代我靠自己”，所以西藏对您来说，更多的是意味着教师的梦想，还是摄影的梦想？

我是一名教师，主要在中学教孩子们美术和高三班级的摄影。其实一直以来，我都觉得自己就是一名教师，我想我永远不可能将教育这件事情放弃掉。而所谓的“摄影师”“青年摄影家”这些名号对我来说真的不重要，我觉得重要的是我能通过我的实际行动，尤其是通过摄影这一方式，来实现我对西藏教育发展的个人价值。至于“梦想”这件事情，我想应该是以教师的梦想为前提吧。毕竟我在西藏最本职的工作还是一名教育工作者。或许我应该在做好本职工作的同时，再去专注于提高自己摄影的专业水准。通过自己的摄影作品，说大一点，希望能搭起藏区和世界交流的桥梁，从而能更好地服务于教育事业。

其实我觉得并没有大家想的那么伟大，我只是他们与你们之间的传播者，或者是说带给他们一些真正的正能量吧。至于说这个正能量其中蕴含的力量究竟有多少，我觉得我现在也并没有十足的把握说它是百分之百的。我只是负责传播给他们快乐，作为他们和外界沟通的桥梁吧。毕竟我总是觉得我自己本身的能力现在也是很有限的，我会把我觉得所谓好的一些东西尽可能地带给他们，并去影响他们，引导他们，让他们往更好的方向去发展。比如我的学生扎西，他正是因为受到了我的影响爱上了摄影，并对我说:“老师，我也想报你学的这个传媒专业。”他现在就读于西藏大学的文学院，也确实在朝着这个方向稳健地发展。我希望他们也能渐渐走进大城市，生活一段时间后再回到故乡看一看，那时我想他们就会知道自己真正想要做的是什么，自己的人生真正想要追求的东西到底是什么了。

您是一位非常优秀的中学教师，并且非常受学生们的欢迎和喜爱。但是在网络上会有一些这样的言论或者说建议，他们说，您作为一名支教老师，不得不面对的一个事实是，仅仅靠您的美术课或者说艺术熏陶和培养似乎并不足以为改变他们这些相比较其他城市相同年龄段的孩子学习生活资源相对匮乏的这种现状。而摄影师的身份，您所拍摄的照片发表获奖之后能将人们的视线引导到这些孩子们的生活状况上，这样反而能真真切切地帮到这些孩子改变某些东西。您为何不背起相机，将它作为一种无形的力量去改变除了西藏以外的孩子们，去帮助更多的人呢？

其实我觉得我们可以站在西藏这个角度去审视整个中国的教育现状。现在国家对于西藏孩子教育相关的政策也越来越好，他们所有的学费、住宿费、生活费，从小学一年级到高中，国家都在支持。可相对来说，西藏的教育还是很落后的。西藏的教育既然这么落后，我作为一名教师，为什么不就在那里，用自己的一些特长来尽可能地弥补西藏教育的缺失？要知道，西藏本身有很多神秘又充满魅力的艺术形式，比如唐卡。我作为美术专业的教育者，所要做的便是帮助那里的孩子们更加深刻地认识、理解属于他们藏民自己真正的本土艺术。将这些艺术形式通过我们的深加工，推向世界，发扬光大。这是我想要做的，所以我坚持做老师。而摄影作为我的爱好，我觉得已经足够了。或许我到一个地方，将那里的所见拍摄下来后，再回到教室中将这些所见通过影像的方式展示给我的学生们。这种展示给他们带来了什么？至少让他们了解到他们已经生活在一个相对来说很幸福的校园环境里，还有很多底层的孩子们他们教育环境又是什么样的？身在福中不知福的你们还意识不到这些，还不去努力，那以后你们怎么办？这也算是给孩子们一些警示教育吧。当然我有时候也会将在中国其他地方拍摄的一些照片拿给我的学生们看，然后再去做一个比较。通过影像让他们了解世界的同时也能给予他们一些积极的刺激，通过这一系列的教育行为，让他们认识到西藏相对落后的经济现状，从而希望他们看到这些大城市的样子时能激励自己往更广阔的天地去走。除此之外，我作为一名老师我可以教给孩子们的不只是画画还有摄影，学到一门实实在在的技术对个人发展来说也是很好的。实际一点来看，如果他们没有考上大学，至少还可以开一个照相馆来谋生。说实在的，你让我放弃我的摄影事业我都可以接受，但是教育事业我想我永远都不会放弃。

您本科是美术专业，和许多摄影家一样，都是学美术出身。是什么激发起了对摄影的爱以致于“抛弃”老本行？您还有最早接触影像的记忆吗？

美术这个专业学的时间久了，以后就是朝着理论研究的方向去发展了。其实我当时读研究生时，专业的名字是“现代教育技术”。起初我也是觉得教育技术专业应该有摄影摄像相关的方向，这样便可以将自己原本就爱好的摄影能力再进行拓展。毕竟在摄影方面，我以前只是一味地自学，总觉得还是有所欠缺，需要系统化的学习，也需要专业的老师来指正一二。而且摄影这个技术拿到西藏去也是十分实用的。

至于最早对于影像的接触，其实谈不上影像，只能说是最早接触照相的时候吧。记得16岁的时候，我父亲带我来西安打工。我遇到一个在街边发小赠品给路人的人，他给了我一小袋洗发水后却拉住我，问我索要100元钱，声称这100元钱可以再换一个装胶卷的傻瓜相机。我看着

童趣

那台相机心动了。那是我第一次拿起照相机，当时十分地高兴，不停地按着快门，乱拍一气，觉得神奇极了。之后进入了大学，有一天我突发奇想，便去买了一台相机来玩。丝毫没有夸张，当时的我确实抱着一种玩的心态，每天只会拍一些花花草草。后来时间久了，我觉得拍这些东西似乎真的没有多大的意义。直到后来一次偶然的机会，我结识了我们陕西师范大学的李泛老师。李老师是在中国摄影界赫赫有名的人物。我怀着对摄影的一腔热忱去向李老师讨教学习。他的一些思想一些理念完全改变了我对于影像的认识。这个时候我才可以说是从照相真正走向了摄影。

当时我玩的是所谓的长焦机。因为我在大学时，是免费师范生。虽然说国家会有资助，但父母总想让我在学校过得好一些，所以家里多少还是会补贴一些生活费给我。再加上我自己平时也会做一些兼职赚一些

欢乐追逐

小钱。攒一攒攒一攒，居然最后也够买一个长焦机玩了。可年轻的大学生玩摄影，总是有一些奇怪的心理在作祟。拿着长焦机，却想换一个更好的更大的相机，觉得拿出去会让自己更有面子。于是，这个长焦机我玩了一两个月就把它卖掉了，加上自己平日所积攒的一些零用钱，三千多购买了一台尼康D60。那是我的第一台单反相机。对于大学生来说，这样的配置也足够了。可是后来随着我对摄影更加深入地了解和追求，加之结识了许多在摄影方面颇有成绩的朋友，这样盘算一番，我的机器又不太够用了。可是，想要升级更高级的机器，价格已经远远超出了我的承受范围。正是因为这样，我才选择去参加各种摄影大赛，去向杂志社投稿，用这样的方式来不断对机器进行更新换代。

您将在西藏拍摄纪实类人文关怀的人像作为您的主要题材之前，还拍过哪些类型的照片？

其实我拍摄的第一个主题并不是人像，而是社会纪实类的照片。那时，我们陕西师范大学的新校区刚刚投入使用，周边聚集有许多的村庄。村庄和大学城的新旧交界之处，环境污染十分地严重。于是我选择了关注环境污染这个题材，我拍摄垃圾堆，拍摄光秃秃无人修缮的绿化带，拍垃圾堆对周边居民及村庄的影响。这样的主题一直延续到我大学毕业。直至到西藏之后，我才开始拍摄藏民和孩子等人文主题的人像。另外，我在对摄影的摸索中，也不可免俗地拍过很多山水，比如秦岭的枫叶。我本科是学美术的，学美术的人可能在构图、色彩上的敏感度会稍强一些，所以我在拍摄这类风景照时得心应手，在参加比赛时优势十分显著，也凭借它们拿过一些奖。但是当现在的我再回顾这些作品时，感觉它们甚至都叫不上什么所谓的摄影，也就只是一种照相而已吧。起初在大学期间拿起相机的理由很简单很直白，就是觉得男生拿着相机的样子很风光，很帅气。后来开始参加比赛，也是为了升级我的器材，提高自己的知名度。后来，在李老师的影响下，加之我自己对摄影逐渐有了更为清晰的认识，我意识到，摄影应该是要具有一定社会意识的，是要能够产生一定社会共鸣的。我想让大家知道我拍摄的这一组片子反映了些什么，从而引导我们社会去关注些什么。我一直认为，摄影是要在有形之中蕴含很多无形的东西在其中的。对于这些无形的内容，你去表现它的方式方法又有很多。但是作为一名摄影师，寻求的不应该是形式感，作品内在的、能被反映出来的一些事物才是更重要的。如若你能将这种无形的内在表现出来，你才算是有了一张真正意义上的摄影作品。要记住，这种无形的东西比有形的要更美。这是我从开始所谓的“帅气”形象到最后价值观的形成的过程。其实这也是慢慢且自然而然走过来的。

我很喜欢您的人像作品，《孩子》《高原村小》等等，每一幅作品都能窥见一篇故事，一个属于那个孩子的故事。其实这些西藏的孩子已经成为您摄影的一大主题了，您在选择去西藏支教的时候，心里就非常明确这个拍摄计划吗？人像摄影，我最喜欢的还是您获得金小孔奖的《窗内窗外》，那种孩子们之间质朴和自然的生活痕迹可以一下子直戳人心，虽然画面是黑白的，但还是感受到了一种莫名的被压抑的明媚感。能否讲讲这张照片是如何拍摄出来的？

这些孩子其实都是在孤儿院生活的孩子。一般都是我在周六周末去到他们所居住的地方拍摄的，偶尔也会给他们上上课。虽然从严格意义上来讲他们不是我的学生，但我也算是教过他们的一位大哥哥。我在刚开始去西藏的时候并没有这个拍摄计划，一次偶然的机会，学校组织我们全校老师去一所孤儿院探望孤儿，和那里的孩子相处之后我被深深地感动了。这所孤儿院的创建人叫扎西，孩子们都叫他扎西爸爸。他卖掉了自己的拖拉机，用这些钱买了一栋藏式居民楼。地方不算大，20多个孩子只能在一张大床上挤着睡，我看到这样的画面感觉十分心酸。也正是这次的经历，才使我产生了想要把这些孩子们的生活记录下来的想法。你知道，有时候当人身临其境、置身现场的那种真实感是最能打动人心的。当我被打动后，我就在想，为什么我不能通过我的镜头去打动别人，我想我应该将这份情愫传递出去。于是这样，我决定开始拍摄这些孤儿院的孩子们，我的专题才慢慢开始形成。《窗内窗外》这张照片其实也是在扎西最早的孤儿院里抓拍的。其实我在孤儿院拍了很多照片，但是这一张中每个孩子的表情和动作都很生活化，并且有一个窗户在画面中央，很大程度上能反映出来这些孩子们的生活状态。一方面窗户的里和外就有很大的区别，另一方面窗户的破旧程度，包括那些孩子们都是通过窗户上的倒影在梳头发，并且光着脚穿着不合身的大人的衣服站在床沿上，可想而知他们的生活状态是什么样子的。而我拍摄的目的也就是想要表现这些，这不仅是我对西藏孩子们的一种浓厚的情感，又是对他们的生活现状力所不能及、无可奈何的一种集中表达吧。

谈起以藏地人文风光为拍摄题材的摄影家，经常为人所津津乐道的是杨延康老师、吕楠老师，那除此之外您有没有十分欣赏的某个摄影作品和喜爱的摄影师，也就是所谓的偶像？请为我们分享一下。

我有幸与杨延康老师有过数面之缘，他的作品主题多为西藏的藏传佛教。他的表现手法都是为给观众营造出一种神秘的氛围；而吕楠老师更多的是记录西藏人民的日常生活，他的表现手法也是很直白的，且意境十分唯美。我曾经也同杨老师交流过，我当时还在思考，我如果照着前人的路走，就只能永远在他们的影子里，想要超越他们是十分困难的，并且也很难形成我想要做的独树一帜的经典。后来我想到我既然是一位老师，那我为何不尝试走西藏教育这个题材的影像呢？当然与此同时，我也会捎带拍摄一些反映西藏人民日常生活的影像和藏传佛教的影像，但是我一直是以教育这条线为主从未动摇过，至少现在没有。

说起我的偶像，应该算是有两位。我的第一位偶像应该是将我从照相引向摄影的启蒙老师——李泛老师。他从来不会教我如何使用操作相机等归属摄影技术范畴的东西，他对我的指导更多的是对影像内在的解读、对影像的理解和对影像的表达。另一方面李老师也让我在个人的素养方面也得到了很大的提高。我觉得一个摄影师或者说一个教师，他不

童真

仅仅要在自己的专业领域足够强大，自身素养的高低更是这个摄影师能走多高能走多远的关键因素。我的第二位偶像也是我们中国的著名摄影家——卢广老师。他的题材主要是记录环境污染问题。对于卢广老师，我特别佩服的是他的一种精神，其次是他作为摄影师的一种使命感。他拿着相机去拍摄中国的城市污染问题，在这一过程中他曾被很多企业家威胁，但他仍然义无反顾地报道、呈现着他想呈现给社会的一切。至于使命感，他通过他的影像将问题正面、真实、直接地展示出来，让世人和政府都真真切切地看到现在污染的严重程度，以此呼吁政府治理，呼吁人们的环保意识。可以说，他通过他的相机真正地改变了一些社会不

窗外的梦想

良状况。他的这种精神和使命感值得所有摄影师去尊敬、去学习、去发扬。就拿我来说，我作为一名教师，教育就是我的使命，我站在这个位置上，动用我的一切能力去服务于我的教育事业，因为我只有把教育这件事情做好了，我的人生价值才能真正体现出来。

说起孩子的摄影作品，最为人所熟知的是解海龙的《大眼睛》，您希望自己的作品成为像《大眼睛》那样的经典并且切切实实地为您相机里的孩子改变些什么吗？那对您个人来说，您觉得摄影本身给摄影人带来了什么？

《大眼睛》这幅作品一出来不只是仅仅改变了这个女孩的生活，更重要的是它在某种程度上改变了那个时期中国教育的现状，或多或少地促进了教育的发展。因为社会环境和所处时代的不同，《大眼睛》的经典或许今后都是无法超越的。不过我觉得我没有必要一定要去超越谁，只要在我自己的道路上，体现了我自己的人生价值，不论价值大小，只要做了，那就有它存在的意义。

其实大家都说这些作品改变了被拍摄对象的生活，这些改变可能都是一些表面上的改变。或许我把影像传递出去，会使大家觉得这个地方需要帮助，而我现在才意识到我做的这些事情或许是不对的。他们现在需要的并不是大家所给予他们的钱、衣服、生活用品等，因为这样长此以往下去，我很担心这些孩子会对外界产生一种依赖，从而引发他们的惰性。所以要说真正的帮助，应该从更深层次的地方去解决问题，比如最直接简单的方式——教育。作为一名老师，我应该让他们知道，依靠自身的努力去改变命运比起接受外界的给予来说，更能让人生焕发出不一般的色彩。要知道，精神上的东西比起物质要更重要。大家的资助对孩子们来说也只是短期的效应，然而他们更需要的是来自精神上的可持续性的一些财富。我希望我认识事物的方式，人生的生活态度可以影响到他们，使他们从内心深处得到一种鼓舞从而去改变自己的命运。

摄影带给摄影人的正是影像作品本身。每个时期摄影者所拍摄的照片都有这一时期属于它独特的影像价值和艺术价值，每个时期的作品或许对于摄影者本身来说都会有一个美学上的提高；其次，影像的表达价值，和作家用文字表达思想一样，我们摄影师用图片来表达自我；最后就是记录的价值，照片总是能记录下来我人生阶段各个难忘的瞬间。

除了摄影以外你还有别的兴趣爱好吗？是否会影响您的创作？

除了摄影以外，我还喜欢徒步。在西藏的时候，我背一个大包，随心所欲地走很长时间。经常有时候一边走，一边用相机沿途记录我所看到的东西。除此之外，在西藏这个高海拔的地方，确实也需要你经常锻炼、运动来保持自己的身体机能。不过这些在徒步中所完成的影像记录算是我的作品中比较小的一部分，大部分的作品还是我去所要拍摄的地方专程进行拍摄。徒步这个爱好，让我对西藏这个地方更加了解、更加熟悉，这也能使我的作品更加深入、真实和打动人心。

纵观您的光影之路，可谓是硕果累累、战绩颇丰。从2009年，还是一位大三学生的您，拿到“乐游园高尔夫”杯摄影大赛三等奖开始至今，所斩获的国内外大小奖项的奖杯少说也有60余座。相信每一个荣誉对您当时阶段的创作来说都有着非凡的意义。从艺术理念上来讲，哪一个奖项最能体现您个人的摄影风格和艺术定位呢？就摄影方面的个人发展来讲，您最为看重哪一个奖项呢？

我最重要的转折，就是在孤儿院拍摄的《孩子》，获得了美国《国家地理》中国赛区的人物类一等奖，也是通过这幅作品让我认识到我创作理念的可行性，明确了我的创作方向。这个奖除了对我的专业水平是一个莫大的鼓励之外，也让我觉得我的个人价值和社会价值从这张照片中体现出来了。个人发展方面的转折应该是《高原村小》获得的“徐肖冰”杯全国摄影大赛的典藏奖。因为徐肖冰老师可以说是我们中国数一数二的摄影家，他是毛泽东主席的专职摄影师。这个以他名字创立的奖项对于纪实摄影来说是很大的一个肯定，在整个摄影界都是举足轻重的。

但是摄影家吴家林认为现在中国的摄影师都在寻求我要拍什么，而不是怎么拍，结果不尊重影像本身浪费了好题材。您在摄影中如何权衡“拍什么”和“怎么拍”，也就是题材与形式这两者的关系呢？

我们中国的摄影发展确实是落后于国外的，作为我们摄影工作者来说，确实应该多学习西方摄影大家的一些长处，同时在作品中融入我们的中国元素。李泛老师曾经说过“中国式摄影有属于我们自己的风格”。我们的题材特别多，所以拍什么，表现什么，表达什么，就需要自己去做一个问卷调查了。比如我选择拍摄西藏的教育，因为没有人触碰过这个题材，而我如果做出来的话，我就是独树一帜，那这个意义就非同小可了。至于怎么拍方式和题材的契合度要很高，比如我拍孩子，那我就应该用最淳朴的方式去表现这些孩子，我不需要任何的修饰，我所要做的，只是按下快门将他们拍摄下来就好。并且我的绝大多数作品都使用了黑白色调，我不喜欢将高原上色彩的对抗渲染出来。因为黑白作品本身它是没有光、没有色彩的，它是朴实的，简单的，真实的，适合表现这些孩子们情感、生活状态，内容跟形式还是要统一起来，毕竟内容还是在表现孩子们相对而言单纯一些的精神世界和物质世界。对于我国摄影家来说其实可供选择的题材太多，每个题材有不同的表现方法，不论你选择了什么方式，只要照片中的你想要呈现的内容出来了，你想要表达的东西也出来了，这就是成功的作品，因为影像最重要的永远都是影像本身。

您觉得一个好的摄影家是如何界定的？很多摄影家在处理自己的照片时也是层层删选，吕楠说他任何一个部分，如果在1%毫米的这个线我没有处理好，这个作品都是垮下来的，都是要舍去的。您每天面对大量的底片时一定也有自己的一套标准，所一幅好的作品是如何界定呢？

首先我觉得我不是一个“家”，我顶多就算是一个摄影爱好者。这个“家”字太大，我承受不了。至于一个好的摄影家，我觉得他首先要有具有社会价值和艺术价值的影像，这是最根本的；其次就是这个人本身的

思念，等你回家

人格、修养和思想，也就是说他是否具有自身的一套理论。现在很多正在学习摄影的年轻人对于理论和实践的平衡把握都各有论据，可我认为从实践中提炼理论是一件非常重要的事情。你在拍的同时，一定要提炼自己对于摄影的想法，从而形成自己的一套理论。至于我为什么说我不敢承受“家”这个字，说实在的，我没有来自自身系统的一套思想，只是会拍而已吧。吕楠老师他删选照片时更多的可能是对艺术方面的考量多一些。他的影像作品很讲究拍摄、制作和后期，绝对都是精益求精。而我的照片我更注重的是内容，只要内容表现得到位，就足够了。没有必要去纠结其中的某个光影元素多了什么少了什么。只要情感够，内容在，就是好的作品，其他的我觉得都无所谓。

因为我是学美术的，所以对于“发现美的眼睛”，我觉得还是能比其他人稍微敏感一些。但是最终是否能体现出被拍摄者的一种情感，还是跟自身的环境有关系。比如我经常看到西藏那些孩子们在校园里的生活状态，我就会想起我自己小时候的校园时光，那个时候没有人为我把那些美好的点滴记录下来，那我为什么不能通过我的影像去表达这些孩子

仰望

们的生活状态呢，也算是为他们留下些童年的回忆。也正是因为我将自己的情感融入了这些影像里，它才能更打动人。很多网友评论我的人像摄影，有一种残酷的美。但我觉得这不应该算作残酷吧，我所表达的只是最真实的事实，一定要讲的话，我认为这是一种真实的美。

不可否认现在照片对绝大多数人而言都是记录的意义更大一些，比如大家在饭前都喜欢将美食拍摄下来。您个人觉得记录性和艺术性之间的关系是否可以有一个取舍来达到平衡呢？在您的微电影《西藏·镜头之外》中可以看到您对拍摄对象进行的主观引导与个人化塑造，从而有人质疑您有“摆拍”的嫌疑。对于这样的声音您的看法是怎样的？

摄影方面的艺术和记录其实是有密切关系的，二者都不是独立分开的。可以说，在记录的同时，我要的是一种表达，通过形式我们可以将作品再升华，升华出来的就是艺术，但同时，记录也是存在的。拍孩子时也一样，我想表现出他们的这种贫困的生活状态，但是我又想通过艺术加工使照片有一种美感。所以说是以记录为前提，最终升华成艺术，并表现出拍摄者跟被拍摄者的情感的融入。对拍摄者来说，拍摄的作品里有他想要表达的东西，而被拍摄者他处在他自身的环境里，这两者之间有一个融合，这样的作品才是最真实的。

对于摆拍，其实我以前也采用过这样的一种拍摄方式。但是我摆拍的原则，一定是在过去的环境之中真实发生过的，它只是通过影像对过去发生的事情的一种再现。而我们要在“摆”之中去抓拍他。比如说我引导被摄者做一个动作，可能他的肢体在完成这个动作之前或者说在完成前的那一瞬间我去抓拍他。至于说摆拍这一方式是否可取，我觉得要把握好一个度。摄影也分为很多类，比如有新闻类、纪实类和人像类。对于新闻类的拍摄来说可能摆拍就是严令禁止的，因为新闻类的照片出现摆拍就意味着在某种程度上造假。人像类，也分为很多种，其中的商业人像就是允许随意摆拍的。而纪实类的照片进行摆拍就一定要摆得合理，也就是我刚说的从“摆”中去抓取最精彩的瞬间。

长时间在藏区的深度行走，很显然，您已经把自己交付给了这项对西藏人文生活关怀的选题。目前您认为您这个选题完成了多少？还将继续行走多久呢？

西藏的选题我已经走了四年多了，之前我拍摄了一组高原上的孤儿，后来第二组是高原上的小学生，也就是《高原村小》，现在正在拍摄的是高原上的乡村幼儿园。除此之外还在拍摄一组主题叫做《铸佛青年》的影像，这是从2015年3月份开始的一个选题。记录一些未满18岁就辍学去铸造大佛的孩子们，希望通过对他们的影像呈现来让大家关注西藏的教育缺失问题。其实这两个主题我都还没有拍完，还在进行中。不仅如此，就包括已经完成的《高原村小》系列我也还在继续完善中。照片永远都是拍不完的，可能不同主题它的表现方式有所不同，拍摄时间也是不一样的。除此之外，还有一个正在进行中的选题是在樟木。之前尼泊尔地震影响到了樟木，那里受灾比较严重，房屋全部倒塌。于是我就拍摄了三个月在樟木震后帐篷里的孩子们的生活。不过现在这些孩子已经搬到日喀则的小学去了，我想我还是会继续跟踪记录下去。去看一看地震后国家的一些帮助扶持是怎么样的？那些孩子们的精神状态如何？这个选题是我现在比较迫切想要完成的。

不过在藏区这四年的行走中，我也提升了许多，除了专业技能以外，还包括我自身的素质、内在的修养。我之前确实是一个很俗的人，就在我刚从农村走出来的时候，用我们的方言讲就是“蛮得很”，看到谁不顺眼就总想骂两句。甚至我刚到西藏的时候也还是那样的一种状态。但是在西藏行走的这几年让我在成长和磨砺中，慢慢沉淀下来了。让我能去思考，开始审视自身存在的问题，并且去慢慢纠正，感觉自己一切都在往一个良好而又健康的方向发展，我十分喜欢这种状态。

对很多还在摄影之路上摸索的年轻人，您有什么想要对他们说的吗？

首先，作为年轻人还是要做自己喜欢的事情。其次，你所做的事情中，一定要寻找到你的个人价值还有社会价值并将之体现出来。一切都要慢慢来，沉下心，有条件的话可以去各处体验体验生活，这样总比待在城市烦躁的环境中更能寻找到自我。总之，不论你想做什么事情，只要认真去摸索，我相信一定会有不一样的收获。

袁柳

1986年5月出生，2009年毕业于西安理工大学摄影专业，2011年进入北京电影学院攻读硕士研究生。2008年5月，获国家高级摄影师资格证书。于2009年9月参加“2009中国平遥国际摄影大展”并获得“新锐青年摄影师”奖。现为西安理工大学艺术与设计学院影像动画系教师。主要讲授影像创作、人像摄影、摄影构成及用光等课程，研究方向为图片摄影创作及理论。

2014年4月，摄影作品《艺术专业研究生》在第三届“中华美·海峡情”两岸大学生摄影大赛中获新闻纪实类金奖；2009年摄影作品《伤逝》在平遥国际摄影大展中获“新锐青年摄影师”奖。

曾发表论文《从风景到景观——论中国风景摄影概念的外延扩大化》《杉本博司：跌进现实与摄影时间裂缝里的人》等。

我是被摄影选择的人

您还有最早接触摄影的记忆吗？比如第一次拿到相机。

好像没有什么特别的。有印象的就是小时候拿柯达的一次成像的那种便宜的相机，旅游景点都可以买到的相机，用那种相机拍一些留念照或是家庭照。最早对摄影理解就是一种记录吧，没有特别传奇的经历。

我们都说父母是孩子的第一任老师，您当时学习摄影的时候您的家人支持吗？还是有意培养您向这方面发展？您的家庭环境方便多说一下吗？

我的家人都挺支持的，喜欢什么就觉得可以选择什么。我父母是经商的，做印刷。家里有四个小孩，我是唯一的女孩子，正是因为家里男孩比较多，所以家庭氛围相对来说比较自由。父母也比较尊重我们的个人意愿，喜欢什么就可以去学什么，没有特别强求什么，风气比较自由。

看到您本科和研究生都是选择了摄影专业，能给我们谈谈，在众多人生道路中，为什么独爱摄影艺术之路吗？

不能说独爱摄影吧，我觉得我们这个专业每年招的学生很多都是从别的专业跨过来的，或者之前想学的不是摄影，但是后来因为种种问题被划分到摄影专业。我对学生们说你们有两类人，一类是被摄影选择的人，一类是选择摄影的人，其实很大一部分是被摄影选择的。

那您觉得您是哪一类？

我其实也是一开始被摄影选择的人。当时考大学，大多数人都选择一些相对比较稳妥的专业，例如平面设计这种招生人数比较多的专业，摄影专业一个省一般只招两三个，竞争比较大，一般人不会去冒这个险。并且在高中对摄影完全是不了解的，就觉得是个偏技术的东西，所以也没有想过去学，学习摄影是在考大学时被划分过去的。当时学校打电话问我父亲，问可以去学摄影吗，父亲当时就帮我决定了，后来告诉我让我去学摄影，我也就答应了。这样就学了摄影，在之后的学习中慢慢的了解和熟悉摄影这个媒介，包括读研的时候也觉得还是比较感兴趣，就决定在这条路上继续走下去。

在学生时代学习摄影的过程中，让您印象最深刻的事情是什么？

我觉得是碰到几个比较好的老师吧。一开始的启蒙老师是一位很有资历的老先生，刘明远老师。他教摄影的方式是非常传统的，很多图像一些镜头原理的图都是他自己手绘的，以前我2005年读大学的时候多媒

2011级美术系研究生 刘敏，新媒体创作方向

体还不是特别普遍，我们那位老师备课特别认真，所有的东西都是自己手绘在一张特别大的纸上，每节课就挂在黑板上，给我们一点点讲。我觉得老师的态度会影响你，就觉得摄影是件特别严肃的问题。启蒙老师决定你对摄影整个的态度。

您能具体谈谈启蒙老师对您的影响吗？

具体来讲我觉得还是教学的细致与认真。我读本科时候，摄影教育还是比较传统的，但我读研期间学习摄影课程就转型了，毕业之后再去教学生，跟以前老一辈老师教摄影的方式就完全不一样了。我是正好赶上了那个末班车，老师踏踏实实地教像光学镜头这种特别技术类的东西。但当我毕业后很多类似于黑白暗房、胶片的结构、曝光材料都不会去讲

2011级摄影系研究生 虞思聪，视觉概念设计方向

了，我觉得挺可惜的。之前的那种教学方式还是挺影响人的，会让你觉得摄影不是一个简单的东西，不只是学一下光圈快门就可以了，而是有很多化学的、光学的东西需要去了解的。总之，老师的态度还是很影响我的。

您在北京电影学院读研究生时，您的导师是哪位？能谈谈您的导师吗？

我的导师是朱炯老师。朱炯老师很勤奋，对我影响特别大，导师是一位既能把家庭照顾得很好，又能把自己的工作做得很好，包括学生的教育都能处理的特别好的综合能力很强的老师。导师有自己感兴趣的东西，就会带着研究生一起去做，很勤奋，兢兢业业，不辞辛苦地去做学术。

2011级管理系研究生刘摩，电影市场与营销方向

我们都知道偶像的力量是无穷的，那么您的偶像是谁？

我觉得谈偶像谈不上，摄影这个东西其实是特别个人的，你可能会喜欢一些摄影师的作品，他们可能会在个人创作经验或者是作品风格上影响你，但是把他们封为偶像我不赞成。我也会有一些自己比较喜欢的摄影师像黛安·阿勃斯，但是没有把一个人单独地奉为经典，非他不可。养分是丰富的，从每个人身上都可以获得养分，不一定是大师，我觉得包括身边的同学或者是很普通的一个人跟他交往也会有很大的收获。

一直做同一件事难免会遇到审美疲劳或者瓶颈期，您有遇到过吗？您怎么解决？有想过放弃吗？

2011级录音系研究生 沈雅辰，综合媒体技术方向

有啊，我读研的时候很冲动就想把相机卖了，去买一架钢琴。有时候自己内心不够强大，没有勇气拿起相机去拍东西。当时还是蛮痛苦的，会想留着相机干吗还不如去做自己喜欢做的事。在每个时期都会遇到一些自己不如意的，对摄影的理解也会随之改变，但慢慢地坚持下来，还是觉得摄影是一个特别好的习惯，包括你理解人和事物，是非常耐人寻味的。

您的摄影理念发生过变化吗？

发生过变化，有段时间是挺波动的。最近的一次就是读研的时候，在写论文之前。当时压力比较大，因为既要搞创作又要写四万字的论文，觉得自己一旦去写东西的时候就会发现自己了解得太少了，接触的东西越多，越觉得自己无知，感到自己太不足了，会因此受挫。一种生命体验会影响你对摄影的理解，可能不是摄影本身，而是个人的情感。

在此之前您一直对摄影是充满热情吗？

嗯，还是觉得年轻人比较简单，不会想太多，但读研的时候你就会面对未来的生活、工作、婚姻，就会想很多实际的问题，也会影响对摄影的理解，会怀疑学摄影会不会、能不能给我一份满意的生活。

您比较偏好创作哪种题材的作品呢？

偏真实的，就是我不太喜欢那种矫情的东西，为了说什么而去说什么，我觉得摄影如奇遇，这个媒介就决定了它会让你通过这种方式去看世界，通过摄影去看世界你会发现一个很独特的视角，我觉得这是特别有意思的。

2014年4月，您的摄影作品《艺术专业研究生》在第三届“中华美·海峡情”两岸大学生摄影大赛中获新闻纪实类金奖，您是基于什么样的原因创作这样的作品的？能和我们谈谈您的这个作品吗？

这是读研期间的一个作品，当时其实挺迷茫的，因为我对于摄影的理解每一阶段都在改变，包括之前还是很冲动地拿着相机就可以去街上拍照片，到后来就拿不起相机了，到街上不知道拍什么，再到读研的时候，我觉得拍什么样的照片都没有意义，我甚至觉得拍一张照片就是没

2011 级摄影学院研究生 胥艺炯，图片摄影创作方向

2011 级录音系研究生 韩晗，作曲方向

有意义的一张照片。后来就会想什么照片才算有意义的，思索再三觉得应该是对自己有意义的或者至少是对别人来说是一张有意思的照片，这才能算得上有意义吧。我就想那还不如去拍自己或者自己身边的人，可以去拍我们这个小群体，为他们在读研的生活中留下一个纪念，这样也挺好的。当时因为所有专业的研究生都是在一起的，我觉得每个专业的研究生都很有意思。北京电影学院是个特别小的圈子，研究生这个群体，你可以看到很多不一样的人，各个年龄段都有，而且大家的专业不一样，每个专业的教室也都有其自身的特点，我就觉得这是个不错的作为环境肖像的一个选题，于是就觉得自己可以去做一组有意义的而且自己能把控的作品，就去拍了一个研究生的群像。

您是山东人，在西安求学并且看到在您本科时许多作品也拍摄了大量陕西街头的人或事，您眼中的西安是什么样的？

我觉得西安这个城市还挺耐人寻味的，跟北京相比西安有自己的一个节奏，没有那么快，而且特别有意思的是西安具有自己的味道，古城虽然现代，但却发展得特别慢。我觉得在这样的一个城市做摄影是特别享受的，西安是一个可以沉下心去想自己的东西的城市，而且它厚重的积淀是特别能滋养你的。

众所周知，西安作为华夏文明的发源地，有着悠久的历史和厚重的文化积淀。您的作品《伤逝》的灵感是来源于这座古城吗？具体是什么激发了您的创作灵感呢？

灵感应该就是来自本科四年的学习吧，从大一开始就不断地拍到大四的时候自然而然就有想说的东西。当时也没有想过以后会留在西安这个城市，觉得既然在这生活了四五年，还是有些东西特别想表达，包括对这个城市自己的理解，我觉得这些是可以做成一组影像的，把平常四年的积累慢慢整合，整合出来这个比较偏个人色彩的作品。《伤逝》中拍了很多西安的一些遗迹，一些新建的游乐场所，也是自己对西安这座城市的思考。

拍摄《伤逝》这组作品时的您的决定性瞬间是什么？在拍摄这组作品时有什么让您印象深刻的事情？

我觉得是自己当时的情感，情感到位了就能做出来。毕业之后再去做感觉那个瞬间就没了。最大的经历就是对这个城市又增加了一层了解，之前对这个城市的理解还是很表面的，当你有了主题再去观看这个城市的时候，就觉得你可以深入地去了解。在选好题之后去一些地方拍摄的时候，就觉得和之前的看法是完全不一样的，总的来说整个拍摄的过程还是很让自己进步的。

从《伤逝》这组作品中我们能看到很多中国传统元素，您对中国传统的文化是怎样理解的？《伤逝》这个名字包含了您对现在时代背景下传统文化流失的惋惜吗？

我觉得有些东西是应该去保留去尊重的，但其实我们很多时候都是在消费它。当时拍这组作品还是蛮悲观的，有些东西包括仿建的建筑，只是为了旅游而去建造它，并没想着去尊重它，去真正了解它的用意，或者是它有什么样的精髓，就只是一些粗制滥造的模仿。当时也不是很

伤逝——走廊

伤逝——窗

熟悉这块，只是单纯地去拍了内心的感觉，至于作品出来，每个人解读的方式是不一样的，看到的也是不一样的。随着现代化进程的不断加快，中国传统文化以及传统艺术在不同程度上遭到一些破坏与影响，《伤逝》这个名字也是有点惋惜之感。

《伤逝》这组作品您采用了独特的圆形构图，您这样做有什么特别的含义吗？

因为《伤逝》这组作品拍了很多关于传统文化的东西，在此过程中受到传统的“天圆地方”的影响，觉得这种元素特别适合用扇形的构图去框取，于是有意去选取圆形视角。

伤逝——红墙

伤逝——凭栏

在网上看到《伤逝》这组作品在参加比赛的时候曾得到一些不同的评价，引起一些争议，您能讲讲这些争议是在哪方面吗？

我也不是很清楚当时的争议点，听到说喜欢我作品的就给了很高的肯定，不过有的就直接不认可。我觉得这很正常，作品做出来就和自己没关系了，对作品的解读是每个人根据个人经验去解读的，这可以理解。争议最大的可能是创作手法上吧，有些人会觉得用扇形的方式，包括后期有调色，他们可能会觉得太过于个人色彩，不够真实。

《伤逝》这组作品中有好几个动物的形象，您为什么不选择对真实的动物进行拍摄，而是用动物玩具模型来作为拍摄对象呢？

当时前面拍的一些传统元素很多都是仿建的，都是假的，包括兵马俑也是假的，只有装修中的广仁寺是真实的场景，其余的都是仿的，既

仿逝——公园里的魔术师

然都是仿的就只拍仿的，不拍真的，特意去找假的东西拍。

看到您拍摄过许多人物作品，拍普通人最难做到的是让被摄者完全地放松，拉近距离。让陌生人放下防备并不是轻松的事情，您是怎样处理呢？

拍自己熟悉的，拍自己能驾驭的人。读本科的时候有一段时间经常会去一个巷子，去了至少有三四次，时间长了巷子里的人都认识我，大家也就熟络起来。我每次去的时候都会把为他们拍的照片洗出来送给他们，久而久之他们也都很了解我，所以他们完全不会介意我去拍摄。

伤逝——误入凡尘

您在大学任教，并且作为一名摄影师，您的工作和生活肯定很繁忙，在这种情况下，您是怎样坚持艺术创作的？您的这种工作和生活经历会激发您创作的灵感吗？

不断思考吧，让自己一直处于一个不断思考的状态，不要放弃对摄影的思考。这种工作和生活经历当然会对我的创作有所影响，在之前给学生代课的时候，我就想每代一门课，就可以自己去做一份作业，不只让学生去做，自己也会去做，看看能不能交出一份比较满意的答卷，这也是在督促自己。还好工作和爱好是一个东西，这也使我轻松了很多。

就你理解，西安理工大学的摄影专业有没有形成一种传统？

有，尤其是每年的毕业创作是我们特别重视的。西安理工大学这十年能累积这么多奖项，这么多成果，这跟老师的负责，学生的认真，以及传承下来的风气是密不可分的。大家都极度重视并且尊重这个毕业创作，大学四年下来一定要给自己一个交代，一定要认认真真去完成一组可以代表自己四年的一个作品。

现在也有很多人将摄影与绘画、雕塑、甚至是音乐相结合，那么您是怎么理解这种呈现方式？

我觉得摄影与这些艺术结合是当代艺术的趋势，摄影在当代艺术中就是一个媒介，一个表达想法的媒介。可以通过音乐，也可以通过拍照片，我觉得是不相冲突的，而且艺术现在这么讲究跨界，完全不用纠结于做摄影就不能做其他，我觉得这没必要。

在目前手机摄影和移动互联网的结合已经给摄影带来了太多的改变，您认为是什么区别了一个摄影师和一名摄影爱好者？您认为一个好的摄影师是如何界定的？您觉得现在科技的发展对于如今的摄影行业带来了哪些影响？

我觉得现在这个界限很模糊，摄影的门槛越来越低，技术已经不能成为一个门槛去卡定一个专业或非专业的摄影师。我觉得现在大师的时代可能已经过去了，界定一个人是不是摄影师，可能要把眼光放长一点，去看他一生在摄影这条路上是怎么走的，我认为这样会更可靠一点。

首先单凭技术你无法区分一个人是专业或者不专业的，因为技术已经越来越不成为问题了。其次科技发展的这种冲击是会让很多人变得浮躁，尤其是靠摄影想牟取一些东西的人，会越来越稳不下心来做一些纯净的、艺术的东西。总的来说，科技的发展对于摄影来说有好有坏吧，可以把摄影普及到每一个人，都可以去拍照片，也可以让一些人慢慢地得到升华。

一说到摄影的表现手法，我们现在发现很多摄影师越来越追求技术层面的复古，喜欢用老的工艺，那么您对这个现象怎么看？

我觉得这在某种程度上来说也是件好事，有一些人在做这个不至于让它无人问津或失传。我觉得应该把这个做起来，尤其是摄影专业的学生，是应该要修这门关于传统工艺的课，起码要了解之前的工艺，然后再去进行数字的创作，这是一个科班出身的学生所必备的。

毕加索说过："艺术本身不变，而是人的思想在变，因此，艺术之所以变，正表明思想在变。"你怎么看待当代摄影的变化与发展？您认为人们在对摄影的看法上有改变吗？

我觉得摄影的变化从最早研究摄影术的发明，它的变化是基于技术的变化、科技的变化、相机的变化。从繁重的相机到现在越来越便捷的手机，摄影美学是一直基于技术层面在发展的，包括人对摄影的理解，对美学的理解，都是时代大背景下的个人的理解。

摄影在当代艺术的地位，从最早的摄影是和绘画分不开的，很多人瞧不起摄影，觉得摄影不能作为一门单独的艺术去陈列出来。但是后来摄影还是得到了认可，可以挂到墙上当作艺术品去欣赏。现在，反而慢慢地觉得摄影不重要了，像一个媒介一样，所有人都可以采用这个手段去表达自己的想法，我觉得这就是时代的影响。

现在大学生毕业找工作时普遍遇到的问题就是实践经验不足，在工作岗位上可能更看重的是一个人的实践经验而不是理论知识，这就导致很多学习成绩佼佼者在社会中不能迅速适应。从摄影这个角度来看，您如何看待理论与实践的关系？

科班出身的学生就业还是比较困难的，我的学生或身边的朋友，毕业之后百分之80%以上都会转型，做的不是本专业的工作。摄影这条路是很狭窄的，尤其是现在纸媒都已经退出了，所有的人都可以拍照片，不一定非要很专业的学生去做记者，谁第一时间拍到这张照片就可以成为供稿人。所以对于学摄影的学生来说，就业是一个特别严峻的问题，但是我觉得还是不要放弃摄影，把它在心里养着，哪怕做别的工作，还是不要放弃摄影这个习惯。

现在的摄影教育中，您认为还有什么缺陷吗？您有什么好的建议吗？

我觉得好的摄影师或者天才根本不是教育出来的，是他本身对艺术的感悟或对摄影的理解。哪怕他不去上大学，他也可以拍很好的照片。摄影教育的作用可能还是在补大家高中时候的课程，就是人文修养、视觉修养的东西。通过四年的学习，你会觉得在人文修养，艺术修养上有所提升，我认为这就是大学能给学生最好的东西。

摄影带给您什么？摄影对于你最大的一个感悟是什么？

有勇气观察社会。你每次拿相机去拍照片的时候，会更有勇气去打开世界。摄影像一个敲门砖一样，是一种非常好的去接触陌生人、接触世界的方式，也是一个很好的载体。

为了保持自己的摄影理念的更新，平常会有意地留意其他人的摄影作品或是去阅读大量的书籍吗？

会，本来就是从事这个职业，作为摄影教师肯定要去不断地了解一些新的东西，哪怕是一些年轻人做的东西，你都要去了解，这是职业的要求。至于看过之后接不接受，或你能吸收多少，认可多少，这是自己对于摄影的界定。

您作为老师给自己的学生传递的是什么样的摄影理念？

让他们把摄影看得自然一点，不要太为了摄影而摄影。每次都会告诉他们，你们选择摄影或摄影选择你们都是一件很幸运的事情，是命中注定的。你们大学四年学摄影对于你们来说是非常有益的，在某种程度上要比学理工之类的对你们来说更有意义。哪怕大学毕业后从事的不是与摄影相关的工作，偶尔在今后的生活的瞬间，摄影会帮到你。我觉得摄影是个很神奇的东西，它跟我们人的生活特别密切，它会潜移默化地影响你的生活。

作为女性知识分子，不管你从事什么样的行业，面临的东西可能会更多，您觉得对您来说怎样看待女性这一特殊的身份？比如说婚姻、感情等对自己理念上有什么影响？

我觉得这些有时候对自己反而特别有帮助，以女性的角色去理解肯定是和男性不一样的，你会有一些更加独到的东西，你的情感比较丰富，感受比较细腻，我觉得这对我来讲是一个优势。身份有时会影响你对摄影理念的理解，我觉得不要着急，顺其自然就好。女性就是不能像男性一样要去做什么或者要成为什么样的人，但这样也可能会更自然，让它更生活化就可以了。

这么多年的摄影实践过后，您现在对于摄影主张什么态度？人文关怀？批判社会？还是只是满足个人的视觉需要？

顺其自然吧，是个人生命体验的一个过程。我对摄影的理解是：摄影是你观看世界的方式，而且是你参与生活的方式。想拍照就去拍，不想去就不去拍，不要太刻意地为了摄影而摄影，把它当成一个很干净、很自然的东西。

您在谈话过程中，一直强调一个关键词就是“干净”，能不能具体的谈一下您对“干净”这一词的定义？在现在这个时代和社会中，这个词确实很重要，但提到的人却很少。

“干净”就是让拍照片变成一件自然的事情，让它自然地发生。忠于自己的内心，不要太强迫自己去做什么。让它自然发生，自然去介入你的生活，去影响你。不要对它抱有任何期望，也不要想着从它那获得什么，把它当作一个爱好去做就可以。在你想起摄影的时候就会觉得没有压力，是个特别有意思的东西，就像童年的小伙伴一样。它是很干净的，一直放在那里，不要去污染它。有的人说喜欢什么就不要学什么，我觉得是这个道理，它会让你每次想起来的时候都会有感动，这样就挺好的。

如果把摄影放在心里养着，它需要一些滋养，对您而言滋养“干净”的摄影理念的东西可能会是什么？

就是拍一些自己觉得很真的东西，对自己有意义的东西。不要为了比赛去刻意做什么。去拍一些自己觉得重要的东西，哪怕是拍一些家庭影像，父母的肖像，或者是孩子的照片，这都是很好的。界定一个作品的标准有很多，看你是选择哪一种去界定你的作品。我觉得有意义的，让我看起来很放松的，对我来说都是很好的一件摄影作品。

对于很多还在摄影之路上摸索的年轻人，您还有什么想要对他们说的？

把摄影看成很干净的东西，放在自己心里。不要痛苦地去拍照片，而要有感而发，快乐地拍照片。不要想太多，不要着急成名获奖。积累到一定程度了，自然而然就会有回报。慢慢做自己喜欢的事，把自己的青春慢慢地浪费掉，这样会出一个好的成果。

现在有未来的创作计划吗？

有思考，经常想，但是过一段时间自己觉得不成熟，就把它取消掉了。可能还是没有到那个契机去做出来。

EOS

张强

（生态摄影家）

1984年出生于陕西西安，生态摄影家，环保志愿者。从2010年开始作为一名摄影师用影像关注野生动物的生存情况，在国内各个自然保护区拍摄了大量精彩的图片，希望通过影像的表达方式呼吁人们关注和保护野生动物。

2016年“第三届金朱雀奖”获得者；2016年摄影作品《雪中锦鸡》入选“古道明珠，静道佛坪”摄影展；《大美可可西里的动物精灵》（摄影作品：藏狐，藏羚羊，藏野驴，可可西里旱獭等）选入人民网首页；2014年凭借摄影作品《可可西里藏狐》获得“2014年美国国家地理全球摄影大赛”中国赛区自然类三等奖；《可可西里藏羚羊》获得“第八届佳能感动典藏大赛”佳作奖。

等待最野生的中国

一个人的成长乃至以后的发展方向或多或少都和他的家庭有关，可以谈谈您的家庭吗？您小时候最大的乐趣或爱好是什么？

我的家庭中，我的母亲是一名医疗工作者，在儿童医院上班，所以说，从小她对我的教育还是比较注重健康、原生态等方面的，比如抽烟、喝酒之类的，她要求我最好不要碰触，而我也的确是不抽烟、不喝酒的，这和她的影响有很大的关系。我的父亲是一名邮政工作者。我觉得，从小我父母给我的家庭氛围是比较好的。我的乐趣很多，比如说放风筝、砸沙包，还有踢足球、打羽毛球之类的。因为我上学时是体育课代表，所以我热爱各种体育运动，这也就相对应地锻炼出了一个好的身体。

您还记得小时候第一次见照相机是什么时候，您第一次用照相机又是什么时候？每个人从小到大，他的性格可能会发生很大的变化，小时候您的性格是什么样的，开朗还是活泼？小时候发生的事情当中有没有哪个瞬间是您现在回想起来最想用相机记录下来的？

摄影跟我第一次接触，应该是和我的姑父有关系的，他以前在美国买了第一台相机，回来给我们大家合影，我当时心里就想，“这是一个什么东西，还能把大家的点点滴滴记录下来”，所以非常好奇。最后，慢慢才得知，这就叫相机，所以，在很小的时候就已经和它（摄影）有一些缘分了。我记得是在我上学的时候，当时我用自己攒的零花钱买了自己的第一部相机。那时很简单，我们爱玩，也爱旅游，大家出去玩，都会记录一些上山下山的影像。在班里面我有一台相机，我就觉得自己很棒、很厉害，我想拍谁就拍谁。我小时候的性格是非常的调皮，但是我这个人现在表面上一直都是比较闷骚。我这个人也很开朗，小时候更开朗。随着年龄的逐渐的增长，我在很多重要的事情上变得稍微能够内敛、严肃一些了。我的小学、中学、高中，真的想把它们都记录下来，因为我觉得时间非常的短暂，转眼间也30多岁了。如果很早的时候有部相机的话，我就可以把这些点点滴滴记录下来，我想这个对我来说，会很有价值意义。

您的工作是西安儿童医院的会计核算，这和您的摄影似乎没有关系。那您是什么时候开始喜欢摄影的，又是什么让摄影真正成为您生活的一部分的？

首先第一点，我从小就非常喜欢摄影，自从在医院工作后，我就加入了我们儿童医院的摄影家协会。我觉得这给了我一个很好的平台，让我们许多职工，不仅在工作中去为人民服务，也在生活娱乐中增添更多的知识。在我看来，摄影不仅仅只是简简单单按下快门“咔嚓”一下，它的审美，它所带来的意义也是很明显的。所以我觉得我们儿童医院这个摄影家协会非常有凝聚力和创作力，大家也很团结。其实我觉得摄影

穿越公路的藏羚羊

不分年龄，不分国界，也不分到底谁拍得好不好，重在交流，自己出去拍摄见的多了，拍的多了，对一些事物的感知就多了。既然我们都在一个医院，还都在一个摄影家协会，都爱影像，爱摄影，我可以把这些新的知识点带去给大家，大家共同去学习，共同做一些探讨，把自己的摄影水平提得更高。

您的家人中有没有哪位对您后来的成长乃至做重大决定的决心起到至关重要作用的？

有，我最早拍摄作品的时候，摄影的一些创作需要经济支撑，也需要大量的时间和家人的支持，我的父母首先没有反对，因为有很多人对影像有偏见，就说你们拿着摄影机成天乱跑，不务正业。但是对于我来

可可西里藏狐

说，相机是我很好的朋友，我要用影像去叙说一些故事，而我的父母不但没有像一般父母那样反对，反而给了我很多方面的支持和鼓励。所以，我很感谢我的父母，他们能给予我这么大的支持。

您对艺术的敏感度是何时建立起来的?

刚才也说了，我的相机最早是用来记录家庭，记录一些同学。但是，随着摄影的普及，我就开始加入一些摄影的团体，有一些外拍之类的活动。比如说，男生总是想把女生拍得漂亮一些。我以前就希望在拍摄水平上能够得到一个突破。但是随着时间的变化，我觉得应该给予摄影作品一些更多的思想，拍出自己想要的一些东西。

一个人在人生的不同时期都会遇到对他来说至关重要的人，在您学习摄影的过程中，有没有哪位老师或者大师对您有着巨大的影响或者对您的拍摄风格有着绝对的帮助作用？

首先感谢我很重要的一位老师，也是一位摄影大师，奚志农老师。因为我当时转型想拍野生动物，我觉得中国这么大的土地上有我们这么多的动物精灵，但是我们的国人对它们又非常不了解，所以我当时从网上看到奚志农老师时，我觉得“啪”地一下，眼前忽然明亮起来，我对自己说我一定要跟他好好地去学习。通过和奚老师接触，我学到了更多生态的知识。保护生态，怎样做一个摄影师的职业操守，他给了我一个很大的帮助。在题材的选择方面上，我真的很感谢两位重要的人，在影像方面也是大师。第一个是陆川导演，我当时选择题材的时候我不知道拍什么，我就打算拍野生动物，拍很多的野生动物，于是我就选择了青

可可西里藏野驴

藏高原，因为当我看到陆川导演的《可可西里》的影像时，我非常震撼，我觉得这个给了我一个很好的影像方面的影响和借鉴，我就告诉自己，我一定要把它拍好。在影像的创作中，还非常感谢一个人，就是裴竞德老师，他是真的为可可西里的影像付出了太多太多了，我很高兴能认识他，他不仅在影像上给我很多的帮助和交流，在拍摄上，在一些作品的指点上，都给我很大的帮助。

我们经常说，“鱼与熊掌不可兼得”，工作和家人有时会冲突，而摄影还是作为您的一个爱好来发展的，势必也会占用您很大的空间，这样您与家人相处的时间更少了，您是怎么权衡摄影与家人之间的关系的？

其实还是要感谢父母，我觉得他们给了我很多的支持，包括经济上

可可西里孤狼

可可西里大鵟

的支持，理念上的支持。对于像我妈这样的老一代的医疗工作者来说，他们就觉得孩子上好学，考到一个高分，是她们的理想。但是我就是想用影像证明给他们看，我得的每一次奖项和取得的意义。慢慢地，我妈妈她有了一个转变，还有一个就是她能够理解我。所以，我真的很感谢她。

对于摄影，您觉得最重要的是什么？

坚持，其实对于现在中国的自然生态摄影师来说，压力非常大，不仅是刚才说的经济的压力，也有年龄上的压力。第一，是因为野生动物的拍摄非常危险。第二呢，野生动物它真的不是像模特一样摆在你的面前让你随便拍，想拍多久拍多久，直到拍好为止，拍摄好一只野生动物需要很长很长的时间，需要机遇，所以对于我来说，一个是时间的问题，还有一个是经济的问题。

作为一名生态摄影家，您是从什么时候开始关注生态的？

最初是从我们身边的动物开始。慢慢地，从拍动物演变成怎样去保护动物，让大家去了解我们的动物。我是先从动物园开始的，当时我的一部作品，拍的是一只猕猴，拍完了以后，让我觉得动物也是很可爱的，也是需要大家的关注的。还有一张作品就是在周至县城拍的一只被虐待的戏猴，它非常非常的可怜，脸部戴着铁笼子，脸已经被打的都是伤痕，所以我觉得动物真的是需要尊严的，希望大家能够去尊重它们。

很多摄影家都会选择拍摄和人类生活密不可分的事物，您为什么想要拍野生动物？

我在2014年拍了一张作品叫《可可西里的藏狐》。藏狐是我们中国青藏高原的特有物种。有一次，我去一个照相馆洗照片，照片洗出来了以后，有很多人在围观，他们说，“这个狗真的很漂亮，它还蹲在雪里面。”我当时就说这个不是狗，也不是狼，它是一只可可西里的藏狐。所以我觉得有必要让更多的人了解我们中国的野生动物，用影像可以更快地去传达这个想法，促使人们去保护这些野生动物。

大家都说小孩和动物是最难拍的，特别是动物，动作灵敏，语言无法沟通，相对其他拍摄对象来说比较困难，您在拍摄过程中是怎么准确地捕捉镜头的？

拍摄野生动物，一定要遵守职业道德规范。拍野生动物，首先要了解野生动物；第二，要去尊重野生动物。如果某只动物在哺育，我们在拍摄的时候就不要去追赶它，就静静地等待它，最好不要干扰它的生活。我觉得拍摄野生动物最主要的有两点：第一，就是要吃苦；第二，就是要了解动物的习性。

有一句话说，"找到最适合拍的是最难的"，您拍摄作品的题材都是怎么得来的？

作为一个摄影师，能够创作出什么样的作品，是个未知数。你要拍这个地方，首先你要了解这个地

可可西里旱獭

可可西里猎隼

青藏高原胡兀鹫

雪中锦鸡

方。在拍摄可可西里前，我从中科院那里学到了许多知识，也让我站在一个摄影师的角度学到了更多的知识，如对地貌、植被的了解。我在可可西里拍摄那只藏狐的时候，正好是八月份的天气，但还下着雪。所以，很多摄影家都不可思议地问我一句话，“你拍摄的那只藏狐是不是PS的？”因为藏狐的周围是绿地，植被是属于八月份的，但天上却下着雪，而这一奇特的景象被我定格在了影像当中。作为一名摄影师，我非常幸运地选择了这一天，让我了解到了大美的可可西里高原的这些精灵，告诉人们，这就是我们的第三极。

《可可西里藏狐》和《可可西里藏羚羊》都是您专程跑去可可西里拍摄的，最初在可可西里看到这些野生动物时，您是什么样的心情？

非常激动，接下来就是震撼。因为在我们的青藏高原上、我们的土地

朱鹮

上，有这么多的野生动物。所以，我为我们的可可西里感到骄傲。我非常喜欢看裴竞德老师的一部关于动物的影像资料，非常好，当时我看完以后就想亲眼看看这些野生动物，因为我能不能去在当时来说也是一个未知数，所以我就想，当这个精灵摆在我的面前的时候，我会以一个怎样的心情去对待它。我真的很幸运，因为坚持不懈，因为自己愿意吃这个苦，愿意放下所有的东西去拍摄。我觉得机会是留给有准备的人的，谢谢可可西里，也谢谢上天对我的这个眷顾。

正常拍摄地点的人物拍摄有时候都会遇到很多困难，那您在拍摄这些动物的过程中肯定也不是轻易地就拍摄出很多作品的，拍摄时您遇到了哪些困难？

第一就是时间，第二是车辆，第三就是经费。对于我来说，首先是时间，因为它是一个保护区，有很多不可预测性，比如说，地形比较险，而且气候多样化，它又是无人区，里面有很多意外的事情会发生。然后是经济，因为对于我来说，我们去拍摄野生动物，掏的都是自己的腰包，因为我们愿意把这些动物以影像的方式展现给大家。付出了巨大的人力、物力、财力，不见得会有很大的回报，但是我依然会坚持自己想做的。

看过可可西里相关影像资料的人都知道，人要是去可可西里，那里的环境真的很艰辛，而可可西里的拍摄环境肯定也比较艰苦，您在去之前有想过它有多艰苦吗？又是什么样的信念让您坚持去的？您为什么要拍摄藏羚羊？

想过可可西里的艰苦，因为我之前看过陆川导演的《可可西里》，而且通过裴竞德老师拍可可西里的那些纪录片、图片了解了可可西里，我也了解了它的气候，温差与咱们大西北这里的不同，当时已经很了解这个地貌所带来的危险性。因为老师的鼓励，还有一个是自己一直想去的强烈愿望，就去了可可西里。我想作为一名优秀的摄影师，就不能怕吃苦，一定要坚持下来。我觉得关于保护藏羚羊的宣传是有时代性的，因为地貌在变，藏羚羊的生活也在变，不仅是这些，还会牵扯一些生活垃圾，包括人为的对藏羚羊的影响，需要的是摄影师用影像去说明一切。我们最终的心愿就是用影像去保护野生动物。

在可可西里拍摄藏羚羊时，有没有什么让您印象深刻的事？

我拍的藏羚羊在迁徙的过程当中发生了一些事情。在过马路的时候，我跟着这个保护站的几位战士在一起。很多车辆在马路上行驶，但是看到藏羚羊过马路都会停下来避让。但是当时发生了这样一幕，有个人，他骑自行车，冲往正在迁徙的藏羚羊群里，他想要强行通过去，我们的护林人员为了保护藏羚羊的安全，和藏羚羊迁徙的顺利进行，就去阻拦，骑自行车的人说，“你们不要靠近我，我愿意怎么样就怎么样。”我感觉非常气愤，藏羚羊不仅是我们青藏高原的精灵，也是我们中国2008年北京奥运会的一个吉祥物，也是让我们中国人非常骄傲的一个物种。应该去尊重野生动物。不是野生动物侵占了我们的生活环境，而是我们人类影响了藏羚羊的生存环境，我们强行侵入了它们的栖息地，我们人类应该主动去避让这些野生动物。所以，我觉得从这点来说，这个人的道德方面比较差。藏羚羊迁徙的时候我就用影像记录了这个过程。让我感动的事情是，因为有些藏羚羊很小，在迁徙过程中，有些落队，或者受伤，我们的志愿者和护林战士都会及时地发现，去给它们治疗伤口，让这些动物在伤口复合以后再回到这个大部队中去。

在拍摄时，动物的很多瞬间都是很难拍到的，您是怎么捕捉到这些动物的镜头的？

我觉得还是要了解动物的习性，要尊重野生动物。比如拍摄的过程当中，通过长时间对它们的了解，你会发现，它是九点钟或者晚上出来寻找食物，而它白天愿意睡觉，那么你就可以把握最佳的时机去拍摄这些动物。就像青藏高原的棕熊一样，通过观察，你会发现，它冬天会冬眠。所以我们拍野生动物一定要了解它的生活规律。

您拍摄可可西里这一系列作品大概拍了多久？您去了几次了？以后

还会去吗？如果让您把藏羚羊比作一种事物的话，您会选择哪种事物？

目前来说，大概用了有三年的时间，2014年，2015年，2016年，今年三月份刚拍完。2015年我大概去了三次青藏高原来进行拍摄。我非常喜欢这个地方，愿意把它用影像表达的方式记录下来。我想的是以后每年都去，青藏高原我已经去了五次了。打算继续拍它们，我想拍它们的整个系列，或者是把更多和它们有关的影像展现出来。

我觉得不仅是藏羚羊，所有可可西里的野生动物它们都是“精灵”，高原上的精灵，当你看到藏羚羊的一双大眼睛的时候，你就会被它迷住，它真的非常可爱。

您的作品《可可西里藏狐》获得“2014年美国国家地理全球摄影大赛”中国赛区自然类三等奖，最开始您是怎么将注意力放在藏狐身上的？

在我看来，一部好的生态作品不仅是在叙说一种动物，也是在叙说一个地方的环境。当时拍摄一只藏狐是在八月份的可可西里而且下着茫茫的大雪，植被还是绿的，拍摄突出了这个地貌，野生动物在这种条件下生存，藏狐又是我们中国的一个特有物种。所以，我觉得好的一幅作品不是只是好看，一定要有意义。

摄影师对于拍摄对象要有着细致入微的观察，您拍摄了那么多的动物，对它们的习性应该都有一个很深刻的了解，可以给我们形容一下藏狐的性格吗？在某篇文章中，记录着您为了离赤狐更近一些，扛着大炮筒趴到雪地上40多分钟，衣服湿了一片。为了拍到更自然更真实的画面，您会经常这样做吗？

狐狸吃旱獭和鼠兔，旱獭有獭洞，如果你拍藏狐的话，你拍着拍着离它很近，它就会钻进洞去，而且它一般爱晚上出行，不像狼。我拍狼，会一直跑，就是有危险也会一直往前跑，它不会停下来。但是藏狐非常聪明，它就会钻到洞里头，趴下来，和大自然融为一体，非常的警惕。

拍赤狐的那次是在昂赛，也是在青藏高原的三江源，当时在远处看到这只狐，我就不想去惊扰它，因为当时我们刚好在马路旁边，雪非常厚，有一个坑道，我为了不惊扰它，就趴到坑道里面，司机和其他人都在，我就说："你们不要下来了，在车里面待着就行，我跟着它。"所以，我在雪里面一待就待好长时间，因为野生动物警惕性也非常高，只有让它觉得没有危险，你才会捕捉到更多的镜头。我觉得，野生动物摄影师、生态摄影师一定会为了拍好野生动物，承受不同的困难，面对一些突发的状况。

拍摄的自然环境比较恶劣，您有没有想退缩的时候？

我没有想过要退缩。因为我选择一件事情一定会把它给做好。在拍摄可可西里的时候，我有高原反应，心里也非常难受。而且我们的装备非常沉重。但是摄影师要有意志力，拍摄的时候如果说你放弃了，就没有后面的这些自己想要的影像了。

在可可西里拍摄的期间，您和这些可爱的动物都长时间、近距离地接触过，这些野生动物有没有让您的心灵非常震撼的瞬间？

震撼的瞬间，就是最早的时候看到的一些影像，比如说盗猎，包括一些野生动物之间的争斗。盗猎的照片，让我觉得非常触目惊心。2014

年，看到有一个人开着车，这辆车就把藏野驴给碰倒了，然后活剐藏野驴，我们当时看到了都非常气愤，这个人的人性灭绝了。所以对于我来说，是希望不管动物还是野生动物，真的需要大家能够去爱护它们。

在可可西里4.5万平方公里的无人区，有一群钢铁战士用他们的青春和钢枪守护着这片野生动物的栖息地，相信很多人看了都难以忘怀，您看了之后最大的触动是什么？陕西秦岭有很多珍稀的野生动物，您也拍摄了很多动物，如朱鹮，野生熊猫等，您觉得哪个最好拍摄？

这些钢铁战士真的很辛苦。他们在巡山的过程中，雪或者雪块冻得非常硬，他们在饥饿且粮食不足的情况下，会吃雪块来充饥，真的非常不容易。在零下20多度，在一般人在受不了这种温度的情况下，为了藏羚羊的迁徙，为了保护藏羚羊而巡山，他们是有生命危险的。野生动物都不好拍，没有好拍的。就比如我拍“秦岭四宝”，我前段时间是才把羚牛拍完，我现在整个屁股这块儿都是青的，因为羚牛爱在山梁间穿梭，尤其六月份，它们会进入一个发情期，这时候就是比较容易拍的。但是，山梁非常陡峭，因为它有个分水岭，有可能一会就有非常大的雨和雾，路非常滑，所以拍完以后整个人真的是非常痛苦。一提到拍这个朱鹮，我最受不了的就是跳蚤，如果我每次在夏天这个季节拍朱鹮的话，大概我的腰上几圈都是跳蚤，当我回家以后把袜子弹一下就会看到跳蚤。中国的各个地方的地貌都不一样，比如说像在云南，非常地潮湿，拍摄又是另外一种景象。秦岭的这些动物，每个动物的生活环境又是不一样的。所以说，你要拍摄一类动物，首先你就要去深入到它的生活环境当中。一样的，我每次拍朱鹮，我就会想到，“我身上又是带了一堆跳蚤”。当我回到我的工作岗位中，同事们见到我以后，他们都不愿意跟我在一起，他们说“你身上带着跳蚤呢”。

拍摄野生动物时，你会经常和它们进行互动和交流吗？

我拍摄了这么久，感到拍摄野生动物真的没办法去和它们交流，就像狐狸和狼一样，当你看到你要拍的某只动物的时候，其实你按快门那一瞬间，“咔嚓咔嚓”拍完以后，它就已经不见了，它非常害怕人类，因为有一些人特别爱吃（动物），所以动物就特别害怕人。有一些外国摄影师来到中国拍摄野生动物，他会把三脚架架在这里说“我要等动物”。但是我们中国摄影师就觉得大师还要把架子架上去拍摄，这等半天怕是不好等了。因为在欧美国家，在日本，真的有人那样去拍，动物和人们很亲近。中国的野生动物据我现在看到的，它们都是特别害怕人，见了人就感觉跟没命了一样去逃。所以，我们要去关注、爱护野生动物，而且我们拍摄野生动物要去了解它的习性。我还是很感谢中科院，因为我觉得我作为一名摄影师，我只是拍影像，但是跟中科院的一些科学家在一起交流，我发现，他们为了了解这个物种就去研究这个物种，真的是不顾冰天雪地去了解它们，去采集粪便、去注意观察它们的生活习惯。后来我在拍摄野生动物的时候，从他们的科研中，了解到了野生动物的一些习性，以及它们的一些不被人们所熟知的秘密，这些对我的拍摄非常有帮助。

如果发现有野生动物对您表现出敌意时，您是怎么化解它们的敌意的？

我们尽量避免去干扰它。比如说四月份，我在可可西里拍摄的野牦牛，如果它不喜欢我们拍它，或者它对我们有意见，或者我们的拍摄让它觉得有危险了，对于我们的摄影师来说，我们要主动放弃，我们不能去打扰人家的生活，我们虽说用影像去记录，让大家看到野生动物、去保护它，但是我们也要遵守拍摄的一些道德准则。

您拍摄的时候会不会经常碰到受伤或死亡的野生动物，可以具体讲讲吗？在您拍摄这些野生动物时，它们会经常给你意想不到的“惊喜”吗？

有碰到过这些事情，有一部分动物，比如说自然的死亡，我觉得这是物竞天择，适者生存，这是很正常的一个自然链。但是有一些是被盗猎的伤害的，我还是希望用影像给大家表达出来，让大家看到，去爱护它们。惊喜当然是有的，在拍摄羚牛的时候，就是很惊喜的。在拍它的时候，我们就伪装起来躲在一个石头后面，想不到它突然就朝我们这边走过来了，它看起来很小，很可爱，在我们的面前走过来走过去。我当时觉得非常好，很有利于拍摄。但是，我们有一个摄影师不小心出了声音，它一听到声音后立刻就跑，接着大群的羚牛都跑了。能跟这些可爱的动物在零距离，面对面接触、看到它们这么可爱的时候，我就会非常开心。

拍了这么多的野生动物，她们在您的心里肯定也占了很重的分量，那您可以说说野生动物在您心里的地位吗？

我觉得动物就是人类的朋友，我就是它们的朋友，它们也是我的朋友，就这么简单。一是我们在尊重它，二是我们要通过影像，更多的影像让大家认知，怎样去保护它们，不要去伤害它们。

在您目前的摄影作品中，您最喜欢自己的哪部作品？

我个人最喜欢的自己的一部作品肯定是《可可西里藏狐》，它不仅从地貌上，物种上，包括它的环境上和野生动物的尊严上，它都反映了可可西里的一个真实的自然情况，让大家了解原来这就是可可西里。我觉得我的其他的作品都能够反映出来，但是一个好的作品，是要经过好长好长的时间去打磨，才能慢慢呈现出来。

在您拍摄野生动物的过程中，有没有遇到很难突破的问题，当时您是怎样想的，最后是怎么克服这些难点的？

我觉得难突破的就是机遇和运气，你到这个地方，不管你来了哪怕一年，或者半年，或者一个季度，野生动物不是我说叫来就能叫来拍的，我们要学会等待，等待是最辛苦的，而且等待也是最难熬的。

有人说，摄影家的心是孤独的，是流浪的，您是怎么看待摄影家的心的？

真的很孤独，这个孤独指的是一些不理解，或者是一些家庭的因素。很多家人或朋友会觉得你应该去多工作，多努力赚钱，等等。所以，我觉得理解是非常重要的一点。但是我觉得还好，因为现在社会，包括保护区，包括咱们关爱野生动物的志愿者、生态环境爱护者，以及我们摄影师之间，也都是非常地团结。我觉得大家的观念慢慢地在转变。

您有没有比较喜欢的国外生态摄影作品或者是摄影家?

当然有喜欢的国外摄影师，像冯文真女士（美籍华裔野生动物摄影师），她的作品我就非常喜欢，她再难也会坚持，并且为了公益，为了野生动物，她真的付出了很多，她一直是我比较喜欢的一位国外摄影家。

从您最开始学摄影一直到现在，对您来说，最大的收获是什么？未来您想做些什么?

最大的收获就是能够为野生动物多做一些贡献，接下来是为人们对野生动物，对生态环境更多一些认知，起到一些作用。现在可可西里在申请世界遗产，我想通过我的影像能让大家更多了解可可西里，也为可可西里申遗加油。

近期您在拍摄什么作品吗？或者有没有新的拍摄打算?

我近期拍的作品有很多，四月份也刚从可可西里拍完，前几天刚把秦岭拍完。接下来，我想拍的还是朱鹮。

在一个电视节目的采访中，标题是“张强：用镜头记录最野生的中国”，您的作品都是以野生动物为拍摄对象，以后您会不会尝试新的拍摄对象?

我想拍摄主要是生态的影像，自然的影像。但是，有时间的话也想拍摄一些关于儿童的影像，因为我毕竟是在儿童医院工作，也需要反映孩子的一些情况，让人们去更多地关注儿童。还做一些公益的影像，但是，我的最终愿望还是想把我的生态摄影拍好。

现在一些年轻摄影家都比较喜欢拍摄一些大胆而新奇的作品，但往往适得其反，达不到预期的效果。对于那些正在学习摄影的学生来说，您更希望他们做到哪些？

第一点就是坚持，不要放弃，不要觉得我拿着很好的摄影器材，我想拍的东西却没有拍好，所以就轻易放弃了。我觉得什么东西都很难，大家一定要坚持下来；第二点，我希望能够拍一些有意义的影像，通过拍影像来得到社会的关注，因为这是摄影师的一个使命；第三点，我也希望大家对摄影，包括这个器材因素，不要考虑太多。可能有人会说，“我觉得机器不行，因为机器不行所以拍出来的作品就不好”。大家目前对这个器材的认知也有一个误差。摄影一定要有灵魂，你拍这个东西一定要有灵魂，它的灵魂在哪里，它的价值在哪里。你要表现什么，一定要有自己的想法。最主要的就是多学习，多交流。

未来几年，您打算去哪些地方拍摄哪些野生动物呢？

我现在还是想把精力放在青藏高原，放在秦岭，因为最早我也拍过这个黑冠长臂猿和白眉长臂猿。

对于现在的野生动物的生存环境，您有没有什么想对人们说的？

首先，我希望大家的垃圾能够少扔一些，希望我们能够更加绿色环保一些；在野生动物方面，我希望大家都能够拒绝皮毛的买卖，不要杀戮。

Canon

汤勇

（青年摄影家）

1987年生于陕西省咸阳市。陕西本土优秀青年摄影家，高级摄影师。西安成麟摄影俱乐部创立人；佳能EOS俱乐部十佳讲师高级摄影师；西北地区国美、苏宁佳能特聘讲师；FM91.6西安交通广播签约摄影师；2014年全球城市旅游小姐世界大赛中国西北赛区签约摄影师；2015文化部所属中华儿童文化艺术促进会蒲公英陕西组委会指定摄影师；2015中国秦岭50KM超级越野跑赛事影像总监；为“爱在后备箱”关爱莲湖区星星残疾人阳光家园公益活动进行现场拍摄；为“太阳花”爱心的哥捐助蓝田贫困学子活动现场拍摄；为“陕西狮子会”周年庆典进行现场拍摄。

生活的真味

您作为土生土长的陕西人，后来在西安工作。可以跟我们说说您从小成长的家庭环境吗？

我出生在陕西省咸阳市礼泉县西张堡镇东土村，是一个本本分分的农民家的孩子，我的父母都是农民。到现在我才明白在成长的过程中家人对我的那份爱。小时候父母总对我讲一句话："出门在外所有的事情都要靠你自己，不要想着爸妈能给你做点什么，我们没有有钱有势的朋友，上学、工作你都只能靠你自己，你只要不做违法的事情，家里的人都支持你。"我觉得父母对我的这种教育和关爱是一种放手式的爱，我确实很感恩我的父母，包括我后天性格的形成，做事风格的形成，我都要感恩我的父母，是他们教会了我如何在社会上去形成自我控制能力、自我约束能力，为人处世的能力和自食其力的能力。我从小就喜欢画画、书法，小时候有一年过年，同村一个年长的孩子让我写一副对联挂在家里，当时那副对联是这么写的："自食其力，吃自己的饭、滴自己的汗、自己的事情自己干，靠天靠地靠祖上，不算是好汉。"给我留下了很深的印象。我的家庭和我周围的环境让我从小就知道什么叫自食其力。我爷爷在我小时候总给我说的一句很朴实的话是“出门三辈低”，就是如何称呼别人，见到年龄比你长的人就应该叫哥哥姐姐，长辈就是叔叔阿姨，不能跟别人白搭话。所以我的家庭对我来讲，教育和关爱对我人生的影响都是非常大的。

您是学习美术出身的，您小时候除了绘画，最大的爱好是什么呢？有的人学习的专业都是父母为他们选的，您当时学美术是您的个人意愿吗？您觉得父母或身边的亲人给您最大的影响是什么？您儿时喜欢拍照吗？有没有哪张照片给您留下了非常深刻的印象呢？

小时候我的爱好除了绘画就是书法，我记得小时候有一件让我在我们村小有名气的事情，当时在我们村里有一个养殖场，他们墙上的广告画跟广告语都是我给他们做的。小时候书法也主要是依靠自己的兴趣爱好在学，当时没有条件，并没有老师教，主要是靠自己学习，大部分是从学校老师给我的书籍上临帖，最主要的还是发自内心地喜欢这个事情。我开始学习美术专业的时候是高三，当时我一个人来到西安，住在西安美术学院对面的罗家寨，通过我们村的一个发小的介绍，跟着安云飞老师学习美术。父母对我最大的影响就是他们一直很支持我，但是绘画这条路最终没有走下去也有父母的原因，因为当时家在农村，一年的收入也就一万多块钱，艺术类学校的学费是十分昂贵的，家里面支撑不了这个费用。当然现在我也能理解我的父母当时的苦衷，我个人来讲也尊重父母的意见。到现在为止，在社会上只要你有时间有精力有钱你仍然可以把这个当作爱好，作为你一生的爱好去学习，也没有什么制约。所以我觉得父母的选择是对的，除了教会了我自食其力，也教会了我很多。现在我有时间仍然可以绘画，并且我可以将我的摄影作品进行整理，用

绘画的形式表现出来。

有一张照片拍摄于1999年，我当时住在学校附近的粮站里，粮站里有一个看大门的老大爷，平时十分喜欢跟我开玩笑。每次我爷爷给我送东西来都是先到那里跟他聊天。有一天，我让老大爷站在竹子旁边，我给他照了一张相，他当时对于我会照相这件事很吃惊，在他半信半疑中，我在一片竹子前给他照了一张照片，当时还是彩色的胶片，用的是柯达的相机，洗出来以后他十分惊讶，说我照得真好。1999年的时候我使用的那台相机还是傻瓜式的胶片相机，曝光等问题都是相机基本上能帮你解决的，只要环境光源没有问题，一般情况下照片不会有太大的差距，那张照片使我得到第一位长辈的赞美，这个对我的影响还是很深刻的。

据了解您上学时的专业是美术，和许多摄影家一样，都是学习美术

出身，那么是什么激发了您对摄影的热爱以致于放弃了本行呢？

我从小就喜欢美术，在上小学的时候可能当时还不懂什么叫美术，只懂得将我看到的东西用我手中的笔画下来，画的画和看到的东西像就可以了。那个时候只有这样一个概念，所以一直坚持到我上学那会儿。最终放弃美术的原因并不是我真正放弃了，而是美术的投入量从经济上和时间上都比较大，因为我家庭的原因和我自身经济的原因，我没有再继续去走绘画这条路，但是我还是会把绘画当成我的一种爱好一直坚持下去。毕业之后迫于生计，开始时我做相机销售，因为我最早接触相机是1999年上初中那会儿，当时自己有一个胶片机，经常给同学拍照，我觉得这个过程十分开心，同学们也认为我拍照的水平是很不错的，所以就对相机产生了兴趣，因此选择了相机销售。我觉得摄影和绘画有许多相通的地方，可以说绘画的构图，包括素描里面的三要素，应用在摄影里面也是一样的。在销售相机的时候我发现自己对摄影有一种说不出的喜欢，应该说我和摄影有一定的机缘。后来我就选择在售卖相机的同时利用便利条件搞一些拍摄活动，包括拍一些人物、风光等，并且一直坚持了下来。

还记得您第一次摄影是什么时候吗？当时的心情是如何的呢？

第一次不应该叫做摄影，应该是第一次拿着数码相机在外面拍照片的时候，我就感觉我用手上的工具把所有的东西都记录在我的相机里面了。在外面看到很多美的东西，往往是存储在我们脑子里这个封闭的地方，但是相机可以利用影像的方式通过电脑等新媒体进行传递和分享，所以我认为影像时代的到来对于我们现代化信息的传播和传递起到了至关重要的作用，在这个分享的过程中自己也达到了一种小小的满足。当然最主要的就是想把看到的美和感动记录下来并且分享和传递出去。

从事摄影工作需要一笔不小的花费，我们也了解到您最初是从销售摄影器材开始接触摄影工作的，那当时有没有考虑过这个问题呢？

有一句话大家可能都知道，叫做“摄影穷三代，单反毁一生”。摄影需要花费一笔不小的费用，但是对于当时的我来讲，有一个自身的便利条件，就是当时我自己也在做摄影器材的销售，我可以随时拿着店里的机器来进行拍摄，甚至帮助我将来更好地去理解器材和销售器材。所以当时经费方面我是基本上没有什么负担的，有佳能公司和我们的店面来提供相机让我们免费试用，那何乐而不为呢。

您说您从事摄影是因为个人感情的因素，那就您个人而言，您认为是什么人或什么事让您爱上摄影的呢？

我觉得喜欢摄影不应该是什么人或什么事让你喜欢，一个人热爱摄影最大的原因首先是热爱生活。前几天我跟外地的同事聊天，我就问他你喜欢西安这座城市吗？他说刚开始不喜欢，但是现在挺喜欢的。我说我走过全国各个角落去创作采风，包括去外面培训，我最喜欢的城市还是西安。每次当飞机落地的时候我觉得我回家了，有一种家的感觉。我朋友当时说是因为你喜欢西安，所以西安也喜欢你。所以说因为我热爱生活，生活给我的馈赠也相对多一点。都说生活中的美很多，只是缺少发现美的眼睛，正好我们手中的工具——相机跟镜头，就充当了我们发现美的眼睛，我觉得是因为喜欢生活，热爱生活，才使我热爱了摄影。同时摄影也给了我物质上和精神上的享受。

都说一千个读者心里有一千个哈姆雷特，不同的摄影家也有自己不同的摄影风格，那方便说一下您的摄影风格吗？

我们在交流和沟通的过程中可以把摄影分为几个阶段，这也是西安市原摄影家协会主席钟克昌老师讲的。那么摄影有几个阶段呢？第一个阶段叫做器材、理论基础掌握阶段；第二个阶段叫类别区分阶段，就是你所拍摄的题材是风光还是人像；第三个阶段也就是最终的阶段叫做艺术思想形成阶段，也称为艺术风格形成阶段，比如说你现在看见某个书法大家写的字或者他画的画，你一眼就可以看出来这是谁的作品，比如说吴三大、刘文西等各位老师的作品摆在你面前，你一眼就可以看出来是谁的作品，为什么呢？因为他的艺术风格已经形成了，所有人对他的风格已经很了解了。我认为就我现在这个年龄来说，各种阅历跟经历还没有达到风格形成阶段，我现在仅仅处在第二阶段，因此风格的形成这个话题不适合我现在回答，这个问题的答案应该在几十年以后，我的风格才有可能形成。

摄影时因为有一些事物或人物是处于动态的，有很多不可预知性，因此有很多摄影家喜欢摆拍，那您更喜欢摆拍还是抓拍呢？

首先我得解释一下摆拍和抓拍，我觉得无论是摆拍还是抓拍，最终照片的展示形式都是一种艺术的表现形式。摆拍是人为将这些元素进行一个资源的整合，把被拍摄对象放在画面里面一个合适的位置，这属于一种人为的状态，它的最终形式也是很美的，所以说我尊重这种人为创造艺术环境拍摄的方法。第二个就是抓拍，我们在摄影培训当中经常说一句话："摄影有一定的偶遇性。"无论是光线还是人为因素的变化又或

是整个事态发展的变化都是有一定的偶遇性的，有可能你会碰见，有可能你碰不见。足够强大的预知能力对事件的判断能力以及对现场的掌控能力，是摄影师必须具备的能力。当摄影的预知性和摄影的偶遇性悄然结合，那最后的表现形式是非常意外和惊人的，所以说这两种形式我都尊重，我也都喜欢。

在您拍摄人物的时候，是喜欢拍摄家人还是喜欢拍摄陌生人？

如果拿人物来讲，那肯定是喜欢拍我的家人和朋友。原因很简单，要知己知彼方能百战不殆，这是应用在战术上来讲的。在摄影中，如果你去拍一个模特，但是你没有和他进行充分的沟通与交流，你不理解他的人物状态和人物情绪，包括他的人物性格的时候，你是没有办法正面去体现更为精准的人本身特质的一面。所以说我还是更喜欢拍我熟悉的人。

有的人说艺术需要天分，在从事摄影工作的五年时间里，您一定经历了很多，您认为天分重要吗？

天分对我来讲不是那么重要，原因很简单，因为我是一个普通农村家庭里出来的孩子，不像现在大城市里有很多课外学习的机会。我在为生活所迫的情况下为了谋生走进这个行业，但在这个行业里我发现我热爱生活，热爱我的工作驱使我一步步认认真真地去做摄影，最后得到的结果还是比较满意的。所以天分对于我来说在我的摄影路上不是很重要，我觉得最重要的是做一件事，认认真真地去做，带着爱去做，带着感受去做，带着感情去做，你热爱它，它也会热爱你。

人们都说偶像的力量是巨大的，您能不能跟我们分享一下您十分欣赏的某个摄影作品或者喜爱的摄影师，他们对您的创作在视觉上或者理念上是否有一定的影响呢？

这一路走来摄影的时间不是很长，但是我在这个过程中碰见的所有的摄影师，不管是入门级别的还是大师级别的，都是我的老师。每个人都各有所长。首先作为年轻一代的摄影人，我需要学习.我是1987年出生的，在这个世界上总共只生活了二十多年，我的人生阅历跟我的人生经历，包括我的知识水平和文化积淀都达不到对某个事物真正理解的状态。有人说，活一辈子到最后才能明白，我才活了人生的三分之一，那我有什么理由去骄傲。所以我认为在摄影路上碰见的每一位老师，每一位摄影爱好者都是我的老师。我要学习他们的长处，他们的阅历和经历都比我丰富，我觉得他们对生活的理解可能比我深刻。能够做到现在这个状态，技术上是受益于我在佳能俱乐部培训的老师李少杰老师，我从他那学到了过硬的技术，在相机本身的操作或者摄影原理方面，我从他那里都学到了很多东西。我认为我的学习是分三个阶段和三个人群的——向我的长辈学习他们对生活的理解和人生的丰富阅历；对我的专业老师来说，我是去学习技术；最后这种创新是来源于我们所有老师和对生活理解的综合。每一张摄影作品，每一个老师都有他的独特之处，我很尊重我在摄影路上碰见的所有老师。

对您个人来讲，您认为摄影带给了您什么呢？

从现在来看，摄影能带给我的就是生活上的满足感。比如说我发现了别人没有发现的美。2014年整个一年下来，我也总结出来一句格言“我们不是美和感动的制造者，我们只是美和感动的分享者和传递者。”我拿起相机以后多了一份社会责任，这个美和感动应该传递出去，应该让更多的人知道。另外在物质上，我从小的梦想就是25岁有车有房，我现在都实现了，并且最令我高兴的事情是我的孩子也即将在2016年的5月份出生。

有人说，摄影跟做人一样都要不忘初心，对于这句话您怎么理解，在摄影的过程中您觉得您与最初有什么改变呢？

说是改变，其实我觉得也不是改变，而是一种坚持，在我们俱乐部2013年年会的讲话上，我引用的是一句广告词“思多远方为远见，行多远方为执着”。那个时候我就默默地告诉自己这个工作是我毕业后从事的第一份工作，也将会是我人生中的最后一份工作。我的改变体现在我会不断地去更准、更精、更高地要求自己对摄影的理解。我在以后的道路

上，会要求自己做到高、精、尖。用摄影这种艺术表现形式将真实、善良、美丽的东西记录和传递下去，并将它分享给更多的人。

从您的经历中我们可以看出您的摄影道路跟许多科班出身的摄影师不同，那么您认为谁是您摄影道路上的启蒙老师，或者谁对您的影响最大呢？

在我摄影道路上每一位老师对我的影响都很大，这里面不分伯仲，我尊重在这条路上的所有人。一种是尊重坚持的人，在前几天我们公司的年会的稿件上我看到了这样一句话“我们愿意做寒冬中的守夜人；夏夜里的驱蚊人”。摄影师是一个很苦的职业，你要喜欢它，就得为它付出。所以说我尊重每一位摄影师。

纵观您的影像之路，您主要从事摄影的培训工作，并且成立了摄影俱乐部，现在已经发展到了1000多会员的规模，您自己也作为老师给这些爱好摄影的人传授摄影技巧，那么您认为在培训其他人的过程中您收获到了什么呢？

我一直不把我所做的叫做培训，我始终认为我们是在交流，在我这里来听课的学生的平均年龄都在45岁以上，他们的人生经历跟阅历都十分丰富，值得我尊重。受启发最大的就是在培训的过程中我与他们真正的交流的是生活中的真善美，他们给我反馈到的信息就是生活中有数不清的美，我从他们那学到的是人生丰富的阅历。虽然我只有不到三十岁的年龄，但是我在跟他们交流的过程中吸取了他们的精华，对我而言我不把这叫做培训，而是叫做交流，在我看来底下坐的所有人都是我的老师。

您觉得在现在这个快节奏的社会中，一个好的摄影师应该怎样界定呢？或者说一个好的摄影师应该具备哪些条件呢？

首先需要具备摄影师的责任，就是将影像传递、分享，去将这份真善美传递、分享。因为影像可以作为艺术品来欣赏，也可以作为信息来传播；第二点是艺术的造诣。最重要的还是将责任放在自己身上。当你拿着手中的相机的时候就应该向社会传递和分享这些正能量。

在您看来，什么样的作品是好作品？是有意义的作品？您说您没有代表作品，因为您的所有作品都有意义。那么您认为摄影最大的意义在哪里呢？

摄影首先分为纪实、风光、生态、人文等，到现在为止分类可能五花八门。但是我觉得好的作品第一就是能够反映生活中真正的正能量；第二要能够代表这个时代的特征；第三是能够给所有的观看者视觉上的冲击力。让观看者看到自己在生活中没有看到过的东西，这也是我们摄影的一种镜头语言。我的老师李绍杰老师就说过一句开玩笑的话，“什么时候你能拿着相机把你家里的卫生间拍得你媳妇都不知道是哪儿的时候，你就成功了。”为什么呢？因为她一般都是以一个正常的视角去看家里的每一个东西，但是你用镜头拍出不一样的感觉，这就是最美的东西。我只能说到今天为止我的感受，未来的感受我现在还无法知道。到今天为止，摄影带给了我乐趣，我把我看到的美的东西用手中的相机记录下来了，而且分享给朋友了，在我的朋友圈里面起码是其乐融融。另外就是我们一直在做公益的摄影服务，去帮助我们西安市乃至陕西省公益事业的发展。所以摄影带给我的意义一个是快乐的状态，另外一个是为社会做出了力所能及的贡献，让我们的弱势群体得到更多的帮助和支持。这是到现在为止我们所做的有意义的事情。

歌德说过："理论是灰色的，生命之树常青。"您致力于培训更多热爱摄影的人，同时您自己也不断地去各地采风，可以说在您身上实践跟理论结合得很好，那么您个人如何看待摄影理论与实践之间的关系呢？

到现在为止，是摄影实际操作理论驱使我拍出了好的作品。因为有这样一句真理"实践是检验真理的唯一标准，但是理论是实践最好的指导老师"。还有一句话是这样说的"工欲善其事必先利其器"。我跟我的同学们包括我们的摄友经常讲，如果你想拍出好的照片，首先得熟悉你手中的工具，工具的操作各方面都属于理论，你掌握了理论之后，才能把你实践中想要的东西尽情地呈现。理论在指导着你实践中的每一件事情，可以使你最终呈现的作品锦上添花。所以我认为理论应该排在首位，实践应该排在次位，但是理论和实践相结合各占一半，都相当重要，只有实践没有理论那也不成，只有理论没有实践也不成。

为了摄影，您走遍了西北地区，在祖国西北的每一个地方留下了足迹，您为什么首先选择西北地区去摄影呢？您认为西北地区的摄影过程中带给了您什么？给您留下最深刻印象的又是什么？

人们常说，西藏或者云南是唯一的净土。这里面的"净"我相信80%来源于环境的因素，人为的破坏等因素都相对少一点，给他们附加的商业信息包括商业影响等人为因素相对较少，所以我选择了西北。大家现在又返璞归真了，所有的东西都更加喜欢原生态的了，吃饭喜欢吃农家菜，长期笼罩在城市的钢筋、水泥和混凝土之下，可能厌倦了，所以我就想去蓝天白云下去感受大自然馈赠我们的东西，要感恩大自然。在这里我觉得摄影师还有一个更重要的职责就是呼吁大家去保护环境，用手中的相机去出自己的一份力，让未来的西安在一年365天中300天能见到蓝天。马云曾经说过，现在大家看到蓝天白云比发了年终奖还高兴。我觉得摄影师应该也遵守这个规则，用手中的相机去负起肩上的这份责任，去传递环境保护的思想。

您在青海茶卡盐湖的一张照片给我留下了很深刻的印象，您说当时照那张照片时环境并不是很好，您用了过度曝光的效果使照片看上去几乎只有黑白两色，您说用照片去追寻心中的纯净。但是很多人认为照片就是要尽可能地还原本来的样子，对于这样矛盾的观点您怎么看呢？

摄影中的真善美应该是还原现实，但是有艺术的表现形式。茶卡盐湖是我们摄影人包括驴友心中膜拜的天堂，但我去了之后却大失所望。我几乎很难看到水中的倒影和安静的场景，反而是垃圾满地，人们的脚印使盐湖看上去到处都是坑坑洼洼的污泥，当时我看到这样的景象十分地气愤。我用相机理论的艺术表现形式使其过度曝光，让画面表现出更加纯净的感觉，是想告诉人们这个地方原本应该是纯净的样子，而不是现在这种被人污染破坏的样子。这是一种呼吁，我只是想让更多的人去那里看到茶卡盐湖的美丽和纯洁。

在您的经历中，有很多次为公益事业摄影的经历，您说最多的是以保护环境和关注残疾儿童为主题的活动，在这些活动中您认为收获到了

什么呢？

就我目前的经济状况来讲，还没有能力做更多物质或者金钱的捐赠。所以我只能通过摄影去帮他们传递信息。当然，我们做了这些事情以后，我们1000多个会员也陆陆续续地参加到这个行列当中，他们都说以后有这样公益的爱心摄影服务的话，会竭尽全力用我们手中的相机去帮助这些智障儿童，包括残疾人士等等，用影像的方式去传递、分享和呼吁我们的摄影师乃至我们社会各界爱心人士去做公益。所以最大的收益就是在我们的俱乐部中大家都是很乐意去传递这份爱心的。我们所有的摄影师是带着爱心去做这件事情，这个让我十分感动。

您说您不以个人的名义去投稿参加比赛，因为您认为参赛的评委是附加了个人的感情在里面的，如果有一天全民当评委的时候您愿意去投稿，您认为这个全民当评委的时代离我们还有多远？

我尊重每一位摄影老师，当然也很尊重评委，不投稿的原因很简单，是因为我觉得我拍出来的照片只能代表我个人对这张照片的理解，很多人都不身临其境，不参与这件事情，他就没办法感知到我当时拍摄的心境以及我的想法。所以我认为摄影比赛本身就是一种对艺术的不尊重，我觉得将来应该是大众作为评审。为什么在现在的各类比赛当中，大众评审占很大的分数，专业评委组占一部分分数，就是为了实现这个公正性。我尊重每一位老师，所以我才不投稿，因为我怕伤害了某一位老师。我认识的摄影师包括我的朋友，如果他们去投稿我都会告诉他们参与最重要。因为参与这个过程很快乐，并不是奔着获奖而去，更多的是我们可以感受这个快乐的过程，即使获奖了可能也是偶遇吧，并不代表什么特别的意义。

在您的计划中，您明年打算去韩国进行摄影交流。您认为在不同的国家不同的体制下，摄影交流活动会擦出怎样的火花呢？

“环境会改变你的思想。”在不同的环境下我们在交流的过程中会得到关于摄影最终表现形式的各类信息。人无完人，这句话不仅仅局限在中国，我相信在世界各地都是这样子的，所以说我们进行摄影的交流还是要“扬长避短”，最终能够达到共识，这是最好的，将来去韩国做交流我的初心和目的就是取长补短，学习别人的长处，弥补自己的不足。

您的孩子即将出生，那在他出生后您会培养他摄影的爱好吗？

我觉得不应该叫培养，有句话叫“天下没有相同的两片树叶”，我会根据他生长的环境再计划他的未来。当然，他是我的孩子，也会从小看着我做这些摄影的事情，如果他真的对这方面有兴趣，我可以去辅助他。但我不会将摄影强加于他，因为我觉得如果磨灭了他本身的兴趣，这是我这一生最大的损失。

长时间从事摄影的培训工作，您认为对您的自我有什么改变吗？

我在讲课过程中碰见的人越来越多，层次也会不一样。我对问题本身的理解可能会更深化，不仅仅是最初的想法。跟他们的交流过程中我在不断地成长，对于我来讲这是非常重要的，有了多次培训的经验，也让我对理论本身的理解走向了一个更高水平。

每个人都会遇到人生的低谷，在您从事摄影工作的这些年，有没有哪个阶段让您对摄影或人生觉得十分迷茫的，您是怎么调节的？

如果说在摄影道路上有低谷和迷茫的阶段，我觉得是因为摄影需要大量的时间和充足的经费，这是我比较困惑的地方。你需要有钱有时间，为了谋生你需要上班，不能背着相机四处去拍照，因为你目前的摄影作品也好，照片也好，产生不了任何的经济效益，所以这是我比较迷茫的。但是我仔细想了想，我觉得我首先应该从理论基础学起，将理论基础奠定好。可以这样讲，在2010年到2013年期间，凡是佳能和尼康，包括现在很多品牌的宣传彩页我家里都有，我开始做了所有相机参数的整理以及对比的工作，比如这个品牌的相机在这个行业里面在同等级别的水平上有什么值得我去理解的或者向别人展示的东西。我把拍摄放在了后面，但是我发现在做整理工作的过程中我的理论以及其他方面都有很大的进步，我自己也挺满足的。在整理的过程中我慢慢地把兴趣点转移到理论基础的积累上，所以说也没有什么低迷的状态，我还是很享受其中的过程的。

您说两年后打算办一个个人的摄影展，您认为现在还缺少什么呢？在这两年的时间里您希望自己有什么样的提升呢？近期您在摄影这方面有什么计划呢？

我在摄影这个行业已经有五年多的时间了，突然在前半个月我发现了一个问题，我觉得我很热爱生活，但是对生活的理解远远不够。首先需要提高，通过阅读的方式，通过书籍去提高，另外需要塑自己的人生观和价值观，我相信这对于我将来的摄影是很有帮助的。我现在还不具备搞一些科研性的或者创作性的拍摄项目的优势，我首先的计划应该是如何让更多的摄影爱好者专业化、职业化，遵守摄影师的职业道德，要遵守摄影理论的专业指导，最起码在初级阶段不能随心所欲，当你具备了这些能力之后，再进行创新。有一句话说，我们所有的事情都是在复制，而最能让人关注和理解的是你如何能在复制上进行创新，而不是一味地复制，那是完全不属于自己的思想。就像你练习书法一样，刚开始是临帖，最后是形成你自己的风格，这都是在你复制的基础上进行了一个创新。所以说我还是希望我能够把更多专业的理论知识传递给我们所有的摄影爱好者，这是我目前计划做的事情。当然对于我的拍摄来讲，我的风格不适合在这个时期去形成，我觉得应该往后推一推。

对很多还在摄影之路上探索的年轻人您有什么想对他们说的吗？

我希望这些人首先要学会热爱生活，学会尊重别人，当你热爱生活和尊重每个事物、每一件事情、每一个人的时候，你的摄影作品才能够有味道。摄影本身的题材和素材来源于生活，如果你没有对生活足够的热爱和理解，你是拍不出好作品的。所以我最终的忠告是让这些人去热爱生活，去尊重别人，尊重身边的每一个人。

附录

卧在纸上的灵魂

——著名编剧杨争光访谈录

认识杨争光，恰恰在这个时候，对我来说，不早也不晚。

在他声名鹊起的20世纪90年代，对于电影，我还是幼稚和无知的，还不太可能知道一部叫《双旗镇刀客》的电影，更不可能知道掩盖在镜头后面的，名字叫上去如此直白的一名编剧。同样显见的是，我出身于文学系，却不是一个优秀的学生，作家杨争光，同样没有在我的脑海里留下过多的印象。

大概是在2004年，不记得是因为什么的需要，我无法在短时间内找到现成的《杂嘴子》来看，于是我跑到国家图书馆的视听资料室，认真地查好了索引号后，很恭敬地将看片单交给工作人员，然后安静地坐在自己的座位上，等待着画面上出现中国儿童电影制片厂的厂标。几分钟过去了，屏幕上出现了一个子宫，我平静地看了几分钟，然后很尴尬地跑去告诉工作人员，我要看的是一部儿童故事片，不是一部关于生殖健康的科教片。我向她走去的时候，她也正奇怪地看着我。我红着脸再一次跟她核对了索引号，还好不是我的错。我在类似这样的幽闭环境里独自看了一些电影，包括《黄沙·青草·红太阳》。为了求证《黄沙·青草·红太阳》的结尾到底是否是我模糊印象中的那样，我询问了几个曾经看过它的朋友，有人说“真的，完全不记得了”。还好我很方便地找到了导演的妻子，她在车上，很努力地帮我回想了那个故事，但对她来说，这也是多年前的事了，同样不怎么清晰，她帮助我求证于导演本人，这才得以确定。当我问到能在哪里看到这部电影的时候，她提供给了我一盒录像带，略带抱歉地提醒我盒带不甚清楚。

作为一个专业的电影研究人员，我必须对以上的片名熟悉且显示出一定的敏感。说起它们，几乎是在同时，映现出的是导演和他们的形象：何平的胡子、刘苗苗的锅盖头、黄建新的笑容、周友朝有个很漂亮的妻子……影片中引人至深的画面：纵马狂驰的慢镜、夕阳搅拌着黄土的浑厚……各种各样的细节：双旗镇的旗一个是红色的，一个是黄色的；五魁蹩脚的普通话总是把少奶奶，叫骚奶奶……故事和人物，是我们留在最后细细加以回味和咀嚼的要素，但为故事和人物设计灵魂的人呢？我想说的是，当我准备去面对杨争光这个写电影的人时，应该充分估计到记忆和遗忘的尴尬。历史记住了一些，但同时遗忘了更多。他会不会像这些挣扎在一些人的记忆里却被大多数人遗忘的影片一样有些陈旧，有些远？

我常常感到，这些影像是动的，但并不鲜活，因为它周遭的历史是静止的。

要还原历史的鲜活性，我们第一步要做的就是要生动地去看那个赋予故事灵魂的人。他首先应该是生动的。

“噢么”和拟声词

被迫说普通话的时候，杨争光的口语中也带着淡淡的土味儿。听电话的时候他经常会从“啊”到“噢”长长地过渡出一个音，提醒对方我听着呢。表示同意的时候就说“噢么”，像他笔下的人物一样，是一个有学问的庄稼人结结实实地肯定你的话。有时候他也说带点港台味的降调的“对呀”，恐怕是前些年闯北这些年走南的结果吧。最过瘾的是听他说“他妈的，算毬了”。1997年拿了第二届夏衍电影文学奖的《大兵》被偷偷地拍成电视电影以后，绝望的杨争光就说了一句“他妈的，算毬了”，就这样，如日中天的天价编剧杨争光开始拒绝电影，一心一意地写起了小说。“算了，不弄了”，一说就是十年。

杨争光的小说有画面感，这为他走进电影提供了最初的契机；杨争光的剧本是可读的，这为他的剧本往往比电影优秀埋下了隐患；但如果你有机会听杨争光用他直白的带着土味的口语讲剧本，才真正会感觉到一种热血沸腾的激动。他很瘦，坐在沙发里，可以很容易地蹺起一条腿，用不同侧的一只手抓着，另一只手夹着香烟，讲到精彩的地方，香烟被舞动着，划出一道道青白色的痕迹，并在最快的时间内消散开去。像极了他手下杀气隐于无形的刀客。“啪”的一声，是刀出鞘的声音；连续的“啪啪啪……”，是刀客和杀手刀剑相搏；“卡拉拉拉……”冰河解冻；“咵……”的一声，马车栽倒。他动情地说“她为什么不回头看我一眼？”，就像自己笔下的没落刀客。在我们被葵花地、鸟岛、冰河、陶器、版画等等奇思妙想包围的时候，在我们沉浸在他话语所营造的画面中的时候，他嘿嘿两声，身子向沙发的一边侧开去，仰着脸，得意地看着我们笑。

女人和刀客

“这是个传说中的小故事”，杨争光擅写无足轻重的草根传奇。刀客，是他传奇中不得不提的群像。杀富济贫、除暴安良只是刀客表面的光环，其实他们粗野、狂放、懦弱，且有时相当无赖。他们刀不离身，却只在紧要处出刀完成最后一击。他们不讲浮光掠影的刀法，却讲究手起刀落、血光冲天的神奇。刀客，只做自己认为对的事，只向愿意屈服的人屈服。他们的精神正在于为“寻仇”没有规则，不讲体面，他们，这些有时不那么歹毒但并不代表社会正义的人，或许正代表着一种更现代更自由的精神。因为脸部消瘦，线条冷峻，也有人戏称杨争光为“硬汉刀客”，这应该说作不得实，他自己是连架也不敢打的人，所以写些刀客来安慰自己的软弱。这恐怕才是可信的。

综观杨争光的剧作，女人是表面上的叙事动因，男人之间的对峙才是实质的主题。这造成了他的剧作有一种青黑色的“狠”，在质感上坚硬刚劲霸气的特点。《双旗镇刀客》里的老刀客和小刀客、《黄沙·青草·红太阳》里的脚夫和赌徒、《沙镇的故事》里开着棺材铺的土匪、屠户和财主、《征服者》里的教民和朝廷；《公羊串门》里的老男人和小男人等等。“我拿女人没办法”。女人，成了杨争光需要挑战自我的部分。

杨争光新近改编了鬼子的小说《瓦城上空的麦田》，据说片子已经进入后期制作，他要求自己狠劲不能减但要有柔软的地方。其实在生活中，他是柔软的。虽然他不会主动给女人买花，但女人买花的时候他会抢着付钱，念叨着再买一些，再买一些。用钱去买一些形式上的名利，他会相当吝啬，但在谁请谁的问题上，他会毫不犹豫地拿出天价编剧的气派，嘲笑着把女人堵回去。据说他曾经为了一个礼物的问题，伤了好多神。“我跑到农村，问我同学，在咱农村，男的要是喜欢女的，会给她送啥？我那个同学是个农民嘛，就胡给我说呢：‘给她送两头猪’对呀……”在未来的电影里，看到这样的情节，不要奇怪，它就是这样来的。

更大的挑战在于他刚刚签约的电影，内容主要与一个女人和她的爱情有关。女人、爱情、大片模式。“我有负担了。”他对朋友们说。他开始吃安定了，“吃安定完全是一种精神上的依赖。”“你们帮我想想。”他还说。

你生下来，你活着，这就是生活

杨争光不愿别人把他的作品称作武侠，当然也不愿意被人称为武侠剧编剧。他认为自己写的是传奇。在写《双旗镇刀客》的时候，他和导演何平就商量着要拍出真正的西部传奇。浩瀚沙漠、苍凉群山的原始风景才能让他们展开想象。我不能同意有人将这片土地定义为荒蛮，也不同意将这片土地上的人有时颇为残酷的争斗简单地定义为无聊、自私、愚昧、偏狭等等，在我看来，这是这片“什么都可能发生”的土地上最草根的人最草根的生活方式，它们在影像里自然地流淌着。可惜的是，杨争光和何平商量的真正的西部片，以及其后西部片的三部曲，终究不尽如人意或者没有实现，是人事变换，还是这世界变化快？

这世界的确变化快。在杨争光的家里，沙发的正前方是他自己的一幅书法作品，写着“一片冰心在玉壶”，他自己则缩在左侧的小沙发里，轻描淡写地说起困顿时用仅有的五角钱买了三个梨，说起年轻时与另一家同处一室的尴尬和11年不见阳光的地下室生活，说起借钱的困顿和朋友的周济。作为文学圈里最早触电的编剧，他早已住上了大房子，但现在他还是不喜欢阳光，大白天也会开着灯，怕冷，常常吹空调，偏爱大号的写字台，晚上工作，第二天很晚起床，要靠安定入眠，可以为朋友的事奔前跑后，两肋插刀。他的脾气、习惯和秉性来自于过去的那段生活，来自于生活中人和人之间的历史。“你生下来，你活着，这就是生活”。

西影厂的衰落是从1989年开始的，杨争光恰恰是在电影厂的没落阶段进入的。作为专业编剧，他对分配、国家计划、审查体制深有感触。

大片引进、民营资本、港台合拍、卖厂标，他所经历的是1990年代电影业界全面改革全面市场化的震荡阶段。1998年，作为亲历者，他离开了电影。十年过去了，随着体制的变化和创作环境的宽松，杨争光开始重新创作和改编剧本，“我不再拒绝电影”他说。

杨争光新剧本中的故事发生在南方山清水秀的地方，写一个清纯又不失奔放的女人。我开玩笑地说“你要抛弃西部了？”他对我的话没有做出过多的回应。戈壁滩也好，山川秀美的南方也好，其实无关紧要。人的执念跟梦想、激情等等一样，可以执著、可以消退，当然也可以重生。

这个新剧本里各方面皆失意的没落刀客，走投无路，准备上吊自杀，在我看来，是向前面的影像序列致敬，同时又准备终结那个时代。他没有死，被一个小女孩救了，并且帮助她追问所谓的爱情。刀客生命的意义，在这里有了一些不同于前的置换，杨争光没有再向我透露更多的东西。我的臆测还无法说清楚这种置换到底是什么？但起码，我相信，就像他的小说能在严肃叙述中解决阅读快感的问题一样，这一定是一部好看的，能够带来视觉快感的电影。这同样会是杨争光面向未来的一种转变。

以下内容由2007年10月22日的录音整理而成。

我的电影生活很单纯

我们从回忆过去开始，您曾经说过您在四年级的时候就立志要做作家，但有关电影的志向是什么时候建立起来的呢？应该比较晚吧！

那非常晚，但喜欢几乎是与对文学的喜欢同时的。我是长在农村的，那里不仅书籍非常缺乏，与电影的距离也比较遥远。因为农村的条件——放映条件有限。所以我会有跑八里或十里地去邻近的村子看电影的经历。十里地不算远，跑着就去了。电影本身给我留下了多深的印象另当别论，重要的是看电影的情景。去的时候是急切的，回来就轻松多了。月光下的乡间小道上，我和我的同伴们，男男女女在一起，胡乱谈着，不一定是在谈这个电影，也可能是别的事情，这种情景无法忘怀，是我童年记忆的一个部分。我在“文化大革命”中度过了中学时代，高中毕业后又在农村干了四年的农活，在临近考大学的那一年，我到宝鸡的姑姑家去，她带我到礼堂里去看电影，看着电影上的字幕，我突然有了一种冲动。给姑姑说：“姑姑，我以后也要把我的名字写在银幕上。”事实上那个话很盲目。虽然那时候我已经开始写作了，但并不知道未来我是否会写电影，或者跟电影有什么关系。因为电影对于我来说还是个神秘的事物，你会喜欢电影里面的人物，他会牵动你，比如剧中一个演员被打死了，我会以为他真的死了，伤口流血或者胳膊掉了等等都会触动我。但这个画面是怎么拍出来的，我们不想，也想象不出来。在我看来电影不是拍出来的而是写出来的。我从来不考虑电影是什么，只觉得它神秘，好玩。但现在的电影已经很难让我有这样的感受了，我完全可以想象出来它是怎么做的，电影是假的，它已经失去了神秘感。记得刚刚粉碎“四人帮”不久，有一部电影叫《侦察兵》，王心刚戴着白手套，摸着大炮筒，说“你们的大炮是怎么保养的？……麻痹，太麻痹了！”我们乡村的小伙伴们都是能背过的。更有意思的是王心刚出来的时候，我听见全场发出了一声惊呼，很短促，是女声：“咦！”突然间让我觉得农村的这些姑娘竟然也喜欢美男，怀春好色。这第一次让我觉得电影跟色是有关系的。

很有意思的是，在格非的《乡村电影》里，他也描述了《侦察兵》

里这一个情景片段，说“熟悉的电影对白在寂静的旷野中隐隐约约地传来……是来自天堂的声音”。可见，“乡村”和“电影”这两个因素叠加在一起，在一代人的脑海里生出了很多美妙的想象和回忆。至于电影跟色的关系，不仅包括美男，也包括美女，你当时看电影是不是也有少年的那种懵懂的意识？

如果说我在少年时代还有偶像的话，那就是李秀明，她演的一部电影叫《春苗》。我们根本不管它是不是什么阴谋电影。她在电影里是一个赤脚医生，为贫下中农看病，她眼睛很大，长得非常漂亮，又那么朴素，她离我非常近，对我有一种亲近感，我干活的时候或者胡思乱想的时候也许就会想起她，后来再没有过谁给我留下同样深刻的印象了。那时候我是不是也动了春心呢？她是我唯一的明星崇拜。

那八个样板戏呢？同时期能够看到的八个样板戏中都是男无妻，女无夫，女性角色的性别特征也不怎么突出。我一直认为文革期间电影的突出特点之一是它的全民迷醉的观影状态，这个迷醉并不指电影的好看与否，而是指大家能够一致地，整齐划一地接受电影所赋予的信息，例如爱哪个人，恨哪个人，从少年的懵懂意识出发看电影，也可以看作是对这种观影状态的小小反叛吧，不知道这样理解对不对？

在很长的一个时期，包括现在，中国人都是单一的存在，过去是政治性的，革命或不革命的，压迫者或受压迫者；现在是经济性的，有钱的或没有钱的。单一的人是无法创造丰富的艺术的。但不管怎么说，八个样板戏中有好几部我到现在还是记忆犹新的：小常宝的长辫子，李铁梅的红布衫，红色娘子军们是露腿的，这就是那个时候的色，很有限，但也迷人，或许比现在满眼的色更迷人。这都是你童年的记忆，你是吃这些东西长大的，就如同一个孩子是吃方便面长大的，远离方便面多年以后他还是喜欢吃方便面一样，他并不在乎方便面有没有营养，它是怎么生产出来，有什么政治背景，这些都无关紧要。即使今天我们理性地分析它是怎么炮制出来的，我依然认为样板戏是很精致的，它很可能是我们国家戏曲舞台上最精致的作品。比如《红灯记》《智取威虎山》这样的样板戏，还有《杜鹃山》。我喜欢这些戏和台词，这些台词是我当时文学营养的重要来源，样板戏的剧本也都是我较早接触的剧本类型，这些剧本我都看过。高中毕业后我回到农村，参加县文化馆办的培训班，学习搞创作，那个时候也搞过戏曲。应该说，我平生最开始的写作应该是戏曲，写戏曲剧本，编唱词。样板戏给我留下了很深刻的印象，包括它对音乐的改造，到现在我还是认为从技术上来说，我们还是应该有所借鉴，比如对西洋乐器的引进，音乐也是戏剧叙事的一个部分，是戏曲的重要的一个元素。样板戏中加入了西洋管乐、小提琴等等，增加了戏曲的表现力，但很奇怪后来为什么不这样去做了。杨子荣打虎上山是伴随着一段嘹亮悠扬的音乐上场的，铜管乐奏出的主题和人物、环境是一体的，妙不可言。西洋乐器的引进丰富了中国戏曲音乐的厚度和层次感，甚至现代感。在我的印象里，中国戏曲音乐是单调的，少有变化，就那么几下，一个大套子，什么样的故事都用大致相同的套路和模式。撕不开这种套路和模式。别人已撕开过，现在又回去了，是很愚蠢的。这不是保守，是自杀。我喜欢秦腔，也能哼唱几段，和搞戏曲的朋友也说过类似的话题，它们似乎也有自己的苦衷，但我还是感到奇怪。只有发展才能保护。只想着保护不想着发展，会把它抱在怀里掬在手里捂死的。现在没有哪一部戏曲能够比得上几个样板戏的整体质量，这是一个讽刺，很丢人。我曾经建议搞秦腔的几个朋友在秦腔的唱腔设计上加以改造，借鉴一下前人的成果，但他们对我的建议不太感兴趣，后来也就不了了之了。

少年时代对电影的记忆可能更多的还是带着一颗童心，以儿童的心去看电影。我的儿童时代在八十年代中期，但现在基本上没有太多的印象了，只隐隐约约记得一个露天放映场，所以我很羡慕那些对自己的童年有记忆并且能鲜明感知到童年的人，童年时代看电影主要看什么呢？

看故事，看人物，好玩嘛。看英雄。李向阳、高传宝、小兵张嘎，羊尾巴里夹着鸡毛信，小兵张嘎的木头枪变成了真枪，放在鸟窝里，这样的情节。我们都是五六十年代的孩子，童年在“文革”时代，成不成器没有人会管。我们提着草笼，在大平原上拔草，拾雁粪，雁粪是大雁飞过留给我们的财富，那个东西可以烧火，也可以做农家肥。割草啊，拾麦子啊等等，是和看电影一样，都是童年的组成部分，也是我们的娱乐活动。我们还和外村的孩子打仗，叫“开火”，朝对方扔土块，学李向阳和高常宝。与现在的孩子相比，我们还是有童年的，包括看电影。随着电视剧对电影的入侵，现在的孩子看电影的心境肯定没有我们那个时候的心境了。包括在银幕的反面看电影，画面是反的，但我和伙伴们依然乐此不疲。现在的父母都希望孩子成龙变虎，使他们成了中国最忙最辛苦的人。他们拥有了许多却失掉了童年。这是我们许多罪过中最大的罪过。

你和儿时的伙伴们还一起回忆过当年看电影的情景吗？

看电影和童年一样已经离他们遥远又遥远了。我领着城里的朋友回乡下去，见到我过去的小伙伴们，城里的朋友无法相信他们是我的同学。他们长期在田间劳作，比较苍老。我不敢跟他们讨论这些话题，我不能让他们觉得我很遥远。我和他们打牌，说另外的话题：孩子、土地、生意、苹果、挣钱、打工等等，不说电影。但会说电视剧，比如《水浒传》，他们知道是我改编的，他们骂李雪健，说他给皇帝磕头，屁股撅那么高，恨不能吐李雪健一口。他们不好意思骂我。在他们的眼里，我是好的，是李雪健演坏了。今天的农村电视已经取代了电影，公社大队建制时期的放映队早就解散了，农村的放映活动成了一种私人的商业行为。喜丧过事的时候为了满足年轻人的需要才会请电影。听秦腔、看电影，自由选择。现在农村电影的放映环境反而不如“文化大革命”时期，“文革”时期的电影是政府行为，可以很快看到最新的电影，尤其是那些带有政治色彩的电影。那时候有健全的电影发行和放映体制。现在电影跟普通老百姓的接触反而不如那个时候了。

乡村电影的经历在您上大学后就结束了？

对，乡间小路上的记忆结束了，但我们还是在看露天电影。“文化革命”刚刚结束，大学刚刚开始招生，教学设施及各方面的条件经过十年“文革”几乎破坏殆尽，山东大学是很不错的大学，但条件也是很简陋的，在这种简陋的环境中我看到了《王子复仇记》，孙道临的配音很有磁力。还有卓别林的电影，日本的《追捕》《望乡》，还有墨西哥的《叶塞尼娅》。上译厂的配音演员的声音是我听到的最动听的汉语。汉语在声音上的魅力是他们让我感受到的。这时候作为乡村儿童乡村少年观赏电影的经历已经不存在了，这时候的我是一个准备从事文学工作，准备以写作为生的文学青年，对电影不再有那种少年时期的朴素的感受。那种没有负担，天然的自然的感受。物是人非，再也回不去了。

大学以后，看电影的频率怎么样？

减少，逐渐地减少。改革开放是慢慢地逐渐地放开的，那个时候最先开放的是书籍还不是电影。首先是图书馆的开放，大学里的藏书可以看到了，可以和许多翻译过来的世界经典著作接触了，这时我们的兴奋点就在这些书籍上。那个时候的我比较迂腐，似乎胸怀大志，感觉到对这个民族的将来应该有所担当，所以应该做正经的事情，看电影是一种娱乐活动，不在正经的事的范围内，自然对电影有所疏远，虽然引起我兴趣并让我激动的是书籍。而不是电影，但也没有完全隔绝。像山大外文系的教学片《飘》——《乱世佳人》中斐雯丽的艳丽还是让我吃惊，但还是不如李秀明给我的印象那么深刻，斐雯丽离我太遥远了，而李秀明可能就在我身边。很多年之后我在一家报社当副主编，听说李秀明要来，我亲自去采访她，谈了几句话后，心目中唯一的偶像就永远消失了，坍塌了。很可惜，也很懊悔那一次的采访。

认为电影是娱乐的，或者说看电影是娱乐行为，这是八十年代“文化热”中的一种普遍现象吗？我隐约记得李泽厚在《启蒙与救亡的双重变奏》中谈到文艺在构建文化心理结构的方面的作用时，最推崇的是中国现代新文学，电影是不是在当时算不得是“启蒙”的一部分？

电影人也在经历“启蒙”，老电影人在“启蒙”中唤醒记忆，寻找自我，还来不及或无力拍出具有真正启蒙意义的电影。意识形态的开放在那个时候也是极其有限的，对电影的限制很严。批《苦恋》就在那个时候，所谓的“反资产阶级自由化”也在那个时候。但这也可以看作是一种“启蒙”，这样的“启蒙”！真是“苦恋”啊。

新时期的中国电影在八二年八三年已经有了伤痕电影，第五代导演也开始崭露头角，他们的出现是否给了你一些新鲜的触动，还是说很晚才看到他们的作品呢？

看过几部。甚至还会哼唱电影里的插曲，但触动远不如读书来得强烈、深远，所以更喜欢看书。那时候也没几部能经得起时间考验的电影。中国第五代导演，在我看来，如果说中国电影还有些辉煌的话，那是在中国第五代导演的手里实现的。《黄土地》《一个和八个》《红高粱》等等，也是他们使中国电影再一次与世界电影开始对话。我开始做电影的时候，中国电影已经到辉煌的尾声，所谓的第五代导演也开始分化。他们的电影曾经让我那么兴奋。我自己对电影的认识包括审美取向是靠近第五代的电影的。

“中国的小说，我喜欢《红楼梦》和《创业史》，在作家中，我喜欢列夫·托尔斯泰和鲁迅。”您在中外作家里有比较明确的倾向，那么电影呢？

中国电影保存在我记忆中的首先是《平原游击队》《地雷战》《地道战》《小兵张嘎》等等，对它们的喜欢是对童年的喜欢。后来看到的一些电影，认真来讲，《早春二月》《舞台姐妹》《一江春水向东流》《桃花扇》等等都是有记忆的。我在《桃花扇》里看到王晓棠，惊叹于中国还有这么漂亮的女人。30年代中国电影跟世界电影的距离并不遥远，但现在距离越来越大。张艺谋的《英雄》出来以后，好像有很多评论说距离拉小了等等这样的话，这叫胆大不知羞。新时期以后我比较喜欢张艺谋的几部作品，比如《红高粱》和《秋菊打官司》，前者有原始的奔放的生命力，后者喜欢它的草根气息，一根筋。陈凯歌的电影我唯一喜欢的是《霸王别姬》。也喜欢吴天明的《老井》和田壮壮的《蓝风筝》。如果还要再说一部的话，那我要说我喜欢《双旗镇刀客》。

那有没有想过要写一个类似秋菊的西北女人？

我写电影都是订货性质的。别人找上门来说“争光，写部电影吧”。如果这个时候我正好也有写电影的冲动，我就会答应。也许找我的人有一个想法，也许我有一个想法，然后完善，得到肯定就可以写了。没人找我写一个秋菊这样的女人，我也没有这样的想法。已经有了，再写一个？没大意思吧。

外国电影的部分呢？

在外国电影中，《简·爱》触动我认真思考过男女之间的情感，爱情、婚姻，这些很重大的到现在依然重要的问题。另外，我进入外国文学是通过电影，这种情况比较奇怪。在我上大学之前只看过《钢铁是怎样炼成的》《牛虻》高尔基的《母亲》，列夫托尔斯泰是谁我都不知道。我可以看外国的诗歌，但聂赫留朵夫、约翰·克里斯朵夫这些名字我连念都念不下来。是电影《王子复仇记》带我走进了外国文学，它让我喜欢上了莎士比亚的戏剧，接着我又看了莫里哀和易卜生，然后看了《复活》《安娜卡列尼娜》。是电影帮我推开了外国文学的大门。另外让我愉快的还有商业片，所以我比较喜欢好莱坞。但这种商业片如果没有一点人文含量也不行。我喜欢那种两者都有的。所谓的商业片或者艺术片，这样的分类不知道是谁创造出来的，经常让我费解。像《空军一号》《真实的谎言》《未来战士》，声像比较好，故事也不错，很痛快。但好莱坞电影到了《黑客帝国》后离我又有距离了。让我震撼的是《公民凯恩》《教父》这样的电影，它们都是伟大的作品。我还记得第一次看《公民凯恩》时完全不知所云，然后看剧本，然后再看电影。伟大的电影。

艺术片和商业片的分类，更多的时候是个提前被悬置起来的问题，我们在使用这个概念的时候，它们确切的含义、合理性等等都打了括号，不予讨论了，这种分类方法按照您所说的是一种“令人费解”的分类方法，同时它也给人们武断地认为此是艺术片，彼是商业片提供了基础。那能把两者结合好的电影应该叫什么呢？

正像严肃文学、通俗文学都是吃文学饭的人臆造出来的概念一样。我更愿意把电影分成好看的，不好看的；有意思的，没有意思的；有趣味的，没有趣味的等等。

“有趣味”“没有趣味”这同样很难判定。比如有人喜欢费里尼，喜欢伯格曼，认为他们的电影中哪怕是最细微的小细节处处都妙趣横生，但也有人觉得此类作品无聊乏味，我刚才注意到，在你的谈话中，对一些公认的电影大师并不太涉及，是这样吗？

我看电影会碰到在阅读文学中同样的问题。比如我在文学作品中碰到了博尔赫斯，这是公认的大师，我曾经很多次试图去接近他，去看他的作品，但结果总是一样的，就是读不进去。如果说博尔赫斯是非常伟大的作家的话，只能说我跟这位作家没有缘分。我无法靠近他，无法领略他的智慧和风光。电影也是如此，比如费里尼、伯格曼等大师，《八又二分之一》等作品，我总是走不进去。这是怎么回事呢？我也问过自己，甚至怀疑自己的无能，但又想，读书和看电影跟交朋友是一样的，不对脾气，不对胃口是很难交流的，没有缘分吧。

在文学和电影之间

在你的生活中，有三个城市是比较重要的：西安、北京，现在还有深圳。《我站在北京的大街上了》里有这样的诗句："站在北京的大街上，我流泪了。"能讲讲这句诗吗？在工作了几年之后，为什么要离开天津回到西安呢？这样游走的生活状态带给你什么？

我21岁离开农村，到离家很远的地方去上学，离家乡千里之遥。毕业后分配到天津，此前没去过北京。北京跟其他地方是不一样的。北京不仅是一座城市，更是一个标志。天津离北京很近，一个离心脏很遥远的农民的孩子要去祖国的心脏了。我下了火车，经过地下通道，迎面看见"北京欢迎你"五个大字，我的眼睛突然湿润了。一个拉架子车种地的农民，竟然有一天能到这个地方，能站在那么宽阔笔直的长安街上，能站在天安门广场，这种感受我无法用语言描述。事实上我也没有给别人讲过我在北京的所见所闻，但北京实实在在地触动了我，触动了我的经历和记忆。回到天津以后，我写了这首诗。这首诗引起了意料不到的反响，一个朋友专门到天津来给我念了这首诗，然后心满意足地回去了。现在还有人能记起这首诗。我的电影活动多是与北京有关的，审批、审查、写作等等都在那儿，很多策划、剧本的完成也是在那里。天津是个灰色的城市，我觉得我跟天津没有缘分。我在那里几年的时间也没有接触到这个城市的体温，没有家的感觉。西安是个陈旧的城市，像一件旧古董。它就像是上古时期的一件旧衣服。我们现代人上面做了一些修补。游走的状态对我并不形成什么障碍，我其实是一个“家”的观念很淡薄的人。我走到哪儿都能安定，我没有认定哪个地方是我的家。我爱看外国电影，爱看外国人写的书，但我惧怕出国。惧怕国外的饮食坏我的胃，惧怕长时间的飞机，惧怕语言不通，在外国的土地上和外国人大眼瞪小眼。

1989年底您正式进入西安电影制片厂，应该说当时的西安电影制片厂已经度过了“太阳从西部升起”的辉煌时代，显现出不景气和颓败的趋势来了，到西影厂工作的主观因素是什么？当时西影厂的情形如何？最初为什么被它吸引？

我的几次调动和转行都有具体原因，但也有潜在的欲望和渴望，碰到一个合适的机会就被调动起来了。在调动到西影厂之前，我正在办报纸，我很想要把这份报纸办好，但当时随着形势的变化，我越来越感觉到办报纸很难实现自己的很多想法，这跟我后来对电影的感觉有某种相似之处，它们都不能完全按照自己的意志来做。同时因为个性的原因我也觉得自己不适合做行政工作，我愿意做一件自己能够主宰同时又不累及他人，不给别人带来麻烦而只给自己带来麻烦，而且这个麻烦是我愿意承受的工作。这就是写作。恰好在这个时候，西影厂有一个朋友找我写电影剧本。我在大学里接触过《青春之歌——从文学到电影》这样的书，还接触过两个“文革”期间的电影剧本，像《第二个春天》等，但我对电影太不了解了。我说:“我不会写”，朋友说没关系，你随便写。他们看过我的小说，说我的小说画面感比较强，就凭这一点，他们觉得我能写电影剧本。我那个时候还年轻，就是牛犊，给个场地就可以乱跑。我说:“好吧。我写。”既然我要写，就要写得像电影剧本。“你拿几个电影剧本来给我看看。”他们就给我看了几个剧本。就这么，我写电影剧本了。

那时候的西影厂，已处于吴天明时代的末期。创作气氛还是比较好的，但很快就变得奇怪了。下坡不踩刹车。再后来就卖地、拢钱，搞股份公司，似乎要有大动作了，但没有。一串鞭炮没有噼里啪啦，潮了，只有零星的几声响，和没有差不多。西影为中国不仅贡献了许多辉煌的电影，也贡献了一批重量级的电影人。说它曾一度占据了中国电影的半壁江山是不夸张的。现在好电影没有了，人依然在，还在拍片，但大多在西影之外。西影成了无私的奉献者，可以得道德模范奖。从西影到北京的北漂，完全可以组建一个优秀的、阵容强大的电影制片厂。不知道这是西影的悲哀还是光荣。

处女作的电影剧本是哪一个？

我写的第一个剧本是《黑风景》，这个剧本跟周友朝、杨凤良谈得比较多，但后来被厂里打入了冷宫，剧组都建起来了，又解散了。到现在没有拍出来，我觉得很可惜，后来我就把剧本改成了小说。

《黑风景》有什么不能拍的原因吗？

我不知道。有人说太黑，我觉得他们奇怪。难道起了个名字叫《黑风景》，它就黑了吗？

可能意思是太残酷

残酷又怎么样？人不残酷吗？看看人的残酷有什么不好。动物世界残酷不？不也是电影吗？它的残酷是自然的残酷，人的残酷不但有自然的还有人为的，是双重的残酷。人不能看自己的残酷吗？何况我并不觉得那个故事有多残酷，也不怎么黑。黑而残酷的事每天都在上演，拍部电影却是不行的。

“有人”是什么人？他们的意见可以决定这部电影是否投拍？

我现在还记得西影厂文学部讨论这个剧本时的情景，很滑稽的。因为我刚刚调到西影厂不久，对电影还满怀虔诚。文学部的人大部分也不熟悉。我端了一个茶杯，拿了一个笔记本，带着钢笔，准备记录各位老师和行家对《黑风景》的意见，以便修改。结果大大出乎我的意料。连续两三个人的发言拳头一样就把我打懵了。他们提出了诸如“西影厂为什么要找人写这样的剧本……拍这样的电影，要把西影厂引到什么方向上去？”我觉得《黑风景》“黑不黑”另当别论，但我自己在参加研讨会前的准备、心态和研讨会上的一切整个是黑色幽默。许多年以后还有人提起这件事笑话我。那几位先生发言时的表情和模样我记忆深刻。一个剧本和西影厂的发展方向连在一起，让我觉得不可思议。他们的脸色、表情、语言合在一起的形象让我憎恨。他们其实是作为审查者的形象出现的，不是在讨论剧本。可见中国所谓的电影审查，病态的电影审查是有民间基础的，是有土壤的。当然现在的情况发生了改变，我不知道还会不会有人这么说，会不会有人对这样的剧本感兴趣。这部片子对我对有朝来说，都是一个遗憾。这个故事的编剧是我跟芦苇两个人。那个时候我刚刚开始写剧本，芦苇已经写了很多剧本了。我是第一编剧，芦苇是第二编剧。芦苇改了一稿，没改好，我又改了第三稿。后来，在不同的时间还改过，还是不想放弃嘛。改过的稿子我现在都还有保存，但依然还是没有拍。

第一个投入拍摄的电影剧本应该是《双旗镇刀客》吧？这部电影的源起是什么？创作过程是怎样的？

《黑风景》后碰上了何平。他已经有了一个大致的想法。这个剧本本来打算让芦苇写，但他好像没有时间，就找了我。当时我也没有什么负担，也不怕写坏。回到报社后我跑到咸阳搞了个报纸的发行活动，拿了200块钱给咸阳政协的同志去负责召集会，我自己埋在一个宾馆里，七天的时间就把剧本写出来了。那个时候年轻气盛，写完后觉得还不错，自己挺喜欢这个剧本。过了一个多月两个月的时间，何平给我打电话说"争光，你到厂里来领稿费吧"。这是我跟何平两个人的合作作品，我是第一编剧。当时一个电影剧本是4000块钱的稿费，我们两个人每人2000，交了300块钱的税。这已经是我领到的很多的钱了，我很高兴。那年11月，我正式调到西安电影制片厂了。进厂后的第一件事就是给《双旗镇刀客》采景。我们跑到甘肃，在兰州租了两辆吉普车，行程万里，终于意外地发现了一个古城堡，叫许三湾城，是汉代留下的，四面围墙，保存完好，但里面什么也没有。美工钱运选设计，在里面搭了电影中那几条街道。那个时候这个班子的人都非常朴素，我也喜欢这种合作的工作方式，那也是我第一次到中国所谓的西部。我写《双旗镇刀客》这个剧本的时候走得最远的是宝鸡，剧本里的环境和场景是在想象中完成的，到了戈壁滩以后才知道这世界有多大，就是在这个时候，我有了《赌徒》的最初的构想（拍成电影以后叫《黄沙・青草・红太阳》）。何平那个时候非常质朴，非常敬业，他肯干，卖力，是他电影创作中最好的状态。剧组中的所有人都很优秀。他启用的两个主演，都是非职业演员。饰演孩哥的叫高伟，是体校的学生；饰演好妹的是个13岁的中学生。到现在为止，我依然认为，这部电影是目前为止把我的剧本拍成电影以后最好的。

从当时的西影厂来说，1989年还应该处在计划经济体制下，专业的电影编剧在制片厂的生产体制中处于什么位置呢？有没有比较明晰的分工。剧本完成后，编剧还会继续参与电影在后面的生产吗？从你刚才的谈话来看，像采景这样的事，完全是自己想或者不想的问题，其实是不在职责范围内的。

当时的电影厂都有文学部，大部分是编辑还有几个专业编剧。现在似乎都新体制了，取消了文学部，不养专业编剧了。编剧就是写剧本，可以不参与后边的生产。我大多的情形是交了剧本完事，但有时也参与看景，根据选定的景再收拾剧本。我不喜欢电影的生产，麻烦，啰嗦。对我来说，写好剧本，这部电影不仅在纸上也在想象中已经完成了。拍出来的和我想象的是否一样，我是管不了的，也无力管。这也是编剧的尴尬。你写了，但无法主宰它的命运。所以我更愿意写小说。

1980年代中期及以后，电影界就一直在探索娱乐片、商业片的问题，1990年代以后,1993年电影的新体制也在逐渐成型，目标都是要走出中国电影的市场困境，解决电影市场的滑坡问题。《双旗镇刀客》的拍摄在可看性上是怎么考虑的？电影当时的预算是多少？票房收入呢？据我所知，在香港,《双旗镇刀客》在一家戏院连续上映72周，创下了内地华语片在港上映的记录。

拍一部好看的，真正意义上的西部片。预算是120万，据说花超了20万，为此剧组的人受到了处分。我有一天到厂里去，突然发现厂里贴了一个公告，上面写到某某某做什么用了多少钱，其中有一条是请杨争光吃饭用了多少钱，好像是二三十块，其实是因为大家凑不齐钱了，给我加的罪名，很滑稽的。就算吃过饭，也是应该的。因为写剧本时，我还不是西影厂的人，采景之前才正式成为西影人的。采景回来后制片主任要给我们每人发10元钱的补助，吓得我不敢拿。我觉得很奇怪，我领了工资和稿酬，出去工作还要发钱，这不合适吧。后来他们拿这个事编段子笑话我，笑话了好几年。剧组的生活对我充满了新鲜感。比如采景就是非常好玩的，大家的关系也很融洽。我第一次跟这样的团队出去，很喜欢这样的工作方式：一帮朋友在一起，讲笑话，听音乐。我们的吉普车上放的是美国西部电影里的电影音乐，我到现在还能记得那个旋律，"滴滴答滴答，滴滴答滴答"，都快20年了，我还记得。那时候盛行跳交谊舞，到兰州和敦煌，制片就领我找歌厅，用一个破记者证混进去，不掏门票，还帮我找舞伴。一路上，我跟何平住一个房间，等我回来的时候，他把洗澡水都放好了。他对我非常照顾，让我感觉到这个集体很温暖。有一天，到一个饭馆吃饭，正碰上有人结婚摆宴席，人很多，以为我们是娘家人，就这么混着吃了一顿，还给我们发纸烟。这一切都让我觉得电影工作是非常美好的一份工作。

事实上，《双旗镇刀客》拍成后，由于各种原因，我不清楚具体的原因是什么，好像是有人给电影局写信告状希望不要通过这部电影，它的票房并不好，但认识到这部影片的人越来越多。如果在谈到中国所谓西部片的时候呢，都会提到这部电影。

对，《双旗镇刀客》有点慢热，从它得奖的经历来看，1991年先是在国内拿了金鸡奖最佳美术，1992年分别在香港和台湾，拿了香港金像奖十大华语片奖，和《中时晚报》商业映演类大陆优秀电影奖，同年在日本拿了日本夕张国际惊险与科幻电影节最佳影片奖；1993年，何平拿到了柏林国际电影节青年电影导演奖。更重要的是它在电影爱好者

和发烧友中的口碑，似乎是越往后越受到普遍的赞誉。你现在怎么评价这部电影呢？它是不是如大家所说是真正的武侠电影？或者说真正的西部片？

它可能有这样那样的缺陷，但特点突出，流畅，舒服，味道纯正。摄影和美术也不错，辽阔、神奇、不失朴素。小故事有大张力。有中国西部独特的人文和自然的蕴涵，一部耐看的影片。也许是迄今为止最纯正的中国西部电影。但不是武侠片。我没写过武侠电影，我更愿意称它为西部传奇。我所有的传奇故事中都没有侠客，与武侠无关。就《双旗镇刀客》来说，孩哥不是侠，一刀仙和沙里飞也不是，尽管沙里飞自称大游侠。关于侠，我信服鲁迅的说法，在他的小品文《流氓的变迁》里。侠在中国是一个怪胎。这是另外的话题，可以在另外的场合说。

《双旗镇刀客》是把《天地英雄》里的一段提出来独立成篇，是这样吗？

这是何平后来的说法，当时没听到。

西安电影制片厂在上世纪80年代中后期就有《人生》《黄土地》《野山》、《盗马贼》《红高粱》《黄河谣》等享誉中国影坛和世界影坛的所谓的“西部片”。在这部影片进入创作阶段时，有拍摄西部电影这样的明确观念吗？

在构想这部电影的时候，我们就说过：“要拍真正的西部片。”依我看，《红高粱》《黄土地》《老井》等等这些影片的价值和审美趋向更多是中原文化的，也可以称它为黄河文化、黄土文化，不是西部的。电影对西部的开发极其有限。另外，如果要有武打的话，我们不要港片那些飞来飘去，半天也打不死人的武打设计，要就要一刀见血，出刀就要死人。就这样来搞。我还说要搞，就连续搞三个。我之后的《赌徒》其实也是为何平设计的。但设计是设计，它后来的命运跟我当初写这个剧本就完全不一样了。看见真正的戈壁滩时我就想，如果有一个人，骑着一匹马，到处去赌博，很气派的。戈壁滩上，人烟稀少，开着车睡觉都不会发生车祸的。那里天非常大，人非常小，你要发出声音会感觉声音是从脚底下升起来的，说得比较粗俗一点，站在戈壁滩上，撒尿都很畅快。“天像个瓦盆一样”，这是我小说里的句子。一个人走在路上，牵着一匹牲口，你可以跟它说话，或者自己跟自己说话。在这种地方，什么事情都可能发生。这便是《赌徒》的最初设想。光有这么一个人也不行，还应该有一个女人，她爱这个到处骑马赌博的男人，还不行，这种一对一的关系是不够的，还应该有一个人喜欢这个女人。于是就有了《赌徒》里的人物关系：一个脚夫喜欢一个女人，女人喜欢骑马的赌徒，赌徒最终输在了一个小孩的手里。狗撵兔的关系。我把它写成了电影剧本。但又遇到了很多的麻烦，比如投资的问题，审查的问题等等。审查时他们甚至连《赌徒》这个名字都不让用，事过几年之后这部电影真正拍摄放映也没有用这个名字。剧本本来是为何平设计的，但最后何平没有拍。我喜欢这个设计，拍不成电影就写小说。几年后，本子到了友朝手里，他拍了。在布拉格国际电影节上也拿了最佳影片奖。但我自己认为这个电影不如小说好看。

您怎么给西部电影下定义呢？

西部电影的提法是怎么提出来的，具体情形我不太清楚，应该和美国的西部片有关的。美国西部片包含了冒险、英雄、美女、正义与邪恶等诸多类型化的元素。中国的西部电影还是一个有待开发的领域。中国西部有多民族多宗教的文化特征。从自然地理和人文地理上都有深厚的积淀，西部有西部的生存历史、生存环境、生存方式，也有它不同于别处的人情世态和精神内质。至少中国西部电影应该和这些东西发生关系。

说到这里，我想和你谈谈“结尾的意义”这个话题，我发现不管是剧本还是小说改编，拍成电影后，改动最大的往往是结尾。具体到《黄沙·青草·红太阳》，据我的了解，这部电影前后有两个结尾，一个是牛二死了，被马九吊死了，八墩也死了，甘草带着孩子走向远方。但一个美国人看了以后，说这个结局没有突出甘草的性格，没有体现出甘草对自我的认知，所以改成八墩没有死，甘草自己选择离开了八墩。最后的镜头是甘草和孩子掩埋了牛二的尸体，在牛二坟前，甘草对琐阳说“以后咱娘俩过”，锁阳说“行吗？娘”，甘草肯定地说“娘行”，然后故事结束，这对剧本的结尾修改得比较大。

剧本最初的设计是赌徒跟小孩赌了一把，输了。这个主意还是周友朝出的，我觉得很好。然后女主人公把马捅死了，然后这个小孩一个人跑到戈壁滩上喊，我的马我的马。友朝对这个剧本的看法和我分歧比较大。他觉得这个剧本缺什么东西，我不觉得缺什么东西。故事和故事是不一样的，看你想要什么。我觉得我的剧本里已经有我想要的东西了，并且是饱满的。剧本里的人物比较舒展，唯一不太舒展的是脚夫，他没法舒展，因为他喜欢的女人不喜欢他，面对女人，他是弱者。但他执著，他是为情敌死的，也是为自己喜欢的女人去死的。也只有脚夫这种草根人物能这么做，愿意这么死。他也是为自己死的，以死为自己喜欢的女人做了最后的表达。对于友朝来说，也许这是他的第一部重要作品。我在《当代电影》上为他写过一篇千字文——《友朝的第一脚》，说他踢得不错，没有踢歪。友朝是一个对电影十分热爱的人。我跟电影届的接触让我认识了许多像张艺谋、周友朝这样热爱电影的、敬业的、值得敬佩的人，他们都是有精神的。这种感受比我在文学圈子里认识的人要强烈得多。

你在前面说“这个电影（《黄沙·青草·红太阳》）拍得不够出色”，我在一篇文章里也看过，就这部影片，周友朝导演也说“剧本不是我最喜欢的，没有全身心投入。”这算不算是一种互相的推卸责任还是一种争执，如果听到对方说这样的话，会不会感觉到比较受伤？

友朝对剧本的看法我是知道的。“没有全身心投入”似乎不是友朝的性格。在西影厂的朋友中，我和他交流最深入，最默契，也最直接。他是那种有自己的想法的人。他说的应该是实话，我不以为是推卸责任，而是对自己的反观。我说“拍得不够出色”，也是真实的感受，也应该有技术对摄制的限制因素吧。但并不责怪。责怪也没有意义。电影没有达到我的预期，我有小说。

跟周有朝的合作应该是三个本子，《黑风景》没有拍，还有一个呢？

还有一个是《流放》。最初的想法是我们和张汉杰一起谈的，但结尾不是现在的结尾。因为当时的大环境与现在不一样，原剧本的结尾与我后来的小说，与滕文骥导演的电影结尾都不一样。电影是晚几年才拍摄的，气候季节变化了。剧本写出来以后，西影厂不拍，但我觉得这个题材放弃太可惜，就决定把它写成小说。电影剧本写成小说，难度远远大于把小说写成剧本。我花了整整一年的时间，写了三四次才把它写成。在我看来，这是个有意思的东西。小说发表在《收获》杂志上，得到滕文骥的注意，要把小说再改编拍成电影。我给友朝写了两个剧本，一个是《黑风景》，一个是《流放》。把《流放》给滕文骥之前，我给友朝打电话说："友朝，我是个编剧，我总得吃饭。西影厂每个月给我发二三百块钱的工资，根本不行的。我给你留一个，卖一个，反正西影厂都不愿投资。"友朝说"把《黑风景》留下吧"，就这么把《黑风景》留给了友朝。现在依然还是个剧本。

《流放》的剧本和电影我都看了，电影改名叫《征服者》，我的确觉得剧本比电影好看。但同时也有两个问题比较困惑，一个是为什么要写教民，白莲教教民，如果要说明为什么流放，其实可以有很多种原因，如果是教民，好像很难让观众有认同感，人物的牺牲要产生出悲剧意味就更难一些。另外，在剧本中刘杰三和徐爷之间的对峙还是很带劲的，但画面拍出来，对峙感不强，形成不了紧张的力量。我看这个电影的时候，比较直接的感觉就是演员们比较散，好像大家的劲不知道要往哪儿使，是不是导演和演员对剧本的内核不太清楚的缘故？

我觉得《流放》的主旨是清楚的，就是精神对峙。就我看来，中国历史上一直存在着要从精神上消灭异类的欲望和事件。选择教民，会使这个主旨变得清晰一些。用白莲教，完全是用了一个名字，和电影审查有关。改编之前，我和滕文骥导演进行过比较深入的交流，他也喜欢这个剧本。拍成这个样子我不知道他满意不满意，反正我不满意。电影的结尾和剧本不一样，可能是担心审查通不过。电影的结尾比较模糊，用字幕交代女人和孩子的后代也许就在我们中间。但我剧本的结尾是这个孩子生下来以后是个傻瓜，那么多人用生命极力保护的到底有没有价值有没有意义？这也是小说的结尾，和剧本一样。我是喜欢这个结尾的，不喜欢电影的结尾。这个电影呢，我很不满意。我觉得女主角陈红是个不太会演戏的演员，没看到过她的出色表演，也许我看她的电影太少。如果要检讨剧本的话，我认为我的剧本中给这个角色写的戏也不是十分精彩，这是我的短处。我碰到女人的时候很弱智，拿女人没办法，可能是我不了解女人吧，我不知道。其实我是很热爱女人的。为什么写不好女人，我觉得很奇怪。可能太喜欢她们了，总是把她们放在高处拉不下来。严格说来，《流放》(电影叫《征服者》)，是两个男人的戏，两个男人的对峙，即使死了，对峙也没有结束。

这让我想起了您写过的众多的男人之间的关系，比如老旦和大旦这样的父子，杨明远和杨明善这样的兄弟，这好像是您特别喜欢表现的人物关系。

这跟一个人好喝哪个牌子的酒是一样的。我就偏好这一口。我喜欢对峙，喜欢较劲。我当然也喜欢男人和女人较劲，但我写不了，我觉得男人和男人之间的对峙更有力，因为我对女人没办法，这与我的性格和心理有关系，别人可能就不存在类似的问题。《征服者》这个名字不如《流放》好。当年滕文骥同时开拍了两部电影，还有一部是《香香闹油坊》，都是陈红主演的。拍摄开始很不顺利，老是发生这样那样的事情，有一个算命的说这个电影的名字不好。电影圈很多人信这个，这个风气从哪儿来的我不知道，好像从香港那边过来的，开拍之前要烧香啊什么的，在风险中寻找心理定力，排解不安，也是期待的一种方式。我对滕导是很佩服的，他机智、幽默，聪明而且很懂音乐，他找常宇宏作了《征服者》的音乐，这个音乐做得是很好的，得了金鸡奖。当然这部电影并不是一无是处，但我个人并不喜欢。

《杂嘴子》呢？这是我在您的作品中最喜欢的一部小说。电影也很让人喜欢。

《杂嘴子》是我跟刘苗苗在闲谈聊天中萌生的。聊天的时候聊起了小时候我爱说话，村里的人都叫我杂嘴子。很多人喜欢《杂嘴子》里所体现出来的那个孩子的活泼的生命力，好多人也喜欢“清晨像一碗清汤面”这样的句子，农村清晨的那种感觉，用新鲜的方法表达出来的时候能够让人联想起农村田野上的清晨那种空气。电影是儿童电影制片厂拍的，条件非常艰苦，而且投资非常小，70万人民币，如果跟当时的美元相比，就是用七万美金拍了一部电影，结果这部电影在电影节上还得了奖。刘苗苗是很聪明，很有才华的女导演。她在很年轻的时候，也就是20多岁的时候，应该算是中国电影史上独立执导电影的最年轻的女导演了，创纪录的吧。现在有地下电影，恐怕这个纪录已经被打破了。

您怎么会认识她呢？

她当时是在潇湘电影制片厂，想调到西影厂来。我们在一起聊，很能谈得来。《杂嘴子》之前为她做过一部八集的电视剧。后来就跟她合作写了这部电影。剧本拿到儿童电影制片厂，当时梁晓声在负责剧本。刘苗苗和他谈，我没有参与。据说他觉得这个剧本不像是儿童片，这跟我的看法发生了矛盾。我当时也比较烦躁，就撒手不管了，让刘苗苗来改。

我则准备把剧本写成小说。这种情况在我的剧本创作中有好几次，如果拍摄方跟我的意见不统一的话，我不能阻止，但我可以另做，因为我还有小说这个领域。我在创作之初，不会去考虑这是个儿童电影还是个成人电影，我不看重这个东西。如果你要按儿童片去拍电影，我不反对，但我也不愿意放弃，我可以把它写成小说。小说后来发表在广州的《花城》上。就电影来说，刘苗苗经过非常艰苦的劳动，也得到了一个比较好的结果。在威尼斯电影节上得了国会议员奖。我认为这也是刘苗苗作为导演最优秀的一部作品。看到电影后我觉得刘苗苗把《杂嘴子》里的氛围拍得非常出色。

“氛围”具体指的是什么呢？

孩子和孩子之间，孩子和母亲和家人之间，人物和环境之间，有一种看不见说不清却能感觉到的那种“气息”，《杂嘴子》拍出了这个，不容易，许多导演没这个本事。作家里面有一个人有这个本事，就是杜拉斯。即使是房间里两个人在说话，你读到和看到的也不仅仅是台词，还能感觉到他们的气息。

您的好几部小说都是由电影剧本改成的。看来剧本写作还是给您的文学创作带来了一些启示。

《杂嘴子》不像《流放》和《赌徒》，是因为电影拍不了，所以改成小说了。它是因为意见不合，我把它写成小说了。我总得有个渠道表达我想要表达的东西。我可以通过电影的手段去完成它，如果电影完成不了，我还有一种方式，那就是通过文字来完成。和电影结缘给了我的小说创作一些意想不到的后果，是我始料未及的，我可能在一篇文章里也表达过类似的意思。电影是团队的艺术，需要很多人的智慧和劳动，这就要碰撞，也要坚持和妥协，在坚持和妥协中发现自己，发现一个人不可能发现的。都是说故事，塑造人物，手段和材料不一样，但本质和目的一样。电影创作对小说创作会产生撞击，小说创作也会对电影剧本创作以启示。我从来没有后悔我参与了电影。它带给我很多。

《棺材铺》的电影剧本是由小说改编的，应该是先有小说，后有剧本。改编成《沙镇的故事》后影响力很小，好像很少被人提及。但至少我在看小说的时候还是觉得相当震撼的，从小说到剧本再到电影，尤其是电影，它为什么没有达到预期的震撼力？会不会觉得很遗憾，有荒废了一个好题材的感觉？

《棺材铺》先是小说，最初发表在天津的《小说家》上。主持编辑的闻树国是我的朋友。他几年前从天津调到人民文学出版社后因为煤气中毒故去了。他当时策划了一个小说擂台赛。打擂，先找一个作家发表一篇小说，然后由这位作家点名道姓来挑战另外一位作家。苏童点了我的名，我就写了《棺材铺》。我的很多作品都是逼出来的，我的主动性是很差的。我那个时候的创作环境并不太好，朋友在咸阳给我找了个地方，写了这个小说。发表后不久，北京的长城国际公司想投资拍电影。当时他们还买了《赌徒》，周友朝拍《赌徒》是又一次从长城国际公司把剧本买回来才拍成的。这个剧本的导演叫孙诚，摄影师出身，我有些担心，但我还是把小说改编成剧本了。我那时正在北京搞电视剧《中国模特》，看到孙诚的工作台本，我有些泄气，我希望在开拍之前，让我过一遍，他说可以可以，但没等我再过一遍他就开拍了。电影的女主演是徐帆，男主演是李雪健，还有雷恪生、方青卓、李丁等，都是中国非常优秀的演员。但让我评价，我会说这部电影可惜了那一台演员，非常可惜。电影中有一些镜头让我觉得很不舒服，这些镜头在我的剧本中是没有的，比如让徐帆背着一个小方桌，在炕上搞色情，很恶俗。当然导演有他的想法，我只能算是一家之言。电影剧本交出去以后，与我就没有关系了。作为一个观众，我是可以有我自己的评价的。这部电影拍完之后，不让出国参加国际电影节，是受到限制的一部电影。

受到限制，这次又是为什么呢？

可能是因为内容吧。《棺材铺》这个名字也不让用，变成了《沙镇的故事》，我觉得这非常之荒唐。从1989年我开始做电影到1994年，让我觉得荒唐的事情非常多。许多荒唐的事是来自于我们国家的电影管理体制。作为年轻导演的第一部电影，影片出来之后，我不好太过褒贬，他有自己的想法并且要完成它。但这个剧本呢也有问题，问题依然出在女性形象上。小说依然是男人的戏，但电影要有女人，可我的本事有限。编剧没有给徐帆饰演的这个角色更好的表演余地，这应该说是难为徐帆也难为导演了。但电影的基本构架我认为还是不错。也有人说，按照现在的观念，《棺材铺》也是可以拍成大片的。李丁先生有一年来西安的时候，和我谈到这部电影，表达了对这部电影的遗憾，我是同意他的说法的。

在我们的谈话中我屡次听到了“受到限制”“不让用”“通不过”等等这样的字眼，在创作的时候，会考虑到剧本要送审，考虑到审查的因素吗？自己有没有反思过剧本屡次被修改的原因呢？换句话说剧本的审

查制度对剧作家的创作会有哪些负面的影响呢？如果触碰到什么原则，你就会选择放弃这个剧本？

在我的记忆里，我似乎生活在一个到处装有监视器的环境中。如果以审查为题目，也许能写一部很精彩的小说或电影。“文革”时期，你谈恋爱，和谁谈恋爱，都要受到审查，更可怕的是，连你的思想活动也要审查。审查的方式五花八门，审查你的人不是人，是组织的代表。和那时候的审查相比，电影审查就是小巫见大巫了。但实在让人憋气，也有让人可怕可恨的地方。几个他们认为不合适的镜头就可能毁掉这部电影。我的剧本《赌徒》被迫变成了《黄沙·青草·红太阳》，不知所云的一个片名。《棺材铺》被迫成了《沙镇的故事》，可以是许多电影的片名。后来写过一个《大兵》，怕《大兵》让人产生误解，就变成了《兵哥》，《兵哥》比《大兵》阳光啊。长期经受这样的审查，给被审查者造成的心理后果就是想写没写之前就不由自主地想到审查者，想到会不会通过，自己已经蜷缩起来了。中国电影许多年来就是在这样的环境中走过来的。没有人认为这是一种罪过，甚至在一些人看来，是保证电影的健康发展。蜷缩着的心能创造出健康开放的作品是怪事，是奇迹。奇迹是什么？是不可能发生的事情，有可能发生，就不叫奇迹，最多叫意外。听说现在好多了，不审查剧本了，尺度也宽了许多。这是将来的电影人的福音，对我已没有多大的意义。我已被塑造成型了。严密的审查不但残害作品，残害创作者，也残害那些代表一个机构的审查者自己。没有健康自主的个体就不可能有健康自主的群体，也不可能产生健康的精神产品。这已经被验证，还在继续验证。我不反对审查，我憎恨的是病态的审查。我写过的电影大多是我愿意写的，我放弃的是我认为有可能欺人欺世的写作。这样的稿费是不敢赚的，怕自己承受不了。我是吃一碗面就可以满足的人，不喜欢吃，花钱不多，对挣钱的欲望不大。我喜欢胡思乱想。

有遗憾的片子，还有再拍的可能吗？或者按照大片的思路，把剧本重新修改一下。

这不是我说了能算的，我当然希望能够重新拍。只要有人投资，我是愿意做的。再做也可能做成全新的东西。现在和过去不一样了，我也有许多改变。

为什么在《黄沙·青草·红太阳》以后就鲜有作品了呢？

我一直相信友朝能拍出好的电影。之前我们还合作过《陕北大嫂》，那是他和杨凤良联合拍摄的，这部电影没有什么可说的，那完全是西影厂厂长要拍，是熬资历的作品。一个场记要经历三部电影才能当副导演，再拍三部是联合导演，再拍一部才能独立执导。但也有人很喜欢《陕北大嫂》，还有人从法国写了很长的信给杨凤良来赞美这部电影，如果是现在我是不会写这部电影的。《黄沙·青草·红太阳》和《征服者》几乎是同时拍出来的，我同一天在北影厂看了这两部电影的完成片。那时候我已经开始搞电视剧《水浒传》了，我对电影的热情已经消退了。我越来越多地感到编剧的尴尬和无奈。电视剧也不是很情愿做的，但电视剧比电影更能养家糊口。我在一间十几平米的地下室住了十一年半，三口人，我想有一套房子，西影厂不给我这样的希望，我只能靠自己的劳动了。1989年到1994年拍了七部电影，不论好坏，在国际电影节上得奖的有四部，包括《双旗镇刀客》《黄沙·青草·红太阳》《杂嘴子》和《五魁》。

《验身》是根据贾平凹的《五魁》改编的，这好像也是唯一一次改编他人的作品。和原小说比较起来，我觉得似乎加进去了很多民俗的东西，背媳妇、娶亲、丧葬、验身、冥婚等等，尤其是里面的灯笼、宅院、好像有意在向《大红灯笼高高挂》《菊豆》这样的片子靠拢？这部片子画面很美，光影也很出色，尤其是对红色的使用，都很引人注目。我看的时候觉得高兴的地方是《验身》里的响马、土匪、刀客的装扮比较典型了，不像《征服者》里的刀客那样不伦不类，完全没有刀客的感觉。

《验身》是台湾版的片名。大陆公映的片名是《五魁》，台湾龙祥公司和西影合拍的。

贾平凹为什么没有选择自己改编剧本呢？

不知道，可能是自己不愿意吧。搞剧本是个很麻烦的事，要跟很多人在一起合作，有的人喜欢这种方式，有的人不喜欢这种合作方式。我对电影的热情来源于对这种工作方式的喜爱，一帮朋友在一起聊天，在一起做事，一帮兄弟姐妹。但1994年之后，我对电影的热情确实是减退了。

黄建新要改编《五魁》，他的初衷是："我当时比较感兴趣的是一个善良的脚夫最后变成一个土匪的故事，由好人变成咱们观念中所认为的不好的人这样一个过程。"你接手《五魁》，最感兴趣的是哪一点？初衷和着眼点在哪里？或者这完全是一次命题作文。

我并不喜欢这个小说。我感到要把这篇小说改成电影有很多问题。

比如开头的抢女人，就有些像《红高粱》，但台湾人喜欢这个故事。黄建新可能以为我对西部有感觉，就找我来做。对我来说，有命题作文的意思。但我还是认真做了，电影结尾和剧本不一样。黄健新是个十分优秀的导演，他很聪明，很有想法，他对中国新时期的电影有很多贡献。《五魁》对于黄建新来说，可能不算优秀的电影。好像黄建新突然之间走到别家的田地里，种了一亩庄稼，在他的电影系列中很另类。拍完《五魁》以后，他又返回到自己熟悉的领域去了。

《兵哥》拿到了1997年第二届夏衍电影文学奖，影片获第二届电视电影“百合奖”的评委会奖，听说这是为了赌气写的剧本，为什么在乎这样的评价呢？这个剧本结局怎么样？

说赌气严重了，但确实是要写一个得剧本奖的剧本。西影厂不给我分房子，我的剧本没有得过奖是一个原因。那时候年轻不服气。我觉得写一个得奖的剧本不是什么困难的事情。恰好当时张纪中约我要写一个部队题材的剧本，他给我看了一张照片，是戈壁滩上一个矮土墙围成的园子，园子外边停了一辆吉普车，太阳是黄昏或者清晨的那种斜光，好像能触摸到一样。这张照片引起了我很多联想。当时我对戈壁滩已经很熟悉了，我要写一个普通的种菜的士兵。在西部，但不想写成主旋律那样的电影。中国电影写军人的作品好像很少能拿到国际电影节上去。这么一想，就有了一点野心。我想更用心地来做这个东西。于是我有了要写一个普通战士的野心。我到中蒙边境的连队和哨所采访了十天。那一次采访给我了很大的收获。剧本中的许多细节都来自这一次的实地采访。这个电影剧本虽然得了夏衍文学剧本奖，但它的命运并不好。我认为孙周可以拍好这部电影，山西电影制片厂同意请孙周来拍，我们就这个电影剧本也谈过了，他喜欢这个剧本，景也采过了。因为他要先拍《漂亮妈妈》，考虑到巩俐的档期，便推后了。就这一推，山西电影制片厂厂长易人，这部电影便没有拍成。我的剧本的名字叫《大兵》，被改为《兵哥》，挺荒唐的。剧本还是有些想象力的。戈壁滩、菜园子、一个士兵、几匹骆驼，每天在一个中心两个基本点之间游走。一个中心就是菜地，两个基本点一个是连队，一个是哨所。逐水草放牧的蒙古族小女孩和她的爷爷，使这位种菜、送菜的士兵有了温暖和幸福的期待，和季节连在一起。他教她写汉字。孤独者的精神和想象更丰富，更别出心裁。他要接替一位退伍的老兵在戈壁滩里种出西红柿。士兵们吃过的罐头盒成了他保护菜苗，菜苗不被风沙扑埋的精心设计。下雨时，整个菜园满是雨点敲击罐头盒的声响，这是他的音乐。他是想当将军的，但成了种菜的。他的将军梦是指挥成千上万的骆驼在天安门广场阅兵。"立正——"上万头骆驼正在收回它们巨大的蹄脚；"正步——走"巨大的骆驼方队迈着整齐的蹄脚通过广场；"敬礼——"上万匹骆驼把它们的头转向观礼台……他种了半年菜，得了几个不顶用的三等功，和退伍的老兵一样回去了。连队为他举行了特别的欢送，让他痛快地打了各种枪。他当兵八年没打过枪。他回到所在城市的郊区种菜了。在自己的菜园里孤独而饱满。那个蒙古族小女孩是他偶尔的念想。就是这么些细碎的东西，没有情节的大起大落，朴素但很美。我喜欢这个剧本，但它的结局非常不好。他们背着我，把它拍成了电视电影。我后来看到了。这个剧本就这样彻底地被糟蹋了。

1997年《大兵》之后，还是选择放弃了电影剧本创作这个领域，但当时找你的人很多，出的价钱也很高，《大兵》的结局可能只是个诱因，

真正的原因是什么呢？

我想写小说了，我想为自己活几年，写自己真正想写的东西，就写了《从两个蛋开始》，不挣钱但很愉快。

电影史上不乏不卖座但却重要的影片，它们在出现的时候都少人问津，但经过时间的检验却日益重要起来了，现在距离1995年的《征服者》已经过去了十几年，距离1997年的《大兵》也近十年了，再回头看这些影片的时候，你认为它们是能够经受住时间考验的电影吗？现在对自己1997年以前的创作做个整体评价你会怎么说呢？

认认真真地写每一部电影，但结果大多不好，因为各自不同的原因，拍出来的成品大多不尽如人意。一个人，一本书，一部电影都有自己的命运，编剧也有吧。

现在又是什么原因让你有信心重返剧本的创作领域呢？

因为朋友，因为《公羊串门》和《杀手》。

传说《公羊串门》正在筹拍，是这样的吗？

这个剧本同样经历了很多波折。小说是98年发表的。北京某公司的一个制片人杨健在《文友》上看到了这篇小说。她找我改成剧本。但不知道什么原因，一直到合同到期后，这个剧本依然没有拍。西影股份公司一直想要这个剧本。版权到期后我就把电影剧本给了他们。准备让友朝来导，我很高兴，又有一次和友朝合作的机会。友朝本人是非常喜欢这个剧本的，也有很多想法。可是，又黄了，剧组都成立了，我和友朝几个人在临潼疗养院修改这个本子。用了9天的时间，上午把剧本改完，下午我就到四医大去做心脏支架手术了，等我手术做完后，剧组已经解散了。我不知道是什么原因，我想我可能跟西影厂没有什么缘分吧！具体的情境我不知道，之后西影厂又在没有通知我的情况下把剧本卖给了北京的某家公司，在上海国际电影节上都打出广告来说要拍，但最后还是没拍成。合同又到期了，杨健又买回了这个剧本，他们说准备今年拍，但今年没有拍，可能要到明年吧。但友朝没有导成这部电影，我心里还是有些不舒服。可是电影给杨健也是理所当然的。因为最初就是她让我写的。杨健很执着，让我感动。动员了我几年，终于说动了我，在去年写了《杀手》。现在两个剧本都在她那儿，就是这两个剧本，又唤起了我对电影的梦想和期待。人很贱，时不时就想让梦想照进现实。

网上好像说柳云龙会自己出演这部电影。

我不清楚，也许吧。剧本交出后，我就在担心和期待的境地里了。《杀手》的投资可能会大一些，不会马上就拍。

我很高兴看到《杀手》是一个关于刀客的故事。我在想你的创作中是不是有意识地想形成关于刀客叙述的序列，或者说“传奇”故事的叙述序列，作为一名研究者，我其实是想找到一个一以贯之的东西，形成一个几部曲或者什么的？除了“刀客”的浅层表征外，“刀客”精神有没有什么更新的发展？

编剧是一个很被动的职业，很难有自己的整体设计，有设计也未必能实现。一个一个写，每一个都有自己的东西，多了也就可能形成一个叙述序列。刀客也是一种职业，不同的故事有不同的刀客，不同的刀客各有自己的精神和风貌。写出了不同的刀客，形成一个群体，刀客共同的精神也许就显现出来了。我没精心地设计，自然形成吧。在被动中坚持自己，由不得自己也没关系，好在我没想在电影这棵树上吊死。我还有小说，这倒是可以设计也可以自己主宰的。

《老旦是一棵树》，被南斯拉夫裔的导演高兰·帕斯卡杰维奇拍成了《哈里如何变成一棵树》。购买中国小说家的作品版权，由国外制片商投资，国外导演执导，完成一个他国版的中国故事，这在中国文学界是少有的，您认为这部欧洲版的《老旦是一棵树》其电影内核与小说一致吗？

这对我是一个意外。在很多人看来，《老旦是一棵树》是很难拍成一部电影的，但法国人却拍成了。小说是翻译成塞尔维亚文以后，被发现的。他们费了许多周折找到了我，买了电影版权。基本忠实于小说的精神，故事没有大的改变，加了一个人物，环境放在了第一次世界大战后的爱尔兰，老旦成了欧洲人哈里。中国也有盗版碟，我看过，几个演员表演出色。这部电影在电影节上也取得了不错的成绩和反响。演老旦的演员也得了欧洲一个电影节的最佳男演员奖，也是当年威尼斯电影节的参赛影片。

编剧：赋予电影灵魂的人

1992年的时候您说过“据说电影是导演的艺术，我自然不宜多嘴”，意思是不多说了，现在您的想法有什么改变呢？1992年情况很不一样。编剧在电影创作中是什么位置呢？

用“据说”，可见那不是我的话。如果要说电影是一种什么艺术的话，我会说电影是声像艺术、团队艺术。编剧在这种产品的制造过程之中，是赋予电影以灵魂的劳动，使电影的有最初的设计和蓝图。电影剧本进行的同时，导演以及很多人的智慧已经进入其中了。导演是团队的领军人物。他要和团队一起，把设计变成现实，用形象和声音，让卧在纸上的灵魂奔跑、飞翔。

作为小说家和编剧，自由度是不一样的，我们在谈话中也屡次涉及这个问题。您能不能讲讲在创作过程中冲突性很强的事件？不是限于内心的，而是表现出的强烈冲突。

冲突是看不见的。最大的冲突也许是想写不能写，或者写了没法完成。前者是和审查的冲突，后者是和实际操作的冲突。细想的话，两个冲突是有关联的。比如激情戏，写到什么程度是受限制的。看洋人的电影和中国电影，很可能给人一个错觉：中国人不会亲嘴，不会拥抱，不会做爱。现在放宽了许多。但看着总让人别扭。是演员不会演吗？可能。长期的禁忌使演员没有激情戏的表演实践，嘴亲在一起了，还是让人觉得假。就算让拍床上戏，又没有能演好床上戏的演员我都很怀疑。

编剧和导演的冲突呢？

这是每一个剧本的写作都可能遇到的。互相说服，互相碰撞。只要可以接受，编剧应该向导演靠拢。我是这样做的。包括这一次刚做完的《生日》，在做工作台本时，导演对于结尾有了新的想法，我觉得他的想法也可以，协助他做了调整。

编剧是不是镜头后面那个最受伤的灵魂？我的意思是对于自己的作品，编剧到底有多少话语权，我想“导演制”或者“制片人制”都决定了编剧不是那个说了能算的人。导演固然会尊重编剧的想法，但要做改动甚至改得面目全非也是允许的，在这种情况下，编剧能做什么呢？只能眼睁睁看着这种情况发生？

不看。闭上眼睛。想都不要去想。

您碰到过投资方突然撤资或者在创作过程中就放弃剧本的事情吗？

好像没有。有的是剧本通不过。

在好莱坞的电影制造流程里，剧本的编写往往是一种流水作业，编剧组的运作方式是好莱坞类型片生产的重要保证；在日韩等国，编剧处于被强调和受到礼遇的位置。我在想，编剧在中国电影生产流程中的位置是什么样的时候可以说是一种比较理想的状态呢？

不管是投资人还是导演，对待剧本的设计多想一点，不要粗暴地对待剧本就可以了。

编剧是可教的吗？如果是可教的，怎样才能教出合格的编剧来？像一些长期从事导演和编剧工作的人诸如新藤兼人写过《电影剧本的结构》、夏衍也有《电影剧本写作的几个问题》，但也有一些类似电影编剧手册类的实用性读物:《电影剧本写作基础》《电影剧作概论》《电影剧作常识100问》等，这样的教育方式能够培养出编剧吗？

至少是可以学的，总有一些规律性的东西。成功者的经验可以借鉴，效果因人而异。我以为在战壕里打出来的感悟比教科书管用。新藤兼人的书就比那些剧作概论好。

通过这些天与您的接触，我发现您是一个做事特别认真的人。那您什么时候能判断出这个剧本“写好了”？

事实上，我从来没有这样的感觉。写完以后，我都不敢说“我写好了”，但是会有一个基本的感觉上的判断，觉得这个剧本可以拿出去或拿不出去。

中国电影界从整体上说缺乏好剧本的话，您能同意这句话吗？李安在上海国际电影节上好像也说过类似的话，说没有好的剧本，电影就没有灵魂，有什么行之有效的方法改变这种局面？

不仅是缺好剧本。中国电影缺失的还有很多。别以为得了几个国际大奖就是电影大国了。电影不是孤立的，它需要生长的土壤和健康的生产管理机制。我们电影的土壤怎么样？不怎么样。活泼的思想和文化是曾经的事实，那要推回去几千年。就那么几本书，现在还在读，文化典籍、文学、艺术，几千年就是“七八个星天外，两三点雨山前。”没多少东西可以自豪。百年电影下了那么几滴雨。先天营养不良，后天补充不够。甚至人为消耗，电影是长不好的。电影乱不了天下，电影人也得不了天下，得到的只是电影。是电影伴着美国人度过一段经济大萧条的苦日子的，没乱天下，反而有助于安定天下。美国电影也是在那个时候提升了自己，进而铺张到全世界的，至今天下无敌。自己不行，学学人家也是一个途径。

最近的这一次创作片子听说已经拍完了?

对，今年上半年，西安光中公司和曲江影视买了鬼子的一个小说《瓦城上空的麦田》，请友朝当导演，找我做编剧。小说提供的契机是很好的，很可能做出一部好电影。这个电影已经拍完了，正在做后期。剪出来了，我看过了，不错。就是我刚才说过的《生日》。前一段时间又签了一个电影剧本合同，可能是一个比较大的制作。

我们假设一种情况，那就是电影成品依然让您伤心，以前的剧本遭遇到的情况可能还会继续重演，会怎么办?

能怎么办？也许会失望，也许会以为很正常。

既然已经“不拒绝电影了”，那就对自己将来的电影剧本创作做个展望吧，希望能在电影剧本创作中有什么收获呢?

没有展望。认认真真地去做，希望能有好的运气。

我只是用摄影表达对那些存在的虔敬

——著名摄影家李泛访谈录

在艺术与技术之间：是我的笨拙成就了一种表面的高明

在您的摄影道路上，有许多令人瞩目的第一：第一位踏着红地毯走进戛纳电影宫受奖的中国摄影家；第一位在香港FCC（香港国际记者会）举办摄影展的非会员摄影家；第一位三度获得华赛新闻奖（国际新闻摄影奖）的摄影家；还获得过一些重量级的奖项如第八届中国摄影金像奖，第二十届全国摄影艺术展金奖，摄影教育“红烛奖”等，获奖无数，蜚声中外，这已经是您个人成就的标签之一。对于您个人而言，哪一个奖项对于您个人的摄影风格和定位最具价值？

我十年来所获得的奖项类型比较多样，有商业性的，有国家级的，以及一些成就奖。对我个人而言，不同的奖项，所肯定的方面也不同。全国摄影艺术展是中国摄影界最高的摄影展览奖，它肯定的是一种地位。中国摄影金像奖，属于文化部的12个奖项之一，代表着个人最高成就。

它不仅肯定你的摄影实力，同时，也考查多年来你对摄影界的贡献并肯定你在摄影界的影响力，要求的是德艺双馨。华赛新闻奖，是一个媒体奖项，新闻奖注重的是当年所发生的重大新闻事件，但其日常生活类，注重的是日常生活中所发生的一些事件以及生活的方式。我是唯一在八届国际新闻摄影奖比赛中拿到三届日常生活类奖项的中国摄影师。这个奖跟我作为新闻摄影专业老师的职业有一定联系，也是对我的专业的一种肯定。“人像摄影十杰”是我在2003年获得的一个称号，人像摄影最能考量一个摄影家对人物情感、状态、造型艺术审美等的瞬间把握能力，能两次获奖，也是对我相应能力的肯定，感到很荣幸。

可以看出，与获奖所带来的喜悦和名利相比，您更看重的是奖项的内在价值。目前，您所获得的奖项，已几乎肯定了您摄影艺术和风格的重要方面，那么，以后还会参加比赛吗？或者说，比赛对于现在的您来说意义是什么？

比赛对于摄影来说，不仅是一种肯定，更是一种修正和促进。在浩如烟海的摄影作品中能拿到一等奖，就说明你的思想、你的拍摄手法、你所把握的题材的前沿性和先锋性，这样你才能不断突破自己。破则新，新则立。你必须不断打破自己的拍摄理念，同时打破常规的视野和视觉欣赏模式，建立新的更为陌生化的视觉语言和影像表达方式。如此循环往复，恐怕是一个优秀摄影师永不止步的自我追求。一个摄影人最需要的就是不断地进入生活进入社会，思想不落伍，观念不老旧，在生活和社会中印证你的思想观念和你的思维方式。当然，摄影师要能够不断出新，不断挖掘出思想深处的东西，是不容易的。这两年来我也在不断地努力，推翻自己的同时，创造一个新的理念，我也深深地体会到其中的艰苦和不易。

精神的更新是如何做到的？摄影史上众多的经典和大师所形成的精神和艺术传统对您的精神更新是否起到至关重要的作用？

我的回答也许会让你感到失望。我的摄影是自学的，并非科班出身，事实上，直到今天，我从来没有崇拜过任何人。当你崇拜他，他就是你的一座山，你逾越不了。虽然我不崇拜他，但同时他的精神我是要学的。最近，我看了有“华人第一摄影家”之称的台湾摄影师柯希杰的一本书，虽然我个人认为他的作品一般，但是，看了他在末了封底的两句话，我确定他足以成为一个大家。“用眼去看，是个筐，用心去看，是个宽。”一“眼”一“心”，一“筐”一“宽”，立刻就让人悟出了“相从心生”的道理。所有的影像，都是你心里有的，这样的精神营养会立刻和我产生共鸣。

我学摄影的时候，我们的精神营养是上世纪50年代甚至是30年代的老一辈的摄影家，塞尔加多、马克·吕布、布列松等等，但这些人的名字，在我学摄影的时候，我是有意要屏蔽的。屏蔽的原因，是不想让他们永远在眼前晃悠。晃，有可能让学习成为一种临摹。在我学摄影之初，我脑子里面就不想临摹，这是我多年来形成的，造就的独立自主的个性。你一说话一张嘴一拍片子就有人说这像谁谁谁的，这是最可怕的。所以说，艺术不能结壳，艺术也不能有影子。艺术的结壳，就意味着你就没有创造性了，作茧自缚，一成不变了。就如学院派。什么是学院派，就是一成不变的脸面。所以说这种学院派是最可怕的。我的影像是没有任何影子的。这是我多年来一定要寻找和秉承的个人的独立的影像风格。

在摄影圈一直存在着摄影应该以技术表现为主和摄影是创作者对影像的创造的不同观点，我很少听到您对摄影技术的看法，很少听到您会谈论各种设备的型号、技术优劣等等。在技术和艺术之间，似乎技术的更新更为简单和容易，那么，在您看来，摄影技术和艺术之间的关系是什么呢？

那让我们从1980年代流行的沙龙式的画意摄影说起吧。画意摄影就是用技术完成的。二次曝光，二次合成，甚至是给照片题两个字，等等。中国传统绘画是写意的，那么当我们看到影像也能写意的时候，觉得它太美了。但是，今天，当我们再去看写意摄影的时候，却感觉到它是没有灵魂的。所以，技术跟艺术没关系。摄影的最高境界，不能错把技术当艺术。技术的精湛和新颖以及炫技的心态，恰恰可能毁了一幅摄影作品。影像的震撼力，并不来自其手法、照明、构图等等，其视觉冲击力，也不是来自于外在视觉形式的变化。以这幅《塔吉克少女》为例，它似乎朴素到没有技法，但其实暗含着如布朗光等很多技术，但真正打动人的，是她内心世界与你的照应，以及那种刺痛感。内心世界的捕捉，要比炫技难。冲击力不是来源于你镜头的表现形式，而是来自于被摄物体，他的精神世界对你的感染力。你凝视少女的眼睛，她也在凝视你，和你交流，是这种交流，形成了视觉的冲击力和震撼力。

人在有偶像的时候，就像在黑暗中行走，有一个灯塔便容易找到方向。如果独立寻找自己的影像方向，便有可能并容易迷失，你有过找不到方向迷失的时候吗？

我们每一个人都要在黑暗中寻找最亮的地方。最亮的地方就是你的方向。就跟我们经常出去拍照片的时候在荒野里面走路，有时候见到五六个灯，就像见到城市一样，一直就向它前进了。可是往往你到了跟前去，哎呦，就这么一点点光明。可是这点光，给你的心灵造成了多么大的希望。所以说在摄影过程中我曾经也渴望遇见光明。渴望光明，渴望人们对我的指导，长者对你的指路，他其实就是一个灯塔，照亮了你的心里。

一个艺术家，40岁之前莫谈艺术。因为艺术是要积淀的，是要你的生活经历和阅历的。在我从事摄影的这些年里，我一直在迷失，但我在迷失中前进，在迷失中修正，在迷失中沉淀。迷失并不可怕，当你既迷失又被他人的杂念干扰的时候，才是最可怕的。当你迷失方向又不知所措的时候，不如原地站住，休整你的思想。往往人是在站立的时候，停顿的时候成熟的。在行动过程中，在激烈的奔走状态下，人是不能成长的。所以我是在既迷失又停止的地方，在修正，坚信并寻找我内心的影像模式。可以说，是我的笨拙成就了一种高明，当然，这只是表面的高明。

在东方和西方之间：我一直在尝试寻找中国方言式的摄影方式

有人评价说，您的作品是最具有全球化和国际化视野的。摄影术对于中国人来说，是一种舶来的艺术。面对中国摄影和国际间的差距，您如何在东方和西方不同的审美理念之间，建构和寻找自己作品的独特的国际化视野，是对西方摄影理念的迎合，还是寻找自己影像语言的独特性？

摄影艺术是舶来品，中国摄影经历了三级跳：1980年代的沙龙摄影，1990年代的纪实摄影到现在的观念摄影，但即使如此，现在的中国摄影，起码落后国外30年。如果我们始终跟着西方人的步伐，是永远跟不上的。相反，我们应该有自己的体系和艺术的水准，用东方的审美情趣和东方式的影像表达方式，植入我们的思想，表达我们的情感。这些年，我一直在尝试寻找中国方言式的摄影方式。写意摄影的诗意化表达，符合我们中国常说"言有尽，意无穷"的美学特点，用写意的影像，将作品超过表面直观价值的深层价值表现出来，体现出东方化的特点。西方的语言是直述式的，而我们是含蓄的。能不能用中国的一种自身的含蓄的，更加厚重的语言来进行影像的表述。这是我多年来一直在探索的。有人把我的影像称作"直接性介入法的人文影像纪录"，这个词语只是针对我的影像风格而言的，也肯定了这些年我在影像风格上的一种探索。我想，正是我的影像风格中的东方语言特质，才使得它在国际上有了一定的影响力。但是，这个探索过程，能不能得到别人的认可，任何人说了都不算，你得把自己放在一个一百年的历史里面，后人对你的总结，归纳，经过时间的检验，才是准确的。

您被称作纪实摄影家，但却少有即兴抓拍，你的大多数作品都有主观构思和设计的体现，从某种程度上来讲，您的摄影就是一种创作和创造，您自己如何理解和定位纪实摄影中的这种主观创造性呢？

并不存在完全的即兴拍摄。在我看来，即兴拍摄暗含着不即兴，随意中暗含着不随意。中国的哲学语言表达，有别于西方。西方的表达方式很直接，中国则比较含蓄。我的影像，在拍之前，一定是有预案的。秀才不出门，便知天下事。作为一个摄影家，也要具备这样的能力，这样的能力又与他的学识，他的知识，他的积淀紧密相关。云南少数民族，它的地理环境怎样，经纬度多少，是什么样的经济状况，这些决定了他的生存状态，生存状态就决定了他们的生存方式，这里一定会出现我心里面要的东西。

要达到相由心生，需要拥有完整的储备，方能达到人机合一、天人合一的状态。影像上的神来之笔来自于现场的把握。摄影家最基本也是最大的本领就是影像的现场控制力。艺术家，应该有透视机的本领。如果有这种本领的话，别人看不到你看到了。被摄对象在即兴瞬间便会激发你所有的艺术灵感，从而达到与被摄对象心心相印的状态。

您说到现场的控制力，那么现场的控制力包不包含人为的参与和创造？美国考比斯图片社摄影部主任卡尔.格伦其斯特在评论《大凉山彝家母亲》组照时说“……照片的构图非常经典，摄影师似乎对于照片中的人物怀有崇敬之情”，但也有人在评价您的作品时，有作品“摆拍”的疑问，您如何面对这种争议？

有人说我的影像是摆拍的。这个词汇很低劣啊，我现在回避这种看法。没有摆不摆，只是看真实不真实。好的影像，真实了，符合生活逻辑了，符合现场了，没有脱离他的生活环境，就不叫摆拍。其中的差别就像报告文学和报道的差别一样。报道是真实的事件的非典型瞬间，而当它被升华为文学创作后，就成为艺术了。摄影也是这样的，要上升为艺术，必须要提升，要来源于生活，但一定高于生活。中国摄影界很多人对我的作品产生过质疑，说“李泛的摄影作品太造作”，有剧照感。曾经我也想看能不能再放松一点，再不刻意一点。后来我找呀找，都找不到这种感觉，为什么呢，因为看起来很刻意，其实我并没刻意。这个刻意是我骨子里面。2009年我到法国，发现这种“刻意”“剧照感”却非常国际化。后来我想，什么叫剧照呢？剧照其实就是一张照片概括了一部电影，就像梗概一样，如果“一张照片就是一句话，一张照片就是一个故事，一张照片就是一个历史”，那么这一张照片能够表示这么多的内涵，这应该是最有影像力量的。

你很善于选取角度、运用光影、驾驭色彩，拍摄的作品有很高的艺术造诣，有人说您的作品比较唯美，您觉得“唯美”这个词用得准确吗？

其实，不能单纯地说唯美，唯美这个词是很轻浮的很青涩的一种表述。比如这幅《耕地的夫妇》，很多的摄影家拍照的时候要避开电线杆，总觉得会煞风景，可是我有意识地把它拍下来，因为交叉的电线杆像十字架，像宗教符号，如果只是单纯的拍一个牛耕地有什么意义，有了宗教的符号，就不仅仅只是一个生活场景了。拍一张漂亮的唯美的照片并不难，难的是你的意识是优雅的，意识是赞美的。我走过的地方，都是西部的穷乡僻壤，但反而在这些经济落后的地方，你却看不出他的落魄。当你表现贫穷的时候不要消费贫穷。他不是你消费的理由。你看塔吉克少女的眼神多么淡定，多么自信，家徒四壁，都是土墙，但是她的精神世界比大多数的人富足得多。我们为什么要寻找生活中的伊甸园，就是在寻找人的一种存在感，精神的一种归属感。我只是用摄影表达一种对存在的虔敬。

在当下和未来之间：我希望活在以后，不想活在当下

您是从什么时候开始西部影像创作的？还记得第一张西部影像的内容和当时的情景吗？

开始西部影像的创作要追溯到十多年前。第一次拍的西部影像是甘南的藏族。那时是零星拍摄，还没有成为专题。像是写诗一样，走到哪就写首诗体的游记。在甘南拍摄的时候还是彩色的，但近七八年，我的影像都是黑白的。开始做专题以后，开始意识到色彩信息会干扰人们对影像阅读的方式。在黑白影像里，红色、蓝色成为灰色，黄色成为白色，色彩转换成黑白灰，让人们在黑白灰里面平心静气的阅读你的影像，简单化了，但也更注重影像的精神内涵了。回归最本真的黑白灰。就跟做梦一样，梦是黑白的，是美好的，艺术像梦一样，用黑白灰三原色表达，更为准确。

西部对于您的吸引力一定不仅仅是地域的。那西部对于你的吸引力在什么地方？为什么如此长久地执着地关注这里？

地域只是一个表面的地域，我是西北人，西部是我的门户，西部人拍西部，这个是理所应当的。但更重要的原因是在全球化和现代化的今天，我要坚持方言式的摄影，西部和少数民族才是方言性的。地域要识别，语言要识别，文化要识别，才能寻找到差异感，而这种差异感很快就会消失。有人看了这幅《放羊的彝族人》后，说了三句话：一件披衫，一个民族，一披就是几千年。这三句话把一个民族几千年就概括了。当你脱掉查尔瓦，把几千年的历史也脱掉了。所以我希望赶快把这一切记录下来。再以《云南基督教》的拍摄为例，在拍摄《中国彝人影像志》的途中，我在云南发现了许多教堂，其实教堂在西北地区的宝鸡、扶风等地非常多见，但一用影像表达，却就不足以上升成一种“仪式感”。但是云南基督教却不同，它的“仪式感”非常强，当地的服饰就决定了一种“宗教感”“仪式感”油然而生。民族的服装本身就具有一种庄严感，富有宗教意味和油画感，造就了很强的影像表现力。正是看到了这些，我才决定要把这个专题做下去。应该说我这一代是最庆幸的。庆幸地遇到了文化复兴，文化兴国的年代，又赶上了社会的快速发展和巨大的社会变迁正在发生的时代，是幸运的。

这次展出的四个专题，是相对比较完整的西部影像专题，以后还会继续西部专题的拍摄吗？

在中国，拍西部影像，我是最多的。但是我希望我既拍得多，又拍得好。西部的少数民族如藏族、回族、维族、彝族、苗族、佤族、怒族、独龙族等大大小小的民族都拍过。这次展出的是我多年来关注西部，较为完整的四个专题。《中国彝人影像志》《中国云南基督教》《塔吉克人》《高台民居》，这四个专题，从几个方面，概括了西部、西北、西南这几个大民族的人文生存。既有生存生活状态的影像，又有精神信仰主题的影像。但是要说拍没拍完，我可以说，当你不歇手，不驻足的时候，你拍不完。

正如这次影展的主题一样，您关注的是生命之“重”，对于普通读者和观众而言，这种“重”是不是作品中命运的存在感和其所展现的精神震撼力？您是如何理解“生命之重”的？

“重”是一个很哲学的形容词。米兰.昆德拉在《生命中不能承受之轻》上写道“最沉重的压着我们，让我们屈服于他们，把我们压在地上”，其实当我们被压在地上时，也是最接近生活的时刻。于是，最沉重的负担同时也成就了最具强盛生命力的影像，负担越重，我们的生命越贴近大地，也就越真真切切，我渴望生命之“重”，渴望贴近大地，渴望这种对生命的真切。我常说一句话“离生活越近，也就离艺术越近”，而米兰·昆德拉的这段伟大的语言暗合了我心里面多年来对生命，对影像的思考。没有担当，没有责任、没有负重的话，人就和空气一样，会迷失方向。人还不能做一个自由的人。有担当，有责任，有负重，才能自由地凝视生活，凝视社会，凝视生命，甚至凝视灵魂。

“在塑料中寻找质感，在快餐生活中寻找经典，在浮夸中挖掘内涵”，是您的摄影追求，质感、经典、内涵，如果没有“生命之重”，恐怕是很难寻找到的。那么，在自觉的负重和责任感中，您对未来又做了那些规划？有怎样的展望？

首先我希望我的西部影像能为后人研究少数民族发展提供资料，让人们还能看到20、21世纪西部少数民族的生活状态，为人类学家，历史学家提供宝贵的影像文本。同时对美学家提供美学的表达方式。我还希望它能够成为艺术品，如果可以经受住时间的考验，我希望它能够成为经典。开篇立业，方为大师，我希望我的影像具有引领性，并能让后人认可。如果说，你活在当今，你就要迎合当今的市场，如果你活在历史，就要做好当今的计划，我希望活在以后，不想活在当下。

后 记

还是有一些小心思，所以从题目上，我规避了该书与陕西这个地域的直接关系。这样“聪明”的考虑，是因为在潜意识里害怕一种“被轻视”。在影像的中心和主流显然并不在这一片土地的当下，会有多少读者对出生于这片土地上或者工作于这片土地上的青年影像人抱有兴趣，我作为作者，是不确定的，也是没有信心的。虽然，这片土地，曾经生长和滋养过那么多那么优秀那么重要的影像人，而且，就是在这片土地上，他们年轻过。

1956年，西安，和平电影院门口，一个17岁的少年为了看电影卖掉了自己的新棉鞋，他把冻僵的脚压在屁股下面取暖，在冰冷的电影院里如饥似渴地看苏联导演杜甫仁柯编剧的电影《海之歌》，这部电影他一共看了14遍。这个少年就是从陕西三原来到省会城市西安上学的吴天明。

1976年的“四五”事件，后来被称作摄影的“陕西群体”的侯登科、胡武功以及潘科、石宝琇等，有的在北京天安门广场，有的则在西安“四五”事件的现场，在各自的领域和岗位上奔忙同时也迷惘着的他们还是陌生人。直到1984年西安的第一次摄影理论研讨会上才互相认识，并持续了多年的友谊。

1985年，西安电影制片厂招待所。招待所其貌不扬，与其他的建筑物相比，没有任何特殊之处。这一天，从北京来的年轻人何平住进了已显破旧的西影招待所，和田壮壮，张艺谋，他的北京老乡陈凯歌，夏钢这些踪影不定的年轻人成了邻居。

1986年，中国首届摄影美学研讨会。侯登科的《现状与思考》，潘科的《论艺术作品内容与形式的若干问题》尤其是后者差点儿从《首届摄影美学研讨会文集》中被拿掉，而很有理想主义色彩的几位陕西人则据理力争，一心想着“中国摄影再走老路子这个民族的眼睛就废了”。同年11月，《现代摄影》首次介绍了陕西摄影群体，石宝琇、潘科、胡武功和侯登科的文章在其上发表，摄影的“陕西群体”开始被定义。

1987年，吴天明再一次在张艺谋身上看到了西北人的勤奋、执着和倔强。在这个比自己年轻11岁的属虎的青年那里，一种近乎可怕的忘我精神，搅拌着对电影从影像到内容进行革命的野心，正在酝酿发酵，并随时准备喷薄而出。同样是在1987年，陕西群体的骨干策划的《艰巨历程》在中国美术馆开展，他们挂出的横幅上写着：尊重历史、鼓励创新、张扬个性、发扬民主。

1989年，何平的《双旗镇刀客》公映，这是一部慢热型的影片。在当年还无法预测这部影片在之后所受到的赞誉。同年，吴天明滞留美国。1989年6月10日，胡武功从日本回到西安，陕西群体的骨干们聚在一起，决定要离政治远一些了。之后陕西群体转向人文地理专题，《河西走廊》《蜀道》《晋陕大峡谷》《黄河后大套》《西藏行》《秦岭大鲵》《西安记忆》《我的关中》等又一次回到生活，回到照相本身。1989之后的陕西摄影群体干将各自寻找着艺术的突破。在气质、定位上，具有相对统一风格的“陕西群体”已经一去不复返。摄影的“后陕西群体”带有更为复杂的身份和更多元的样貌，在艺术的世界级声誉上，不像电影那样闪耀。

1991年，北京电影学院毕业的王全安被分配到了西安电影制片厂，在这里他过了七年自我放逐的生活，虽然其间他已拍摄了《月蚀》《惊蛰》，但直到2007年，《图雅的婚事》，获得了柏林电影节金熊奖，这个来自革命圣地延安的年轻人才真正引起了注意。

2014年，一部名叫《白日焰火》的影片擒得了柏林金熊，这是大陆影片第四次获得柏林电影节的最高奖项。导演刁亦男继续了陕西和柏林金熊的缘分。陕西西安人张艺谋，陕西延安人谢飞、王全安，都曾获此殊荣。

2015年，一部很“娄烨”的让声音、气息、味道、情绪甚至概念在镜头中游走的《推拿》，获得六匹金马。出品方将六匹金马一字排开，作为陕文投影视投资念念不忘终有回响的纪念。

语境已经变化了，从本土语境到全球化语境，再如过去一样界定划分所谓西部电影或者陕西摄影群体的差异性边界已经毫无意义了，在影像的概念整合里，西部电影也好，新西部电影也好，陕西摄影群体也好，后陕西摄影群体也好，这种本土语境下的疆域划分已经丧失了合法性。影像是世界的，只能作为历史概念存在的西部电影和陕西摄影群体，毫无疑问会成为未来影像的精神土地。其精神遗产：现实主义、中国作风和中国气派、民族影像模式是这片土地中的养料，将继续酝酿轮回。

当从故乡“出走”成为新世纪的主题，“出走”和“离开”对于今天出生于和工作于这片土地上的青年来说是双重的。它不仅意味着离开地理的故乡，也意味着离开精神的故乡。前者是指故乡在现代化的催促下逐渐沦陷，青年的生命体验便只能选择在异乡逐渐展开和成熟。后者则是指完成精神的故乡那现实主义、中国作风和中国气派、民族影像模式的滋养，然后出走，用“属我的观看”观察世界，观察人性，观察历史。

“属我的观看”是一种新的观看经验。首先，是指由“属我性”所决定的观看方式。即以我为圆心，以无限可能性为半径的，由个人化即属我化的精神活动出发而完成的影像式观看。“属我性”的观看才有可能是自由的观看，自由选择观看与否，自由选择观看的方式、观看的角度、观看的对象。其次，它是指“观看”对“我”的构型作用，指在“观看”中“我”即主体的形象塑造。当观看及对观看的表达，面对历史，面对当代，面对现实与社会，面对宗教、语言、阶级、种族、身份、性别、欲望，面对梦境、观念、理想，越少阻隔，越少界限，越少禁忌，越少成规，“我”就越可能成为观看行为的主人，从而实现自由的主体性。

“自由的观看”和“自由的主体性”无疑是困难的，是理想化的，但它起码是一种愿景。在这片土地上的青年一代的影像人身上，我们能够看到这种愿景。

有人在上世纪80年代的这片土地上年轻着，有人在90年代的这片土地上年轻着，今天，出生于这片土地的人们年轻着，但大多已离开了这片土地。

有些采访是在“年节”这样的特殊日子里完成的。我将办公室布置成采访间，在“年节”时候迎接了摄影师王伟涛，拉萨四中的美术教师；赵乐，在北漂的独立影片导演。他们只有在“年节”的时候才可能回来。有些采访是在被采访者的业余时间完成的，袁柳，从自己的故乡“出走”，陕西已然是她艺术的故乡，正怀着宝宝，在最“有闲”的生命阶段，有些慵懒地躺在那张并不舒服的凳子上，和她的性格一样，有些羞涩地回答着我们的问题。青年编剧张珂，从自己的故乡甘肃出走，很快便凭借自己的才华在陕西有些呼风唤雨的姿态，在我的简陋的采访间，讨论影像，也讨论他的“道德优先”以及野外救生术。长着娃娃脸的生态摄影师张强，供职于某儿童医院的会计科，在刚刚从野外回来的间隙，被我邀请到了采访间，身上似乎还带着野性的气息。

有些采访是在工作场合里完成的。杜海滨导演在西安美术学院的作品展映，因为我的采访，让他的行程变得更加紧张。在西安美术学院的酒店逼仄的房间里，清理出一块儿采访区，他出乎我的意料侃侃而谈，对象是我这样一位名不见经传的大学教师，他的慷慨，更让我觉得是对故乡的倾诉。导演张琦，就是那么恰巧，带着他最新的院线电影作品《睡在我上铺的兄弟》到我所在的院校做活动，于是，早已约定好的采访便水到渠成地在一间贵宾室里完成了。此后耐心的两个多小时的采访，我更愿意将这种耐心看作是对故乡的尊重。有些采访幸运地躲过了我那间简陋的采访间。同样是从自己的故乡出走到陕西的摄影师苏晟，在他位于美术学院的摄影工作室接待了我们，言语之间带着教师独有的谦虚和准确。张晖老师所在的西安理工大学摄影专业，已然成为陕西摄影最主要的后备力量，虽然和我所在的学院一样，建筑的外表低调破旧，但他堆满了书和作品的工作室，如同他的语言一样，准确有力，又温馨有序。完全从底层奋斗上来的汤勇，工作室就在一座买卖电子产品的大楼里，货架上摆满各种型号的相机设备，专业摄影师和业余的摄影爱好者在货架前仔细比对，空气中还残留着工作人员的午餐味道，正是在这样带有强烈生活味的空间，才可能畅谈“生活的真味”。美女肖月的胡桃夹子在纺织城艺术区，她像打理一个艺术空间一样打理着她的影视公司，于是就能在文艺气息的空间里看到书，看到摩托车，看到各色花儿，看到品着咖啡享受着工作的人们了。

首先要感谢的当然是这12位青年影像人，是他们愿意容忍动辄便有五六十个问题的絮絮叨叨的学者访谈。还要感谢为了这本书做出辛苦工作的我的学生们，他们负责收集资料，撰写问题，整理访谈，有时候还要负责开车，拍摄，买水，买饭、找路、报销等等琐碎的工作。他们是宋泽宇、陈雨薇、张倩、陈潇依、郝佩佩、郭欣瑞、王竟熠、董焓、高佩、赵力子、谢闻笛。感谢为本书作序的两位前辈，赵安先生和赵硅先生能够对作序一事慨然应允，其中包含着对后进青年影像之路的莫大希冀。还要感谢杨争光先生和李泛先生，即使与杨争光先生的访谈已经是十年前，与李泛先生的访谈也有了五年的时光，但他们的真知灼见和坦诚以待让这些文字依然鲜活有力，澎湃着充沛的创造力。感谢陕西省委宣传部的“陕西省百名优秀中青年作家艺术家（陕西省百优人才）资助计划”，感谢我所在的学校陕西师范大学以及我所在的学院陕西师范大学新闻与传播学院的支持！感谢我的父母、丈夫的支持，特别是我的女儿金兜兜，多数的出外采访都是在应该陪护孩子的业余时间完成的，从2014年立项到2016年成书，金兜兜从一岁长到了三岁，正是她的省心乖巧为这本书提供了最大的支持。感谢本书的责任编辑朱翠芳女士，她高效的工作是本书内容优质的前提和保证，也正是她的努力，为本书找到了契合而且优秀的美术编辑，才让这本小书有了“属我”的样貌。感谢中国电影出版社的青睐，它曾经是我电影写作梦中独一无二的出版机构。感谢每一位愿意打开这本书的读者，感谢你们对这12位青年影像人艺术生命的“闲聊天”的耐心倾听！还要感谢时光，让我有幸记录年轻者的年轻！

马聪敏

2016年12月1日于陕西西安

图书在版编目（CIP）数据

属我的观看：与12位青年影像人的对话 / 马聪敏著．—北京：中国电影出版社，2017.1

ISBN 978-7-106-04595-1

Ⅰ．①属…　Ⅱ．①马…　Ⅲ．①电影工作—文艺工作者—访问记—陕西—现代　Ⅳ．①K825.78

中国版本图书馆CIP数据核字（2016）第284587号

责任编辑：朱翠芳
装帧设计：紫星光
责任校对：郑　微
责任印制：张玉民

属我的观看：与12位青年影像人的对话
马聪敏　著

出版发行　中国电影出版社（北京北三环东路22号）邮编100013
电话：64296664（总编室）　64216278（发行部）
64296742（读者服务部）　Email：cfpygb@126.com
经　　销　新华书店
印　　刷　中国电影出版社印刷厂
2017年2月第1版　　2017年2月北京第1次印刷
开本/787×1092毫米　1/16
印张/21.25　　字数/270千字

书　　号　ISBN 978-7-106-04595-1/K·0193
定　　价　80.00元